판소리 문학의 비평과 감상

판소리 문학의 비평과 감상

정충권 지음

도서출판 월인

머리말

오랜만에 책을 내어 봅니다. 판소리 문학에 대해 예전에 쓴 글들을 모아 조금 손을 본 것입니다. 그 글들을 크게 두 영역으로 묶어 보았습니다. 판소리 문학을 대상으로 하여 제 딴에는 비평적으로 풀어낸다고 한 제1부와, 특정 대목이나 상황에 대해 저 나름대로 읽어 본 결과를 담은 제2부가 그것들입니다. 어떻게 보면 두 영역 글들의 성격이 잘 구분되지 않을지도 모르겠습니다. 상대적으로 제1부의 글들이 일반론에 더 가까이 다가가려 했던 글들이라 보면 되겠습니다.

또, 굳이 책 제목에 '비평', '감상' 등 용어를 포함시킨 것은 그 글들이 논문으로서 지녀야 할 미덕이라 할 수 있을 객관성과 엄밀성이 부족하다고 여겨졌기 때문입니다. 어떤 글은 제가 하고 싶은 얘기만 한 경우도 있습니다. 그럼에도 '판소리 문학의 비평과 감상'이라는 제목으로 기존에 쓴 글들을 모아 이렇게 책을 내려 하는 이유는, 이 글들 속에 판소리 문학을 통해 오늘날 문학, 문학교육에 보탬이 될 만한 뭔가를 가져 올 수 있다는 생각이 공통적으로 담겨 있고, 나아가 그것을 관심 있는 분들과 공유하고자 했기 때문입니다.

본래는 각각의 내용 곧 '판소리 문학 비평론', '문학교육을 위한 판소리 감상' 등을 각각 한 권의 책으로 따로 낼 예정이었습니다. 그래서 기존 논문들에 덧붙여 더 충실하고 풍부한 내용을 담으려고 했습니다. 하지만 그렇게 하기는 쉽지 않았습니다. 또, 애초에 두 권의 책으로 내려 한 것을 한 권으로 묶다 보니 논의가 중복되는 부분도 있습니다. 양해 바랍니다.

책을 내는 사람들은 대체로 머리말에서 자신의 작업의 의의를 말하면서 겸손함 이면에 자부심을 표출해냅니다. 이것이 옳습니다. 하지만 저는 그렇게 할 수는 없을 것 같습니다. 큰 틀 속에서 연구를 체계적으로 구성한 것도 아니고, 치밀한 계획 하에 논문 주제를 잡아 나갔던 것도 아니기 때문입니다. 그럼에도 불구하고 할 말을 다 못한 듯한 느낌이 듭니다. 따라서 이렇게 책을 내는 일은 언제나 부끄러운 일이 될 수밖에 없습니다. 하지만 그럼에도 불구하고 이 책을 내고자 하는 것은 제가 쓴 글들을 조금이라도 더 많이 읽히게 하려는 욕심 때문입니다. 물론 그러한 욕심도, 좋은 글이 아닌 이상, 부질없는 것임을 잘 알고 있지만 말입니다. 또, 평소 다른 연구자들의 저서를 받기만 하고 갚아 드리지는 못했다는 생각이 든 것도 이 책을 펴내는 한 가지 이유입니다.

그리고 또 다른 이유도 있었습니다. 이 책에 실을 글들은, 쭉 모아서 살펴보니 2000년대에 쓴 것들이 대부분이었습니다. 그 속에는 박사과정 수료 이후인 1990년대 중후반의 관심도 어느 정도 포함되어 있음을 알 수 있었습니다. 올해를 기준으로 할 때 20년 전의 생각까지도 들어 있는 셈이죠. 그래서 그런지 지금의 시각에서 보면 좀 낡은 논의들이라 여겨지는 경우가 있는 것도 사실입니다.

그런데 참 이상하게도 근래에 접어들어 새삼스럽게 예전 일들이 떠오르곤 합니다. 더불어, 잘못도 많았고 아픔도 많았던, 과거의 '나'들도 떠올라 지금의 '저'를 가만히 두지 않더군요. 이런 일들은, 누구든 인간이라면 언젠가는 겪어야 할 숙명인지도 모릅니다. 이 책에 실린 여러 글들 여기저기의 행간 속에는 그때그때의 제 모습들이 담겨 있습니다. 그리고 그 모습들이, 강도의 차이는 있지만, 여전히 느껴집니다. 이에, 이 글들을 통해 과거의 나와 현재의 저를 마주하게 할 필요가 있었습니다. 결과적으로 극히 이기적인 이유가 되어 죄송스럽습니다만, 제게는 그 무엇보다 절실한 것이었습니다.

이 책이 나오기까지 도움을 주신 분들께 감사의 뜻을 표합니다. 제

공부의 스승이신 서대석 선생님, 그리고 학문적 고민을 함께 나누어 오고 있는 여러 선후배님께 우선 감사드려야겠습니다. 고뇌의 시기였던 1990년대에 만난, 저를 기억해 주시는 인연들께도 감사드립니다. 또한 이 책의 출판을 위해 애써 주신 월인출판사 박성복 사장님 및 편집진 여러분들께도 감사드립니다. 항상 긍정적인 추임새를 해 주는 가족에게는 특히 고맙다는 말을 해야겠습니다.

제 책이 나오면 꼭 보시고 격려해 주시던 아버지가 많이 생각납니다. 큰 산과도 같으셨던 아버지께 이 책을 올립니다. 노년의 아버지는 제게, 뭐든 너무 집착하지 말라고 하셨습니다. 명심하며 살겠습니다.

2016년 5월 2일

정충권

차례

제 I 부

판소리 문학의 미학적 비평

판소리 서사의 본질과 그 확장*

1. 판소리 서사의 문제

판소리의 서사적 특성을 드러내기 위해서는 판소리 장르론, 특히 판소리의 장르 귀속 문제를 따지는 것에서부터 논의를 시작해야 할 것이다. 하지만 이 문제는 그 동안 몇 차례 논의된 바 있으며, 혹 아직 논의가 진행 중이라 하더라도 이 자리에서 그 모두를 감당해 내기는 어렵다.

따라서 본 논의에서는 판소리가 서사 장르, 그 중에서도 구비서사시 및 공연서사시[1]에 속한다는, 그 간의 가장 유력한 견해를 수용하고자 한다. 이 견해는, 판소리는, 말하는 이가 듣는 이에게 이야기를 전달하는 형식을 취하고 있다는 점에서 '서사' 장르이면서, 이야기의 전달이 청중을 앞에 둔 공연의 형태를 띤다는 점에서 '구비연행' 장르 혹은 '공연' 장르이기도 하므로, '공연서사시'에 속한다고 보아야 한다는 것으로 요약할 수 있다.[2]

---

* 이 글은 『내러티브』 10(한국서사학회, 2008)에 실린 「판소리 서사의 본질과 그 확장 가능성」을 부분 수정한 것이다.

1 조동일, 『한국문학통사 3』(제4판), 지식산업사, 2005, 565~566쪽 ; 서대석, 「판소리 기원론의 재검토」, 『고전문학연구』 16, 한국고전문학회, 1999 참조.

2 물론 여전히, 판소리를 극 장르라 보아야 한다는 견해도 있고, 심지어는 문학적 층위보다 음악적 층위가 더 본질적인 국면이라 할 수 있으므로 음악, 특히 국악의 한

하지만 이러한 규정적 관점에서의 판소리 장르론은 판소리 구현 방식의 실상, 곧 이야기가 전달되는 방식에 대한 고찰을 통해 다시 입증되어야 할 것이다. 더구나, 판소리는 그 나름대로의 역동적인 이야기 전달 방식을 지니고 있으며 그것이 한국인의 생활 문화와 밀접한 관련을 지니고 있다는 점을 고려한다면 특히 그러하다. 그 간의 판소리 연구가 이 점에 대해 지속적으로 천착해 온 것은 당연하달 수밖에 없다. 판소리의 서사적 구조는 궁극의 클라이맥스를 향해 모든 것이 집약되는 유기적 발전의 완결구조가 아니라, 긴장 — 이완, 몰입 — 해방이라는 정서적 · 미적 체험의 마디를 반복하는 구조라 한 논의[3], 판소리 창자가 공연자이면서도 작품 내적으로는 서술자이며 또한 인물의 역할까지 하므로 그 문학적 진술 방식 혹은 담화적 특성상 多聲性을 지닌다는 논의[4], 판소리의 판짜기 원리를 고려할 때 판소리 사설은 정보 전달이 중시되는 부분과 놀이적 흥미를 고조시키기 위한 부분으로 이루어져 있으며, 후자에는 '부분의 독자성' 혹은 '장면 극대화'의 원리가 적용된다는 논의[5], 판소리 창자가 한 바탕의 작품을 구연할 때 이미 잘 알고 있는 단위사설(관용구, 삽입가요 등)들을 적재적소에 구사해 가면서 장면을 짜 나간다는 구비서사시 작시론[6], 광대와 고수, 청관중이 직접적인 상호작용 관계를 극대화하는 가운데 복합적인 현전성, 곧 탈경계화의 원리를 지향하고 있다는 공연학적 논의[7] 등이 그러한 연구들이다.[8]

장르라 보아야 한다는 견해도 있다.

3 김흥규, 「판소리의 서사적 구조」, 『판소리의 이해』(조동일 · 김흥규 편), 창작과비평사, 1978.

4 김병국, 「판소리의 문학적 진술방식」, 『한국 고전문학의 비평적 이해』, 서울대 출판부, 1995.

5 조동일, 「흥부전의 양면성」, 『계명논총』 5, 계명대, 1969 ; 김대행, 「판소리 사설의 구조적 특성」, 『국어교육』 27 · 28, 한국국어교육연구회, 1976 ; 김대행, 「판짜기 원리에 대한 한 가정」, 『판소리연구』 1, 판소리학회, 1989.

6 서대석, 「판소리의 전승론적 연구」, 『현상과 인식』 3권 3호, 1979.

이러한 논의들은 판소리 서사(또는 공연)의 주요 양상을 지적함으로써 전통 판소리 서사의 본질적 국면을 드러냈다고 할 수 있다. 이들 논의에서 지적된 사항들은 전통 판소리가 지역과 계층을 초월하여 널리 사랑을 받은 일난의 이유가 될 것이다.

그러나 이러한 논의들이 그 이후의 논의들과 뒤엉키면서 근래에는 오히려 판소리 서사의 본질적인 국면이 경시되고 있다는 느낌이 든다. 그리고 판소리 서사를 통한 현대적 확장론도, 자세히 살펴 보면 소재적·내용적인 측면들에 상대적으로 더 주목하는 경향을 보인다. 이에 본고에서는 기존 연구에서 논의된 바 있기는 하지만, 그 중요성에 비해 소홀히 여겨져 왔다고 생각되는, 판소리 서사의 몇몇 특성들을 다시 살펴보고, 그것의 현대 문학 예술물로의 확장 가능성을 가늠해 보기로 한다.

2. 판소리 서사의 본질

1) 긴장/이완 구조와 정서적 감염

판소리 서사에 있어 가장 핵심적인 틀은 唱/아니리의 교체가 될 것이다. 창과 아니리에 해당되는 부분은 각각 그 서사적 역할상으로도 뚜렷한 차이가 있다고 보는 것이 일반적이다. 창 대목에서는 대체로 특정 대상이나 상황을 묘사하거나 인물 내면의 울림을 전해주는 경우가 많고,

---

7 김익두, 「판소리의 '현전성'과 그 공연학적 의미」, 『판소리, 그 지고의 신체 전략』, 평민사, 2003.

8 이외에도 김현주, 『판소리 담화 분석』, 좋은날, 1998 ; 최진형, 『판소리의 미학과 장르 실현』, 보고사, 2002 ; 김종철, 「판소리문학의 미적 운용 원리 연구」, 『국어교육』 108, 한국국어교육연구학회, 2002 등 관련 논의들은 많다.

아니리 대목에서는 인물 간의 대화를 제시하기도 하며 장면과 장면을 연결하거나 사건・인물 관련 정보를 제공하는 경우가 많다. 창자는 창과 아니리의 이러한 서사적 역할을 인지한 상태에서, 창을 통해 청중을 작품 속으로 끌어들여 스스로 작중 인물이 되게 하여 그 정서를 직접적으로 체험케 하는 한편, 아니리를 통해 청중으로 하여금 작품 속 세계로부터 거리를 유지하게 하여 작중 인물과 사건을 비교적 객관적으로 바라보게 하는 것이다. 이러한 이원적 서사 틀은 긴장과 이완[9]이라는, 인간 보편의 생리와 맞물려 있기도 하여 판소리 작품 세계를 마음과 함께 몸으로써도 느낄 수 있게 한다. 어쩌면 극히 단순하다고 할 수 있는 창/아니리, 긴장/이완의 이러한 교체 형식이야말로 판소리 서사의 본질적 요체라 할 수 있을 것이다. 기존 연구에서 지적하였듯이, 창 대목이 유발하는 긴장과, 아니리 대목이 유발하는 이완의 분절적 진행[10]이야말로 판소리 서사의 가장 기본적인 형식일 것이다.

물론 판소리의 서사적 특성으로서, 창/아니리의 교체는 누구나 알고 있는 상식일 것이며, 긴장과 이완의 구조 역시 김흥규교수에 의해 제안된 이후 이제는 그리 특별하지 않은 지식이 되었다고 볼 수도 있다. 하지만 그럼에도 불구하고 필자가 판소리 서사의 본질 중에서도 가장 핵심적으로 이들을 새삼스레 거론하고자 하는 이유는, 근래에 판소리 서사론으로서 새로운 논의들이 없지 않기는 하나 대부분 지엽적 문제에 매달림으로써 오히려 판소리 서사의 핵심으로부터는 멀어지고 있다고 판단했기 때문이다. 또한 최상위 층위에서의 판소리 서사의 핵심은 여전히 창/아니리, 긴장/이완의 미적 구조에 있다고 보아야 하며, 특히 긴

9 김흥규, 앞의 글, 117쪽.

10 물론 더 세밀히 살피면 창을 통해 이완되는 경우도 있을 것이고, 아니리를 통해 긴장이 유발되는 경우도 있을 것이다. 또한 개별 창자의 판짜기 전략에 따라 달라질 경우도 있을 것이다.

장/이완의 교체 현상이 지닌 판소리적 함의는 아직도 더 깊이 있게 따져야 할 많은 문제들이 있다고 생각했기 때문이다.[11] 여기서 좀더 깊이 논의하고자 하는, 긴장/이완의 교체 현상과 서사성과의 관계 문제도 그 중 하나가 될 것이다.

우선, 창/아니리의 교체는 판소리 서사의 시간을 매우 불규칙하게 만든다는 점을 유의할 필요가 있다. 창 대목에서는 서술하는 시간이 서술되는 시간에 비해 늘어나는 반면, 아니리 대목에서는 서술하는 시간이 서술되는 시간에 비해 상대적으로 대폭 축소되기 때문이다. 따라서 차라리 판소리 서사는 불연속적 서사 또는 모자이크식의 서사를 지녔다고 보는 것이 옳다. 판소리는 이야기의 곡절을 충실히 전달하는 데 지향점을 둔 장르가 아닌 것이다. 더구나 傳承5歌의 경우, 청중은 등장인물들이 어떻게 될지, 사건이 어떻게 전개되고 마무리될지 이미 알고 있는 상태였으므로, 애초에 공연 행위 자체가 서사적 긴박감을 느끼는 것을 목표로 하지 않았을 것이다. 그럼에도 불구하고 판소리가 강한 흡인력을 지니게 된 이유가 있다면 그것은 일차적으로는 긴장과 이완의 교체 형식이리라는 것이다.

그런데 그 교체 형식을 더욱 의미 있게 하는 것은 바로 그 긴장의 質에 있다고 보아야 한다. 예컨대 다음과 같은 경우이다.

> (아니리) 그때으 춘향이는 군로가 오는지 사령이 오는지 아무런 줄도 모르고 도련님 생각이 간절허여,
>
> (늦은 중몰이) "갈까부다, 갈까부다. 임 따라서 갈까부다. 천리라도 따라가고 만리라도 갈까부다. 바람도 쉬여 넘고, 구름도 쉬여 넘는, 수지니, 날지

11 논자들 중에는 새삼스럽게 긴장과 이완의 문제를 들고 나온 것에 대해 진부하다고 느끼는 이도 있을 것이다. 그러나, 필자는 긴장과 이완 교체 구조가 지닌 판소리적 함의에는 여전히 많은 논의거리가 있다고 생각한다.

니, 해동청, 보라매 다 쉬여 넘는 동설령 고개라도 임 따라 갈까부다. 하날으 직녀성은 은하수가 막혔어도 일년 일도 보련마는, 우리 님 계신 곳은 무슨 물이 막혔길래 이다지도 못 보는고. 이제라도 어서 죽어 삼월 동풍 연자 되여 임 계신 처마 끝에 집을 짓고 노니다가 밤중이면 임을 만나 만단정회를 허고지고. 누 년으 꼬염 듣고 영영 이별이 되려는가?"

(아니리) 그때여 춘향이 문밖을 내다보니 벙치 쓴 사령들이 이리저리 야단이 났거늘, 춘향이 그제야 깜짝 놀래난 체허고, (조상현 창본 〈춘향가〉)[12]

춘향을 잡아들이라는 변사또의 명령을 받은 군로사령이 춘향집에 도착하기 직전의 상황이다. 춘향의 목소리로 불리어지는 늦은 중몰이의 창 대목은 실은 "그리워하며 지내던 중" 정도로 서술하면 충분한 대목이다. 하지만 위에서는 사건의 시간을 거의 정지시키다시피 해 놓고 춘향의 심사를 길게 그려놓고 있음을 볼 수 있다. 이런 류의 대목에서 창자는 자신의 음악적 역량을 총동원하여 그 스스로 춘향이 되어 인물의 내면을 드러내려 한다. 그리고 청중 역시 마치 자신이 춘향이 된 듯 작중인물의 정서에 공감을 보인다. 이런 대목에서 청중이 호응을 보이면 창자는 그러한 정서를 극한까지 밀고 나가려 하게 마련이다.[13]

---

12 뿌리깊은 나무, 『판소리 다섯 마당』, 한국브리태니커회사, 1982, 54~55쪽.

13 전신재는 이에 대해 "창우가 표출하는 정서가 청관중에게 감염되고, 청관중에게 감염된 정서가 다시 창우에게 감염되고, 그것이 다시 청관중에게 감염되는 귀환(歸還, feedback)작용이 반복되는 동안, 창우와 청관중은 강한 긴장 관계로 결속되고 정서적 반응은 상승작용을 일으켜 소리판은 강렬한 정서의 도가니가 된다."(전신재, 「판소리의 공연 양식과 정서」, 『공연문화연구』 10, 한국공연문화학회, 2005, 436쪽)고 한 바 있다. 전통 시대에도 신위는 '미칠듯한 기쁨이 나를 詩囚에서 풀어내(狂歡引我脫詩囚)'게 하는 강렬한 느낌을 토로한 바 있고, 哲高 양대 간의 명창 金昌祿은 청중이 너무 울어 자신 역시 상심할 때가 많아 50세 이후로는 〈심청가〉를 더 이상 부르지 않았다고 한다(정노식, 『조선창극사』, 조선일보사, 1940, 99쪽). 이로 미루어 전통 시대의 판소리가 청중에게 불러 일으키던 정서적 감염력이 얼마나 컸던가를 미루어 짐작할 수 있다. 그리고 그것은 창자 역시 마찬가지였음을 알 수 있다.

창이 지속될수록 전후의 특수한 맥락은 최소한의 것만이 잔존해 간다. 춘향이 이도령을 그리워한다는 위의 특수한 상황은, 홀로 공방에서, 떠나간 임을 그리워하는 보편적인 상황으로 확대되어 가는 것이다. 그렇게 되면 위 춘향의 심사는 누구나 체험해 보았음 법한 정서가 된다. 청중은 창자의 목소리로 된 춘향의 독백에 '그렇지' 라는 말을 할 수밖에 없다. 정서적으로 감염되어 가는 것이다.

이처럼, 이야기를 하되, 노래(창)를 통한 정서적 체험을 중요시하는 것, 이것이 바로 판소리 서사의 본질적 국면이라 생각한다. 그 점은 다음과 같은 묘사 대목의 경우에도 역시 해당된다.

> (잦은몰이) 방자 분부 듣고 나구청으로 들어가, 서산나귀 솔질하야 갖은 안장을 짓는다. 홍영, 자공, 산호편, 옥안, 금천, 황금륵, 청홍사 고운 굴레, 상모 물려 덥벅 달아, 앞뒤 걸쳐 질끈 매야, 칭칭 다래, 은엽 등자, 호피돋움으 태가 난다. 모탄자 걸쳐 덮고 채질을 툭 쳐 돌려세워, "말 대령허였소." 도련님 호사헐 제, 신수 좋은 고운 얼골 분세수 정히 하고, 감태 같은 채진 머리 동백 기름으 광을 내어 갑사 댕기 들였네. 쌍문초 진동옷, 청중추막에 도복 받쳐 분홍띠 눌러 띠고, 만석 당혀를 좔좔 끌어, "방자, 나귀 붙들어라!" 등자 딛고 선뜻 올라 통인 방자 앞을 세우고 남문 밖 나가올 적, 황학으 날개 같은 쇄금당선 좌르르 피어 일광을 희롱허고, 관도성남 너른 길 호기있게 나가실 제, 기풍하으 나는 티끌, 광풍 좇아 펄펄 날려, 도화 점점 붉은 꽃 보보향풍 뚝 떨어져, 쌍옥계변 네 발굽 걸음 걸음이 상향이라. 일당선풍 도화색 위결토적토마가 이 걸음을 당할소냐? 항 장수 오초마가 이여서 더할소냐? 서부렁섭적 걸어 광한루 당도하야, (조상현 창본 〈춘향가〉)[14]

14 뿌리깊은 나무, 앞의 책, 32~33쪽.

이도령이 봄을 맞아 좋은 경처로서 광한루를 선택하고 나귀 안장을 지은 후 그곳으로 가는 장면이다. 이런 부분은 묘사에 해당하므로 앞서 '갈까부다'와는 그 서사적 역할이 달라야 한다. 서술자는 등장인물이나 사건과 거리를 유지하면서 어느 정도는 객관성을 부여해야 할 부분인 것이다. 하지만 실상은 그렇지 않다. 오히려 나귀안장치레에서부터 이도령의 걸음걸이 묘사에 이르기까지 거의 등장인물의 시각에서 '그의 홍취'를 들려주고 있기 때문이다. 나열되는 사물들에조차 인물의 興이 배어들어 있다는 생각까지 들게 하고 있으며, '이 걸음을 당할소냐', '항 장수 오추마가 이에서 더할소냐'는 뒷부분에 와서는 아예 인물의 興에 밀착되어 버리고 만 느낌이다.

따라서 위 대목은 나귀안장을 짓고 광한루로 떠나는 장면의 묘사 대목이라기보다는, 차라리 화창한 봄날 나들이하는 등장인물의 흥겨운 정취의 표출 대목이라 보아야 할 것이다. 판소리의 "'치레'는 객관적 사실과 관련된 것이면서도, 그 회화적 사실성을 위한 언어적 묘사형태를 띠고 있기 때문에, 서사적 '客觀性'보다는 서정적 '體驗'의 전달과 가깝다."[15]는 지적이 있었던 것도 이러한 이유에서였을 것이다.

실상이 이러하다면 판소리 서사는 서사 본유의 진술방식에 충실하지 않은 것이 된다. 서정적 체험의 전달면에서는 리얼리티가 부여되나 정작 이야기性 면에서는 많은 허점을 노출하는 것이 되기 때문이다. 하지만 그렇다고 해서 판소리를 함량 미달의 서사 내지는 불완전한 서사라 볼 수는 없다. 그것은 오히려 조선 후기 서사문학사상 판소리가 여타 장르와의 경쟁에서 주도권을 장악하기 위한 그 나름대로의 전략의 소산이었기 때문이다.[16] 19세기에 접어들어 판소리가 전계층으로부터 전폭

15 박일용, 『조선시대의 애정소설』, 집문당, 1993, 233쪽.

16 판소리 서사의 이러한 특성은, 무속 집안 출신의 판소리 창자가 애초에는 巫歌 사설들을 통해 서사단락을 대체하거나 장면을 구체화하던 데에 연원을 두었을 것이다(정

적인 지지를 받은 주된 요인이 이러한 서사적 특성에 있었음도 아울러 유념해야 할 것이다. 더늠의 등장은 그러한 서사적 특성이 다름 아닌 판소리의 본질이었음의 한 증거가 될 것이다.

판소리는 서사 장르이므로 기본적으로는 이야기의 전달을 의도한다. 하지만 앞서 살핀 것처럼 그 전달의 측면에서는 오히려 서정적 체험과 그로 인한 정서적 감염을 중요시한다. 이러한 모순 속에서 청중은 개체로서 각자의 몸으로까지 육박해 오는 인간 삶의 현실을 느끼게 되는 것이다. 판소리 서사의 이러한 특성은 유교 문화에 물든 사대부들까지도 판소리에 더러 심취하게 했던 동인이었던 것이다.

2) 부분의 전체 지향

기존 판소리 구성론 중 "플롯이 중시되는 문학양식에서는 〈부분이 전체의 구조를 위해〉 봉사하지만, 판소리에서는 〈사건의 흐름이 부분을 위해〉 봉사한다고 할 수 있다."[17]는 논의가 떠오른다. 이때, 전체가 사건의 흐름 곧 서사의 골격이라 한다면, 부분은 각 장면의 세부, 그것을 통해 유발되는 이미지 같은 것을 일컬을 터이다. 그렇다면 위 말은, 사건의 흐름 속에 포함된 세부적인 장면들 그 자체의 흥미와 감동에, 판소리 공연과 수용의 초점이 맞추어진다는 말이 될 것이다. 앞서 언급한 용어

충권, 『판소리 사설의 연원과 변모』, 다운샘, 2001 참조). 그러다 점차 하층으로부터 호응을 받기 위해 시정 歌謠들을 끌어들이고, 상층 청중이 영향력을 행사하면서 漢詩文도 끼워넣었을 것이다. 판소리가 예술로 자리잡게 되자 명창급의 창자들은 아예 그러한 대목들을 새로이 만들기도 하였다. 더늠이 바로 그것이다. 정병헌, 「춘향전 서사의 성격과 역사적 전개」, 『고전희곡연구』 6, 한국고전희곡학회, 2003, 400~401쪽에서는 이러한 과정을, 이야기가 "자신이 시대와 적응하며 살아가기 위하여 시가를 받아들임으로써 판소리로 변화하였고, 그리하여 생명력을 획득하면서 동시에 서사가 지니는 중요한 성격들은 스스럼없이 포기"한 것이라 본 바 있다.

17 김흥규, 앞의 글, 113쪽.

를 이용하여 다시 정리한다면, 판소리의 서사적 본질은 이러한 '부분'들의 정서적 체험과 감염에 있다고 할 수 있을 것이다.

그런데 이와 더불어 반드시 짚고 넘어가야 할 것은 그 '부분'이 다시 작품을 환기시키며 나아가 작품 내부에 머무르지 않고 현실의 제양상까지 포괄하고 있다는 점이다. 부분은 사건의 흐름에 의해 뒷받침되지만 다시 작품 전체를 지향하고 나아가 사회 현실 전체를 지향한다는 것이다. 〈흥보가〉의 놀보심술사설을 통해 이 점을 알아보기로 한다.

> (잦은 중몰이) 놀보 심사 볼작시면, 술 잘 먹고 쌈 잘하기, 대장군방 벌목시켜, 오귀방에 이사 권코, 삼살방에다 집 짓기고, 남의 노적에 불 지르고, 불붙는 듸 부채질, 새 초분으도 불 지르고, 상인 잡고 춤추기와, 소대상으 주정내여 남의 젯상 깨뜨리고, 질 가는 과객 양반 재울 듯이 붙들었다 해 다지며는 내어 쫓고, 의원 보며는 침 도적질, 지관 보며는 쇠 감추고, 새갓보면 땀때 떼고, 좋은 망건 편자 끊고, 새 메투리는 앞총 타고, 만석 당혀 윤듸 끊고, 다 큰 큰애기 겁탈, 수절 과부 무함 잡고, 음녀 보며는 칭찬허고, 열녀 보면 해담허기, 돈 세난듸 말 묻기와, 글 씨는듸 옆 쑤시고, 사집병으 비상 넣고, 제주병에다 가래춤 뱉고, 옹구 진 놈 가래 뜨고, 사그짐은 작대기 차고, 우는 애기는 발구락 빨리고, 똥 누는 놈 주저앉히기, 새암 가상이 허방을 놓고, 호박에다가 말뚝 박고, 곱사동이는 되집아놓고, 앉은 뱅이는 태껸하고, 이런 육시를 헐 놈이 심술이 이래 노니, 삼강을 아느냐, 오륜을 아느냐? 이런 난장을 맞을 놈이! (박봉술 창본 〈흥보가〉)[18]

이 사설의 역할은 놀보가 그만큼 심술스런 인물이므로 동생 흥보까지 아무 이유 없이 쫓아내고도 남을 만한 사람이라는 정보를 제공하는 데

18 뿌리깊은 나무, 앞의 책, 123~124쪽.

있다. 그런데 위에서 거론된 행위들을 자세히 살펴 보면 실제로 놀보가 이런 일을 다 했을까 하는 의문이 생긴다. 그리고 우는 애기 발가락 빨리기, 호박에다 말뚝 박기 등 성인으로서의 놀보가 했음직하지 않은 장난스런 행위들도 포함되어 있음을 볼 수 있다. 게다가 놀보는 반사회석 행위까지 서슴지 않는 인물로 그려져 있기도 하다. 남의 노적에 불을 지르고 처녀를 겁탈하고 수절 과부를 모함하는 일은 사회 질서를 저해하는 범죄행위에 해당한다. 이런 행위를 저지를 만한 인물이라면 놀보는 지탄받아 마땅한 惡人이다. 이러한 반사회적 행위는 여타의 장난스런 행위들과는 어울리지 않는다.

이처럼 서로 다른 성격의 심술행위들이 함께 나열된 것은 작품 속 놀보의 성격 자체가 그러한 복합적인 면모를 지녔기 때문이라 이해할 수 있다. 양식을 구걸하러 온 흥보를 매질하여 보내는 것에서 몰인정한 모습을, 제비 다리를 부러뜨린 것에서는 지탄받아 마땅한 악인의 모습을 읽을 수 있는 반면, 박 타는 대목에서 자신의 패망을 스스로 재촉하고 놀이패의 유희를 함께 즐기는 데서는 우둔한 장난기를 읽을 수 있는 것이다. 그렇다면 위 심술사설은 작품 전체를 지향한다고 할 수 있다.

그런데, 여기서 그치지 않는다. 위 심술사설에서는 그 주체인 놀보를 넘어서서 세상의 험악한 일들에서부터 장난스런 행위들까지, 악행을 포함한, 심술스럽다고 판단되는 행위들을 '모두' 나열하려는 '충동'이 느껴지기 때문이다.[19] 그렇다면 위 놀보심술사설은 등장 인물의 성격을 시발점으로 삼기는 했지만 결국에는 당대 사회를 대상으로 하여 그 어두운 면면을 포괄하여 담아내고 있는 결과가 된다.

이처럼, 놀보심술사설은, 작품의 부분일 뿐이지만, 한편으로는 〈흥보

---

19 위의 경우는 32가지 심술행위가 나열되어 있으나, 신재효본의 경우는 67가지에 이른다. 신재효는 기존 심술사설에다 '官差使의 傳令 도둑', '鎭營校卒 막대뺏기' 등 자신의 경험을 반영한 새로운 내용까지 첨가한 바 있다.

가〉 작품 전반에 걸친 놀보의 성격을 입체적으로 드러내는 서술이면서, 다른 한편으로는 당대에 있을 법한 심술스런 행위와 악행들을 열거함으로써 사회 전반의 문제를 조명해 보는 담론이기도 함을 알 수 있다. 그렇다면 이는 부분으로써 전체를 그려내려는 의도의 소산이라 볼 수 있을 것이다. 곧, 한 단면을 통해서이지만 인간 삶을 복합적이고 총체적으로 파악하려는 소산일 수 있다는 것이다. 삶의 균형도 그럴 때 부여되는 것일 터이다.

판소리 서사는 특정 인물이나 사건, 행위에 대해 특정 시각만이 옳다고 말하지 않는다. 그것에 얽힌 인간의 욕망이란 저마다 다를 것임을 잘 알고 있기 때문이다. 어떤 부분에서는 특정 시각이 옳다고 하지만 다른 부분에서는 언제 그랬냐는 듯 또다른 시각을 내세운다. 위 심술사설의 놀보도 절대적 악인의 형상만을 보이고 있지는 않은 것이다. 이러한 특성이야말로 판소리 서사의 본질적 국면으로서 거론할 만하다고 본다.

판소리의 각 장면들에서 이와 같은 현상은 어디서든 쉽게 발견할 수 있다. 여기서는 그러한 현상이 서술 문면에까지 드러나 있는 경우만 거론해 보기로 한다.

〈춘향가〉에서 춘향이 장형을 당하고 반죽음의 상태에서 하옥 명령이 내려진 직후의 일이다. 춘향 모친이 와서 자신도 마저 죽여 달라 외치고, 여러 기생들도 한둘씩 들어와 저마다 자신의 일인 것처럼 안타까워한다. 관권의 횡포에 유린당하면서도 자신의 의지를 굽히지 않은 춘향에 대해 남원 민중 전체가 동조하며 사또의 모짊을 비판하고 있는 상황이다. 그런데 이때 다음과 같은 의외의 사건이 벌어진다.

> (잦은 중중몰이) (…) 이리 한참 울더니마는 어떠한 기생 하나가 선춤 추면서 들어온다. "얼시구 절시구, 지화자자 좋구나." 여러 기생들이 어이 없어, "아이고, 저년 미쳤구나. 에끼, 천하 미친년아! 춘향과 너와 무슨 혐오 있어

저 중장을 당했는듸 선춤 출입이 웬일이냐?", "너 말도 옳다마는 나의 말을 들어 봐라. 진주에 의암 부인 나고, 평양에 월선 부인 나고, 안동 기생으 일진홍, 산 열녀문을 세워 있어 천추행사허여 있고, 성천 기생은 아해로되 칠거으 학문 들어 있고, 청주 기생으 화월이는 삼층각에 올랐으니, 우리 남원 교방청으 현판감이 생겼으니 어찌 아니나 좋을손가. 얼시구나, 절시고. 노모 신세는 불쌍하나 줄을 테면 꼭 죽어라." (조상현 창본 〈춘향가〉)[20]

한 기생이 춤추고 노래하며 들어오더니 춘향으로 하여금 죽을테면 꼭 죽으라고 하고 있는 것이다. 남원 교방청에 현판감이 생겼으니 오히려 경사가 아니냐는 것이다. 그렇게 되면 전국에서 남원 기생을 알아 주지 않겠냐는 것이다.

이는, 어떻게 보면 엉뚱한 말이지만 자세히 생각하면 일리가 없는 것도 아니다. 그 기생의 관점에서 볼 때 춘향의 죽음은 자신들의 명예를 높이는 계기가 된다고 판단할 수도 있기 때문이다. 이처럼, 주 인물뿐 아니라 주변 인물들의 시각까지도 놓치지 않는 것이 바로 판소리 서사이다. 그렇게 하지 않으면 해당 인물의 행위는 균형 감각을 잃어버리고 神話化해 버릴 것이다.

〈적벽가〉의 경우는 아예 적벽대전을 위주로 한 〈삼국지연의〉 작품 자체를 주변 인물의 관점에서 재구한 작품이다. 아는 바와 같이 〈삼국지연의〉는 왕과 모사, 장수들의 이야기이다. 그러나 〈적벽가〉의 이름 없는 군사들의 관점에 서면 국가의 흥망을 가늠하는 전쟁 이야기가 이들의 것만일 수 없다는 시각이 얼마든지 가능하다.

군사들의 설움대목을 예로 들어 이 점을 구체화해 보기로 한다. 대전을 앞두고 조조는 득의양양했다. 강남을 얻으면 동작대를 높이 짓고 이

---

20 뿌리깊은 나무, 앞의 책, 59~60쪽.

교녀를 취할 것이며 공을 이룬 자는 중상을 내리고 만호후에 봉하겠다고 하면서 호기를 부리기까지 하고 있었다. 그러나 이때 서술자는 급작스럽게 이름 없는 군사들에게로 서사의 초점을 곧 바꾸어버린다. 이름 없는 군사들을 하나씩 등장시켜 각각 부모생각, 자식생각, 아내생각을 하며 서러워하는 대목을 장황히 그려놓고 있는 것이다. 이 순간 전쟁의 허구성이 여지 없이 폭로된다. 전쟁이란 특권층의 명분을 위한 것으로, 무명의 군사들에게는 오히려 소중한 일상을 일그러뜨리는 의미 없는 일일 뿐이라는 것이다. 그들이 추억 속의 일상을 떠올리면 떠올릴수록 전쟁의 폭력성은 더욱 강하게 울려오게 된다.[21]

군사설움대목은 여기서 끝나지 않는다. 조조의 시각을 뒤집음으로써 청중으로부터 지지를 얻은 군사들의 시각은, 이어서 등장하는 또다른 한 군사에 의해 다시 뒤집어지고 있기 때문이다. 이 군사는 어차피 전쟁에 나온 이상 공명을 세운 후 돌아가면 훨씬 더 낫지 않겠냐고 한다. 그렇게 해야 오히려 부모 형제 처자 앞에서 떳떳할 수 있다는 것이다. 그러면서 신명 나게 '싸움타령'을 부른다. 이 군사의 생각은 매우 현실적이다. 전쟁을 앞에 두고 있는 상황에서 서러워하기만 하는 것은 아무런 도움이 되지 않으며, 반드시 살아 돌아가 당당하게 가족 앞에 서겠다는 마음가짐을 갖는 것이 더 나을 수 있다. 그들이 처한 현실을 감안한다면 이것이 최상의 선택일 것이기 때문이다.[22] 이처럼 군사설움대목 역시 전쟁을 앞둔 당사자들의 서로 다른 시각이 복합적으로 조명되고 있음을 볼 수 있다.

한 개체로서의 인간의 욕망은 주어진 상황에 따라 얼마든지 달라질

---

21 이 책 제Ⅰ부 「일상성」 참조.

22 그 간 이 대목은 군사들의 설움사설만 주목되어 왔으며 싸움타령을 부르는 군사의 목소리는 외면되어 왔다. 하지만 그 군사의 발언 역시 중요시되어야 하며 이러한 형식이 판소리 서사의 특성임도 유의해야 한다.

수 있으며, 또한 저마다 추구하는 바에 따라 욕망의 종류와 성격도 다르게 마련이다. 그러므로 그 욕망들이 엮어내는 인간사 역시 복잡다단할 수밖에 없다. 서사 장르로서의 판소리에서는 이러한 복합적인 욕망들을, 설혹 주 인물의 의시와 상반된다 하더라도 결코 놓치지 않는다. 그렇게 해야, 인간과, 그들이 이루어나가는 세계에 대해 올바른 이해가 가능하다고 보았기 때문이다.

〈수궁가〉에서 토끼에게 우호적인 시선만 주어지지는 않는 것, 이본에 따라 자라가 긍정적인 존재로 평가 받기도 하는 것, 〈흥보가〉의 돈타령 대목에서 오랜만에 돈을 벌게 된 흥보의 기쁨만이 아니라 무능한 가장의 설움과 극단적인 빈곤에 처한 흥보가족에 대한 동정까지 함께 느낄 수 있는 것 등도, 위와 같은, 판소리의 서사적 특성으로 미루어 충분히 설명 가능하다. 부분 단위에서의 정서적 감염의 뒤에는 이처럼 전체로의 지향성이 자리잡고 있었던 것이다. 그리고 이는 판소리의 서사 전략이었기도 하다.

3. 판소리식 서사의 확장 가능성

앞서 살핀 바와 같이 판소리는 각 장면을 통해 정서적 감염을 유발하는 한편 바로 그 장면(부분)을 통해 전체를 인식하려 한다. 이는 18~19세기 공연장르이기도 했던 판소리가 서사장르로서의 속성을 상당 정도로 포기하면서까지 받아들여야 했던 특성들이다. 우리가 지금 눈으로 읽는 판소리 사설은 이러한 특성을 지닌 '부분'들의 조합물에 해당한다. 그 결과 전후 맥락상, 부분과 부분들 간에 비약과 모순이 일어나기도 했지만 그것은 당시 큰 문제가 아니었다. 왜냐하면 애초에 판소리 서사는 스릴이 넘치거나 숨가쁜 진행을 필요로 하는 서사가 아니며, 공연 현장에는 이미 모든 사건들을 꿰뚫고 있는 청중이 앉아 있었기 때문이다. 17세기 말 혹은 18세기 초쯤 발생한 판소리는 그 이후 이러한 특성을 통해 여타 장르에 비해 상대적 우위를 점해 갔고 그 특성은 다시 관습화하여 그러한 관습에 익숙한 청중을 재생산해 갔던 것이다.

과연 이러한 특성은 당대에 국한되는 판소리만의 관습이었을 뿐인가, 아니면 오늘날에도 여전히 유용하게 활용할 수 있는 가능성을 지닌 자양분인가. 이 문제는 이미 20세기 전반, 창극과 근대소설이 그 해답의 일단을 제시한 바 있다. 근대식 극장 무대 위에 전통 판소리를 근간으로 사실주의 극 기법을 받아들여 배역을 나누어 공연한 데서 출발한 창극이 창을 중심으로 한 장면 단위의 분절을 유용하게 활용한 것, 채만식과 같은 근대 작가가 소설 속에 긴장/이완의 구조를 받아들이고 장면을 극화하는 한편 그 속에 아이러니적 시선을 부여한 것 등이 그 예이다. 이러한 사례가 성공적인 평가를 받는 것을 보면 위에서 언급한 판소리의 서사적 특성, 곧 서사 전략은 오늘날에도 여전히 유용한 측면이 있으리라 생각한다.

현금에는 뮤지컬과 영화에 관객들이 몰린다고 한다. 혹 이러한 현상의 근원적인 원인을 상고하면 앞서 살핀 판소리의 서사적 특성과 상관성이 있을 수도 있다. 영화 〈공동경비구역 JSA〉의 성공 전략을 판소리의 미학으로 풀어낸 한 연구[23]에 따르면, 이 영화가 대중을 사로잡으면서도 미적 성취를 이룬 것은 긴장/이완의 조화, 비장과 골계의 조화가 비극적 진실을 각인시키는 효과적인 장치로 작동했기 때문이라 한다. 긴장의 도가 높으면 높을수록 웃음을 통한 이완의 효과가 크며, 웃음이 있음으로써 민족적 비극을 바탕으로 한 긴장의 정도도 높아질 수 있었

23 최민성, 「판소리 미학으로 본 대중서사의 성공 전략」, 『한국언어문화』 25, 한국언어문화학회, 2004.

다는 것이다.

이러한 논의가 가능한 것은, 영화의 경우 회화성을 바탕으로 하며 앵글 조작을 통해 작중 현실과의 거리를 자유롭게 조절할 수 있다는 점이, 판소리 서사의 경우 장면 단위로 이루어져 있으면서 아니리 대목과 창 대목 각각의 작중 현실과의 거리가 자유롭게 변화하고 있는 점과 상통하는 바 있기 때문일 것이다. 영화의 클로즈업은 판소리의 미시적 묘사에 해당할 터인데, 앞서 거론한 나귀안장치레와 같은 묘사는 영화로 치면 클로즈업된 화면에 해당한다. 그렇게 클로즈업된 부분부분이 인물의 심리나 사건의 전개와 상관성이 있다는 점 역시, 판소리의 묘사 대목에 인물의 심리가 투영되는 현상과 대응된다. 게다가 영화의 경우에도 화면 지속 시간과 그 화면의 이미지, 소리, 음악 등을 통해 판소리 장면의 정서적 감염에 해당하는 현상을 얼마든지 야기시킬 수 있으며, 영화를 보고 난 후 인상에 남는 것은 장면 장면들인 바 그 장면으로써 영화 전체를 대표하게 할 수 있다는 점도, 앞서 언급한 '부분의 전체 지향성'의 특성과 상통하는 바 있으리라 본다. 판소리의 미학과 영화의 미학을 견주어 보는 작업이 위의 경우처럼 가능한 것은, 조각난 부분들의 이미지의 조합으로 전체가 완성된다는 점에서 두 장르가 유사성을 띠기 때문일 것이다.[24] 일찍이 20세기 전반 판소리 청중은 영화의 관객이기도 했었다.

---

24 물론 영화는 일방적인 전달 통로를 지님으로써 관객의 정서가 다시 작품 자체에 영향을 미칠 수는 없다는 점, 판소리가 인간과 인간의 관계 속에서 소통이 이루어지는 장르인 반면 영화는 과학기술과 인간이 대면하는 장르라는 점, 판소리의 경우 장면의 회화성은 언어와 언어적 요소, 소리 등으로 형성되는 반면 영화는 영상과 소리로 형성된다는 점 등 많은 차이가 있다. 판소리는 18, 19세기의 공연 장르이므로 기술 문명 시대의 영화와 차이가 있을 수밖에 없음이 당연하다. 하지만 미적 특성, 효과 등의 측면에서 둘 간의 관계를 찾는 일이 아주 의미 없는 일은 아니리라 본다. 참고로 말한다면 류수열, 『판소리와 매체언어의 국어교과학』, 역락, 2001에서는 이미 판소리의 구연적 자질이 텔레비전 뉴스, 토론 프로그램, 코미디 프로그램, 라디오 편지 읽기 프로그램, 광고, 만화 등과 상통하는 점이 있음을 논한 바 있다.

영화와 함께 요즘 공연 작품과 횟수를 늘려가고 있는 뮤지컬의 경우도 노래를 통한 장면 장면의 정서적 감염의 측면에서 판소리와 상통하는 점이 있다고 생각된다. 뮤지컬이 부상하고 있는 데는 물론 스타의 등장과 음악성의 확보 등 여러 가지 요인이 있을 것이다. 하지만 그러한 요인 중 하나는 분명히 판소리식의 정서 체험에도 있다고 생각한다. 춤과 노래를 통해 장면 장면들이 체험적으로 전달되도록 하여 배우와 관객이 함께 즐거움을 느끼며 서로 간의 유대감을 확인하는 것은 앞서 살핀 바와 같이 판소리 서사의 중요한 특성이다. 서사의 진행은 잠시 미루더라도 현재의 즐거움 혹은 고통을, 관객에게까지 전이되게 하는 점은 판소리와 뮤지컬이 공유하는 점일 것이다. 또한 뮤지컬에도 판소리의 더늠처럼 독립적으로 불리는 노래들[25]이 있다는 점을 함께 지적할 수 있을 것이다. 향후 판소리 미학과 뮤지컬의 미학을 본격적으로 견주어 가며 살필 필요가 있을 것이다.

그렇다면 정작 오늘날의 판소리는, 그리고 창극은 어떤가. 전통 판소리의 경우 현재 전승5가를 중심으로 하여 전승을 유지하는 데 급급한 실정인 것이 사실이다. 창작 판소리가 해방 전후부터 비롯되어 새로운 레퍼터리를 첨가해 왔으나 전승5가에 버금가는 명편은 지어지지 않고 있으며 단편 창작 판소리들도 긴장과 이완, 비장과 골계의 어울림을 그럴듯하게 구현해내지 못하고 있다. 창극 역시 화려한 부활을 이루어낸 바 있으나 현금에 와서는 판소리와의 관계 정립 문제와, 예술성·대중성을 함께 획득해야 하는 문제들을 완전하게 해결하지는 못한 상황이다. 창극으로 나아가면서 판소리 서사의 본질적 국면은 약화된 감이 있는데 그것은 창극이 서사가 아닌 극 양식이므로 어쩔 수 없는 것인지,

---

25 뮤지컬 〈Cats〉에서 늙은 창녀 고양이가 부르는 추억의 노래 〈Memory〉가 그 한 예가 될 수 있을 것이다.

아니면 판소리와의 긴밀한 관계를 유지해야 창극으로서의 정체성을 확보할 수 있으므로 판소리와 멀어지는 것이 바람직하지 않은 것인지는 더 깊이 있게 따져 보아야 할 것이다.

4. 맺음말

이 글에서는 판소리 서사의 본질적 국면을 되짚어 보는 한편, 그 간 소설이나 창극을 중심으로 하여 논의되던 판소리 서사 계승 문제를 그 외의 장르로까지 넓힐 필요가 있다는 문제를 제기해 보았다. 그러나 실제로는 문제 제기에 그치고 판소리 서사의 현대적 확장 방안을 구체적으로 제시하는 데까지 나아가지는 못하였다. 이 작업을 제대로 수행하기 위해서는 실제 텍스트를 통해 그 성공·실패 여부를 따지는 데서부터 시작하여, 현대 문학·예술 장르에서 발견되는 계승과 확장의 표면적이고 가시적인 측면뿐 아니라 이면적이고 무의식적인 측면까지를 깊이 있게 따져야 할 것이다. 또한 그러한 작업이 다시 판소리 서사의 본질적인 문제를 되새기게 하면서 미래를 전망할 수 있도록 해야 한다. 하지만 이는 여러 전문 분야에 걸친 동학 연구자들의 도움이 없이는 수행 불가능한 작업이라 생각한다.

日常性*

1. 일상성과 판소리 문학

日常이란 인간이 최소한의 삶을 유지하기 위해 반복하는 작은 일들, 늘 겪기 때문에 의미 있는 사건으로 여겨지지 않는 일들을 말한다. 하지만 다른 시각에서 보면, 일상은 時空에 따른 차이는 있겠으나 그 누구도 벗어날 수 없는 삶의 근원적 기반이기도 하다.

근래에 접어들어 일상에 대해 관심이 높은 것은 소위 미시사, 일상사 혹은 생활사로 일컬어지는 역사학의 새로운 조류의 영향 때문인 것 같다. 과거 인간의 삶을 총체적으로 기술하는 것이 역사라고 할 때 그 간의 역사 서술은 정치나 경제, 사회쪽에 치우쳐 있어 정작 그 근원적 기반으로서의 삶은 경시되었다는 것이 그러한 조류의 기본 시각이다. 게다가 일반 민중 사이에 일어난 사소한 일들이 정치적·사회적 변화에 변수로 작용할 수도 있다는 견해[1]까지 나타나면서 일상 생활사 연구의 의의는 더욱 높아지고 있는 실정이다. 문학쪽에서 이에 주목하게 된 것도 역사학계의 이러한 동향과 관계가 있는 것으로 생각된다. 문학 작품

---

* 이 글은 『국문학연구』 14(국문학회, 2006)에 실린 「판소리 문학에 나타난 일상성」을 부분 수정한 것이다.

1 알프 뤼트케 외(이동기 외 옮김), 『일상사란 무엇인가』, 청년사, 2002, 7쪽.

이나 주변 기록들을 통해 사대부나 사대부가 여인들 혹은 하층 민중의 일상을 복원하려는 시도가 그 한 예라 할 수 있을 것이다.

하지만 문학론의 경우 일상 복원 작업 그 자체만으로는 그리 큰 의미를 부여할 수 없다고 보아야 한다. 문학 텍스트를 자료로 하여 복원된 일상을 당대인의 삶과 직접적으로 대응시키는 것은 오히려 당대 현실을 왜곡하는 일이 될 수 있으며, 설혹 그러한 작업이 의미가 있다 하더라도 그것은 역사학계에서 감당해야 할 일이라 생각되기 때문이다. 문학은 문학 나름대로의 논리를 지니고 있는 것이다. 따라서 문학 텍스트를 자료로 한 일상성 논의에 있어 주의해야 할 점은 일상의 범주 그 자체에 필요 이상으로 집착하는 일일 것이다. 일상이란 인간이 삶을 살아가면서 행하는 그 모든 일일 수 있으므로 애초에 범주를 한정하기 어려운 대상이다. 그러므로 문학에 있어 일상성 논의를 생산적으로 하기 위해서는, 일상 그 자체에 집착하는 환원적인 사유보다는, 당대인의 일상적 삶 중에서 작품 속에 수용되어 의미 있게 자리잡은 일상의 특징, 그리고 그러한 일상의 문학적 변용 양상과 그 의의를 따지는 입체적이고 탄력적인 사유가 필요할 것이다.[2] 일상 역시 당대 현실의 한 부분이므로 문학에 있어 일상성의 문제는 문학과 현실, 문학과 당대인의 삶의 관계에 대한 특수한 문제 중 하나로서 파악되어야 한다는 것이다. 그렇다면 문학에서의 일상성론은 문학적 현실의 폭 확장과 긴밀한 관련을 지니는 논의가 될 것이다.

이때 실제 현실로서의 일상이 문학적 현실로서의 일상과 관련되는 방식으로는 여러 가지 형태가 있을 수 있다. 무의미하달 수 있는 일상으로부터 새로움을 발견하여 그것에 인간의 존재론적 의미를 부여하는 경우, 수필류들에서처럼 작가의 사소한 개인사를 장르의 관습에 의거하여 문

2 본고에서 '일상'이 아닌 '일상성'이라는 용어를 표제에 내세운 것도 이와 관련된다.

학 작품 속에 수용하는 경우, 수용자의 공감 확보를 위해 그들의 일상적 체험을 작품 속에 수용하는 경우 들이 그 예들이다. 그런데 그 여러 형태들 중에서도 일상성의 문제가 가장 심각하게 다루어진 경우는, 지속 반복되어야 할 일상이 외적 요인으로 인해 더 이상 지켜지지 못함으로써 일상의 지속 자체가 문제시되는 경우일 것이다. 이 문제를 실감 나게 다루고 있는 대표적인 작품들이 바로 판소리 계열의 작품들이다. 판소리 작품들에서는 한편으로는 수용자들의 일상을 공감과 향유의 차원에서 작품 속으로 가져 오면서도 다른 한편으로는 일상의 비틀기와 새로운 맥락 부여를 통해 衣食住와 관련된 생존 차원의 문제를 제기한다. 판소리의 재미, 그리고 판소리 문학의 시대적 의의도 일상을 다루는 이러한 판소리적인 방식에 의존하는 바 크리라 본다. 본고에서는 전승 5가를 대상으로 하여 이 문제를 따져 보고자 한다.

2. 일상의 再現

일상이라 하면 쉽게 떠올릴 수 있는 것이 아침에 일어나 먹고 일하고 자는, 生活로서의 그것이다. 이러한 일상은 작품 속 사건의 배후에 존재하는 것으로 특별한 의도가 있지 않다면 언급되지 않는다. 그런데 판소리 작품들에는 오히려 이러한, 생활과 밀착된 일상적 삶이 고스란히 담겨 있다. 정화수를 떠 놓고 치성을 드리는 일, 배 속 아이가 아무 탈 없이 자라 무사히 태어나기를 기원하는 일, 아이가 울 때 어르는 일, 아이가 배 고파하며 젖이나 밥을 달라고 조르는 일, 치상하는 일, 농삿일, 입춘을 맞이하여 제비가 집을 짓는 일 등이 그것들이다. 주로 하층의 일상들인 것이다. 이러한 일들은 대체로 판소리 작품 내에서도 사건 전개상 필수적인 것들은 아니다. 아마 당시 판소리를 즐기던 수용자들에게 있어서 역시 일상적인 삶의 한 부분일 뿐이었을 것이다. 그러나 이러한 일들은 지속적으로 반복되는 일로서 인간의 삶과 밀착된 일상이므로 창자나 수용자 모두가 겪던 일들이었기도 하다.

이러한 일상적 행위들이 판소리 작품 속에 실감나게 담기게 된 것은 판소리가 당대 하층의 삶을 담은 구비서사시 갈래라는 점과 밀접한 관련을 지니리라 생각된다. 일반적으로 구비서사시와 같은 공연 갈래의 존속 여부는 청중의 공감에 의해 결정된다고 보아도 과언이 아니다. 판소리의 경우는 주요 청중이 작품 속 등장인물과 유사한 성격의 삶을 살아가던 당대 하층이었으므로 그들로부터 공감을 얻을 수 있어야 했다. 일상의 수용은 바로 이 문제를 가장 쉽게 해결할 수 있는 한 방법이었을 것이다. 청중은 자신들도 겪으며 살아가는 일상의 재확인을 통해 작중 이야기를 자신들 주변의 이야기로 받아들일 수 있었을 것이며 창자들 역시 그러한 공통 기반을 토대로 하여 부담 없이 공연할 수 있었을 것이다. 그것이 현실 재현의 새로운 방식이었음은 어디까지나 결과적인 현상을 지적한 것일 뿐이다.

이런 식으로 수용된 판소리 장면들 속에, 거듭된 반복을 통해 습속화된 당대인들의 일상적 삶이 발견되는 것은 당연하다.

> (…) 그러ᄒᆞ나 져러ᄒᆞ나 江南 것일넌지 報恩 것일넌디 져 먹을 것 아니 것을 무러오기 고이ᄒᆞ고 ᄂᆡ 압에다 ᄡᅥ루치기 더욱이 고히ᄒᆞ니 아무커나 심어보ᄉᆡ 乙不栽種 놀을 보와 大將軍 안션方을 둥굴어게 깁피 파고 오좀독에 당근 신쪽 여러 죽을 장이고셔 흘과 ᄌᆡ를 잘 버무려 단단이 심어더니 立苗하 ᄂᆞᆫ 것을 보니 박은 丁寧 박이여든 슌이 ᄎᆞᄎᆞ ᄡᅢ더나니 산나무 가지 썩겨 드문드문 슌을 쥬어 집 우에로 올어더니 (…) (신재효본 〈박흥보가〉)[3]

---

3 김진영 외, 『흥부전 전집』 1, 박이정, 1997, 22쪽.

흥부가 박씨를 심고 가꾸는 장면이다. 박씨를 심었다는 언급만으로도 충분한 것을 상세히 그 방법까지 제시하고 있음을 볼 수 있다. 여기서 밑줄친 것처럼 '신짝 여러 죽을 장이는' 이유는 씨앗을 뿌리기에 앞서 거름 위에 그것들을(짚신 따위) 놓아 거름기가 바로 씨앗에 닿지 않게 하려는 의도 때문이다. 식물의 씨를 심고 가꾸는 이러한 류의 일들은 이미 일상 생활 속에서는 습속화한 것들이다. 판소리 작품 속에는 당대 하층의 습속화된 일상이 장면의 세부에까지 거의 자동적으로 스며들어 있는 것이다.

반드시 필요하지는 않은 이러한 일상의 세부까지 상세히 제시하는 것은 구비서사시인 판소리에서 장면을 구체화함과 동시에 청중의 공감을 유발하는 유용한 서사 기법이기도 했다. 일상 생활 속에서 불리는 노래들이 유사한 작중 상황 속에 삽입되는 것 역시 이러한 관점에서 이해될 수 있다. 예컨대 다음과 같은 경우이다.

> (아니리) 심봉사가 물도 마르지 않은 아이를 바듬고 어루는듸,
>
> (중중몰이) "둥둥둥, 내 딸이야, 어허둥둥, 내 딸이야. 금자동이냐 옥자동, 금을 준들 너를 사며, 옥을 준들 너를 사랴? 둥둥둥, 내 딸이야, 어허둥둥, 내 딸이야. 날아가는 학선이, 얼음 궁게는 수달피, 백미 닷섬으 뉘 하나, 설설이 기어라, 어허둥둥 내 딸이야. 남전북답을 장만헌들 이여서 반가우며, 산호 진주를 얻은들 사랑허기가 너 같으랴? 둥 어허둥둥 내 딸이야." (한애순 창본 〈심청가〉)[4]

심봉사가 갓 태어난 딸 심청을 어르는 장면을 노래 하나로써 효율적으로 그려내고 있는 대목이다. 물론 여기에는, 앞 못 보는 맹인이 나이

---

4 뿌리깊은 나무, 『판소리 다섯 마당』, 한국브리태니커회사, 1982, 89쪽.

사십이 다 되어 자식을 얻었다는 특수한 상황이 전제된다. 따라서 위 노래에서는 우는 아이 달래기라는 일반적인 기능보다는 늦게 자식을 얻어 즐거워하는 심봉사의 내면을 드러내는 특수한 기능이 더 눈에 띈다. 그러나 그 특수한 상황의 전달도 실은 우는 아이 달래기라는 청중(수용자)의 일상적 삶에 토대를 두고 이루어지고 있음을 유념해야 한다. 우는 아이를 달래기 위해 노래를 부른다는, 일상의 무의식적 기제가 위 장면에서 역시 작동하고 있기 때문이다. 치성을 드리는 대목에서의 각종 축원, 상여소리, 모내기 노래, 삼신축원 등과 같은 노래들의 삽입 역시 유사한 관점에서 설명 가능하다. 결국 일상에서 불리는 노래들을 통해 장면을 효율적으로 구현해 내면서 작중 상황을 실감 나게 전달하고 이를 통해 청중으로부터 공감을 얻는 것은 구비서사시로서의 판소리가 보유한 효율적인 서사 기법이었음을 알 수 있다. 이 점을 새삼 확인해 두는 것은 그 공감의 매개고리가 생활로서의 일상에 있음을 강조하기 위해서이다.

판소리 작품 속에 재현된 일상의 또다른 특징은 衣食住와 관련된 사건들이 많다는 것이다. 먹고 입고 자는 일들은 그것을 거론한다는 것 자체가 무의미할 정도로 누구나가 매일 겪는 일상적 행위들이다. 따라서 일반적인 경우 이러한 행위들은 문학적 형상화의 소재로 여겨지지 않는다.

하지만 의식주란 인간 삶에 있어 최소한의 기본 토대임을 부정할 수 없다. '生存'과 직결되는 문제이기 때문이다. 따라서 의식주의 문제가 해결되지 않을 경우 인간으로서의 최소한의 삶은 지속될 수 없다. 지속 반복되어야 할 최소한의 일상의 허물어짐, 판소리 작품의 작자들이 새로이 주목한 것은 바로 이것이다. 〈심청가〉에서 곽씨부인이 죽고 난 후 심봉사 부녀가 맞닥뜨리게 된 것, 〈흥보가〉에서 형으로부터 쫓겨난 흥부 가족이 시급히 해결해야 했던 것 그것은 바로 먹고 사는 문제였던 것이다. 그리고 그 뒤에는 중세 사회 하층이 처해 있던 빈한한 삶, 그리고 냉혹한 현실이 자리잡고 있었다. 〈춘향가〉와 〈흥보가〉에서 음식사설이 그토록 허드러지게 차려진 것, 〈흥보가〉에서 흥부의 남루한 복색이 인상적으로 그려진 것과 흥부가 새로이 성조를 한 후 그렇게 기뻐하는 것에는 최소한의 의식주마저도 위협당하던 당시 하층의 현실과 꿈이 섞여 있다고 볼 수 있는 것이다.

판소리에서는 이러한 문제를 때로는 골계적으로 때로는 비장하게 형상화하고 있다. 홍부 자식들이 밥을 달라고 아우성치는 장면이 그것을 골계적으로 형상화한 경우라면 다음과 같이 심청이가 부친의 의복을 손수 챙기는 장면은 그것을 비장하게 형상화한 경우이다.

> (중모리) 곰곰 안저 생각하니 공양미 삼백셕은 부쳐님게 올녀쓰나 사람이 셰상의 나서 십오세에 쥭을 일과 압 못 보는 우리 부친 영별하고 쥭을 일이 정신이 암암하야 일에두 뜻이 업고 저리하여두 뜻이 업서 이리하여 못씨것다 내가 살어쓸 제 부친의복 빨내나 하리라 하고 츈츄 의복 고의 상침 겹것 하졀의복 한삼 고의 겨을 의복 솜두어 보에 싸서 농에 늣코 갓망까지 새로 지여 끈을 다러 벽의 걸고 그렁저렁 일삭이 지나 날이 임의 갓가와서 하로 밤이 격한지라 밤은 젹젹 삼경인대 인적은 고요하고 초불만 대하야 두 무릅 마조 꿀고 아미를 수그리고 한숨을 길게 쉬니 아모리 효녀인들 마음이야 온전하랴 부친의 신든 버선볼이나 망종 바드리라 바늘 실 쒸여드니 가심이 답답 두 눈이 침침 해암읍시 우름이 간장을 조차 나니 부친 쐴가 저어하야 크게 울던 못하고 속으로 우난 말이 아고 아버지 날 볼 날이 몃 날이며 날 볼 밤이 몃 밤이요 내가 한번 쥭어지면 눈 어두운 우리 부친 사고무친 혈혈단신 의택할 곳 바이 업서 집팡막대를 걸더 집고 때 차져 나가다가 구렁에도 써러지고 돌에 치여 업더저서 신셰자탄 우난 양을 눈으로 본 듯하고 가가문젼 다달너서 밥달나 하는 소리 귀에 징징 들니는 듯 (…) (이선유 창본 〈심청가〉)[5]

죽음을 앞둔 심청이 할 수 있었던 일은 기껏해야 부친의 의복을 점검해 두는 일뿐이었다. 빨래도 하고 사철 의복을 보에 싸서 농에도 넣고 망건도 새로 지어서 벽에 걸어 둔다. 그러다가 떠나기 하루 전 날 밤, 앞으로 이런 일도 못 하리라는 생각에 한숨만 나온다. 마지막으로 부친 버선볼이나 손 보리라 생각하고 바늘에 실을 꿰는 순간 눈이 침침해지더니 급기야는 눈물이 왈칵 쏟아진다.

바늘에 실을 꿰는 일은 눈에 온 신경을 집중해야 하는 일이다. 그렇잖아도 눈에 눈물이 그렁그렁했을 심청에게 바늘귀가 제대로 보였을 리 없다. 이때 참고 참았던 울음이 터졌으리라 보는 것은 적실한 정황 판단에 의거한다. 이러한 설정은 일상에 토대를 둔 이들의 섬세한 감각에 근거를 두었다고 보아야 한다. 심청이 몸이 팔려 멀리 떠나게 된 사건 자체는 특별한 것이기는 하지만, 그 형상화 방식은 생존으로서의 일상적 문제를 겪어 보지 않고서는 터득할 수 없었던 것이었기도 하다.

판소리 속 장면들에 어떻게 보면 거칠고 소박하면서도 실은 이처럼 섬세한 정서가 묻어 있는 것은, 그러한 장면들이 생활과 생존으로서의, 하층의 일상에 토대를 두었기 때문일 것이다. 판소리가 많은 이들의 공감을 획득한 것도 이에 기인하는 바 크리라 본다.

3. 일상의 놀이화

앞서 살핀 바와 같이 판소리 문학에 있어 일상의 재현은 청중으로부터 공감을 얻는 데 중요한 연결고리 역할을 하였다. 그런데 판소리 문학에서는 오히려 일상을 변용함으로써 새로운 의미를 부여하는 경우도 있

---

5 이선유, 『오가전집』, 한국국악학회, 1933, 76~77쪽.

어 주목된다. 그 중 대표적인 한 방법은 과장 혹은 변용을 동반한 일상의 놀이화라 할 수 있을 것이다. 다음은 그러한 방법을 통해 구체화된 장면 중 하나이다.

> 이도령 ᄎᆡᆨ실로 도라와셔 ᄆᆞ음이 홍글홍글 다만 ᄉᆡᆼ각이 츈향이라 장장츈일의 ᄒᆡ지기을 지달일 졔 글을 익넌듸 ᄎᆡᆨ이라 ᄒᆞ는 거슨 다 ᄂᆡ여놋코 눈의 뵈이는ᄃᆡ로 입의 씹피는ᄃᆡ로 익는듸 츈향이가 쳔지가 되야 놀리쒸염으로 일거 글어ᄒᆞ되 ᄃᆡ문ᄃᆡ문이 츈향을 뜻슬 두어 익든 거시엿다 ᄆᆡᆼᄌᆞ라 ᄆᆡᆼᄌᆞ견양혜왕ᄒᆞ신ᄃᆡ 왕왈 쉬불원쳘리이ᄂᆡᄒᆞ신니 역장유이이오국호잇가 ᄌᆡ츄힝이라 엇지 ᄆᆡᆼᄌᆞ가 양혜왕을 보와실고 츈힝이가 날을 보왓제 쥬역이라 원은형코 이는 졍코 츈향이 코 ᄂᆡ 코 짝 ᄃᆡ닌니 좃코 시젼이라 관관져구 ᄌᆡᄒᆞ지쥬요 요죠슉여은 군ᄌᆞ호구로다 무신 글얼 이가 잇실고 츈향ᄒᆞ고 나ᄒᆞ고 죤짝이졔 ᄌᆡ츈향이라 ᄃᆡ학이라 ᄃᆡ학지도는 ᄌᆡ명명덕ᄒᆞ며 ᄌᆡ신민ᄒᆞ며 ᄌᆡ지어지션인이라 ᄌᆡ츄힝이라 ᄐᆡ고라 쳔황씨는 이쑥덕으로 왕ᄒᆞ다 (…) (박순호 소장 99장본 〈춘향가〉)[6]

책 읽기는 상층의 일상이다. 이도령 역시 평소에는 그러한 일상의 범주에서 벗어나지 않았을 것이다. 하지만 위 장면에서는 평소의 책 읽기 행위와는 전혀 다른 모습을 보이고 있다. 춘향 생각에 들떠 어떤 책도 제대로 읽지 못하며 점차 정신적으로 퇴행하여 천자뒤풀이를 읊는 데까지 나아가기 때문이다. 어느 틈엔가 책 읽기라는 일상적 행위는 변용되어 일종의 놀이가 되어 가고 있는 것이다.

이러한 변용에는 방자와 같은 하층의 시각이 개입되어 있다. 하층에게 있어 상층의 독서성을 듣는 것은 그것 나름대로 또한 그들 일상의

---

6 김진영 외, 『춘향전 전집』 1, 박이정, 1997, 406쪽.

한 부분이었을 것이다. 하지만 문자를 모르는 하층의 입장에서 그러한 독서성을 듣기만 하는 일상에서는 보이지 않는, 지배와 피지배의 관계가 잠재된다. 하지만 그러한 일상이 뒤집혔을 때 그 관계는 오히려 역전된다. 위의 경우가 그러하다. 판소리 문학에 있어 일상의 놀이화는 대상에 대해 새로운 맥락을 설정하여 그 나름대로의 문학적 의미를 부여하는 중요한 방법이었던 것이다.[7]

〈홍보가〉는 이러한, 일상의 놀이화 기제가 작품 전반에 걸쳐 발견되는 작품이라 할 수 있다. 하지만 여기에는 앞서와는 전혀 다른 성격의 문학적 의미가 부가된다. 그 대표적인 예라 할 수 있을 홍부의 밥 먹기 놀이 대목을 통해 이 점을 알아 보기로 한다.

> (휘몰이) 홍보가 밥 먹는다. 홍보가 밥 먹는다. 홍보가 밥을 먹는다. 뚝, 딱, 뚝, 딱, 뚝딱 뚝딱 뚝딱 뚝딱. 몽쳐 가지고, "올라가거라." 딱. 홍보가 밥 먹는다. 홍보가 밥 먹는다. 홍보가 밥을 먹는다. 뚝딱 뚝딱 뚝딱 뚝딱. 몽쳐 가지고, "올라가거라." 딱, 딱. 던져 놓고, 받아 먹고, 던져 놓고, 받아 먹고, 던져 놓고, 받아 먹고, 던져 놓고, 받아 먹고. 아이고, 어찌 밥을 많이 먹어놨던지, 홍보가 밥을 먹다 죽는다, 아. 홍보 마누라 기가 맥혀, "아이고, 영감, 정신 차리오. 아이고, 우리 영감 돌아가시네. 밥 먹다가 죽다니. 밥 없어서 배고파 죽겄더니, 인제는 밥을 많이 먹어도 돌아가시네. 아이고 정

---

7 따지고 보면 〈수궁가〉에서 더러 발견되는, 언변을 겨루는 대목들도 이와 같은 관점에서 이해된다. 수궁 회의 대목, 모족 회의 대목, 우족 회의 대목, 자라와 토끼가 언변 대결을 벌이는 대목, 토끼와 용왕이 언변 대결을 벌이는 대목 등이 그 예이다. 이들 대목에서는 일상 대화가 놀이를 지향하는 양상을 보이는데, 대결의 先話者가 패배할 때에는 그 자신만이 아니라 그가 내세운 관념들까지도 그 허위성이 폭로되기에 이른다. 〈수궁가〉는 이러한 언변 대결이 작품 자체의 성격까지도 결정짓는 작품이라 볼 수 있다. 〈수궁가〉 언변의 성격에 대해서는 정충권, 「〈토끼전〉 언변 대결의 양상과 의미」, 『판소리연구』 20, 판소리학회, 2005, 226~234쪽 참조.

신 채려.", "아아아!" (박봉술 창본 〈흥보가〉)[8]

첫째 박에서 쌀이 나와 그것으로 동네 온 가마솥에다 밥을 지은 후 흥부 가족이 모여 밥을 먹는 장면 중 하나이다. 여기서 흥부는 밥 속에 드러누워서 먹으려 하기도 하고 위와 같이 밥을 뭉쳐서 던져 먹기도 한다. 일상적인 삶 중에서도 가장 평범하다고 할 수 있는 밥 먹기가 위 장면에서는 놀이로서 그려져 있는 것이다.[9] 일상의 놀이화는 여기서 그치지 않는다. 둘째 박 타는 대목에서의, 비단이나 포목들 중 하나씩을 몸에 걸치는 입기 놀이에까지 이어진다. 박 속에서 나오는 세간들을 나열하는 것이나 비단들을 하나씩 거론하는 서술 행위 자체도 놀이화되어 있다.[10]

이러한 놀이들은 실은 흥부와 같은 처지에 놓인 이들의 환상 속에서만 그려지고 있는 사건일는지도 모른다. 그래서 오히려 일상과 멀어져 있다는 느낌을 갖게도 한다. 하지만 이 역시 일상적 삶, 나아가 생존 문제의 심각성을 드러내는 또다른 방식이기도 하다고 보아야 한다. 다만 그것이 일종의 놀이로서 그려지고 있는 이유는, 소망 차원의 과장이 개입되어 있으며 또한 그 해결책의 마련이란 그리 쉽지 않으리라는 자각이 내포되어 있기 때문이 아닌가 한다. 생존 문제에 맞닥뜨린 하층 민중의 꿈이 일상적 현실을 이처럼 변주하여 낯설게 하고 있는 것이다.

만약 이러한 형상화 방식이 소망 차원의 것이 아닌 실제 현실로서의 일상에 적용될 때에는 다음과 같은 기괴한 장면이 그려진다.

---

8 김진영 외, 『홍부전 전집』 1, 박이정, 1997, 611쪽.

9 위 장면은 홍부의 아들이 나타나 밥 먹다 죽게 된 홍부의 배에 강아지, 호랑이, 포수를 몰아넣자는 등 재담을 주고받는 장면으로 이어진다.

10 비단타령의 서술 양상과 그 놀이적 성격에 대해서는 정충권, 「〈홍보가〉 '비단타령'에 나타난 언어 놀이」, 『선청어문』 36, 서울대 국어교육과, 2008 참조.

(자진모리) 대청 삼 간 안방 이 간 부억 삼 간 고ㅅ간 이 간 문ㅅ간 ᄉᆞ 간 힝랑이 ᄉᆞ 간이오 건넌방이 이 간이오 차ㅅ방 한 간 뒤ㅅ방 이 간 큰 샤랑이 여덟 간 자근 샤랑 두 간 반 슈쳥방이 이 간이오 찬간이 이 간 반 ᄊᆞᆯㅅ고가 여덟 간 방아ㅅ간이 이 간이오 ᄋᆡ양ㅅ간이 삼 간이오 고용방이 두 간이오 이리 짓고 뎌리 짓고 함부로 짓고 휘ᄯᅮ루 짓고 아쥬 짓고 보니 슈슈ㅅᄃᆡ 한 아름 반에셔 반 아름 넘어 늡엇것다 외올ㅅ고 벽 치고 방을 갓츄 슈장ᄒᆞᆫ 후에 방이라 드러가 잠을 자다 쳐다본 즉 들보 위 지붕 마루로 별 난 것이 화안히 뵈고 발을 뻿으랴 발길을 ᄂᆡ밀면 발목이 벽 밧그로 나가니 착고 찬 놈도 갓고 방안에셔 맛 모로고 이러셔면 목아지가 집웅 밧그로 나가니 후쥬에 잡혀 칼 쓴 놈도 갓고 게지ᄀᆡ만 켜노라 힘을 쓰면 두 쥬먹이 집웅 밧그로 쑥 나가니 (심정순 창본 〈박타령〉)[11]

흥부가 수숫대로 집을 지은 후 밤에 잠을 자는 장면이다. 그런데 잠을 자다가 보니 지붕이 아닌 별이 보이고 발을 내밀면 발목이 벽 밖으로 나가며 무심코 일어서면 목이 지붕 밖으로 나가 칼을 쓴 것 같게 되고 기지개를 켤 때면 두 주먹이 지붕 밖으로 나간다고 했다.

집에 기거하며 잠을 자는 것은 인간의 평범한 일상이다. 하지만 흥부 가족은 그러한 일상조차도 제대로 유지할 수 없는 것으로 설정된다. 흥부가 지었다는 집 자체가 실은 사람이 살 만한 집이 아니었으며, 수숫대로 집을 지었고 그것도 재료가 남기까지 했다는 것 역시 집 짓기가 정상적인 방식으로 이루어진 것이 아니었음을 말한다. 이는 흥부가 처한 실제적 현실이다. 그것도 가슴 아픈 현실이다. 하지만 그 현실은 비틀려서 기괴한 놀이처럼 형상화되어 있는 것이다.

혹 이러한 형상화 방식을, 웃음을 통해 현실의 비애를 차단하는 일련

11 김진영 외, 『흥부전 전집』 1, 박이정, 1997, 71쪽.

의 기제와 관련지어 이해할 수도 있다. 그러나 그렇게 보기에는 비틀기의 정도가 지나치다. 또한 흥부의 집 짓기 행위 자체도 애초에 도착적인 행위로 여겨지고 있다. 이러한 장면을 듣는 청중 역시 우습기는 하면서도 왠지 모를 기괴한 느낌을 가졌을 수 있다.[12] 하지만 그것은 비틀기의 대상이 생존 문제와 관련된 일상이기 때문에 나타난 현상일 것이다. 따라서 이러한 형상화 방식 역시, 앞서 지적한 것처럼, 일상적 삶, 곧 생존 문제의 심각성을 드러내는 한 가지 방식이라 보아야 할 것이다.

생존 문제와 관련된 일상은 어떠한 일이 있더라도 지속되어야 한다. 만약 그러한 일상이 지속·반복되지 못할 때에는 일상이기를 그치고 '사건'이 된다. 일상의 놀이화는 그것이 소망의 표현이든 현실의 비틀기이든 기본적인 일상의 유지에 심각한 문제가 있음을 드러내는 한 방식이다. 일상이란 최소한의 생존 유지와 관련되지 못할 때에는 언제든지 사건화할 수 있는 속성을 지니고 있었던 것이다. 〈흥보가〉는 그 점을 여실히 보여 주고 있는 작품이다.

4. 일상에 대한 기억

그런데 여타 작품과 달리 〈적벽가〉에서는 일상의 모습이 재현의 대상으로 포착되어 있지는 않다. 주지하다시피 〈적벽가〉는 '도원결의'와 '삼고초려', '적벽대전' 등 〈삼국지연의〉의 사건들을 근간으로 하고 있기

12 이는 흥부가 멍석에 줄을 맞춰 구멍을 내고 그곳에 목만 내밀게 하여 자식들을 키우는 대목에서도 발견된다. 이 대목에서도 자식 키우기와 대소변 보기라는 일상이 수용되어 있으나 그것은 일종의 놀이로 변용되어 있음을 알 수 있다. 일상조차 제대로 영위할 수 없는 비정상성, 그것을 놀이로써 폭로하고 있는 것이다. 다만 그 폭로의 주체와 그로 인한 웃음의 주체에 대해서는 더 깊이 있는 논의가 필요하다.

때문이다. 그 속에는 장수들과 영웅들의 특별한 이야기들이 제시되고 있을 뿐이다. 영웅소설처럼, 장수들의 일상은 물론 병졸들의 일상도 끼어들 틈이 없는 것이다.[13]

하지만 그렇다고 해서 일상의 삶이 그려져 있지 않은 것은 아니다. 〈적벽가〉에서 일상은 조조측의 이름 없는 군사들의 기억 속에 존재한다. 그리하여 그 일상은 〈삼국지연의〉의 사건들을 균열·해체시켜 새로운 판소리 작품으로 태어나게 하고, 나아가 지배층의 전횡에 대항하는 담론으로 존재하기까지 한다. 〈적벽가〉의 일상은 비록 문면에 재현되어 있는 것은 아니나 등장인물에 의해 언급되면서 작품의 의미를 좌우할 정도의 중요한 역할을 하고 있는 것이다. 그 대표적인 장면이 다음과 같은 군사설움대목이다.

> (자진모리) (…) 우리 마누라가 십삭 태유를 배실일 제 석부정부좌하고 할부정불식하고 이불청음성 목불시악색하며 고정좌를 하는구나 하루는 해복기미가 있은가 보더라 아야 으 허리야 순산으로 낳노니 딸이라도 반가운데 아들을 낳았구나 얼골은 관옥이오 풍채는 두목지라 깨묵부랄 고초자지가 대랑대랑이 달려 있다 열 손에다가 떠받들어 땅에를 놓일 날이 없고 오줌똥을 다 가려 삼칠일이 다 지내 오륙삭 넘어가니 더덕더덕에 노는 양 빵끗 노는 양 엄마 아빠 도리도리 죄암죄암 달강달강 선마둥둥 내 아들 옷고름에 다 큰 도를 채꼬 감을 사서 꺼풀을 베껴 손에 들려 빨리며 주야 사랑 애정한 게 자식밖에 또 있느냐 (…) (임방울 창본 〈적벽가〉)[14]

적벽대전을 앞두고 조조는, 군사들과 술을 마시면서 승부를 사생 결

---

13 전쟁이라는 새로운 상황 하에서의 일상의 범주를 다시 규정한다면 혹 모르겠기는 하다.

14 김진영 외, 『적벽가 전집』 1, 박이정, 1998, 83쪽.

단하고 得天下한 후 부귀영화를 함께 누리자고 선포한다. 하지만 몇몇 군사들은 조조의 말에는 아랑곳하지 않고 서러워하고 있었는데, 위는 그 중 한 군사의 사연이다. 나이 사십이 다 되어 얻은, 돌도 채 되지 않은 아들의 재롱을 보는 재미를 전쟁 동원령이 깨뜨려 놓았다는 것이다. 여기에는 그 간 여러 연구자들이 계속 지적한 것처럼, 명분 없는 전쟁, 한 통치자 개인의 야욕을 채우기 위해 동원된 전쟁이 이름 없는 군사들의 소중한 삶을 유린하고 있다는 인식[15]이 담겨 있다. 이에 앞서 등장한 군사의 부모 생각이나 그 뒤의 군사가 떠올리는 아내 생각 역시 마찬가지의 맥락 속에 해석할 수 있다.

그런데 여기에 덧붙여 생각할 점은 일상의 지속이야말로 이름 없는 군사들이 궁극적으로 추구하는 삶의 의미라는 점이다. 그리고 〈적벽가〉에서는 그것이 이제 그들의 기억 속에서만 존재하며 도저히 회복할 수 없는, 그야말로 추억일 뿐이라는 점이다. 따라서 어린 아이의 재롱을 보며 하루의 피로를 달래는 추억 속의 일상을 떠올리면 떠올릴수록 그것은 설움으로 다가오는 것이다. 일상의 기억이 지배층의 전횡에 대한 대항 담론이 되고 있는 것도 바로 이 지점이다.

되돌아갈 수 없는 일상임을 알고 있기에 군사들은 점차 병적 증세마저 보인다. 물론, 놀림감이 되어 가는 조조의 모습을 통해 그것은 다소 완화된다고 볼 수도 있겠다. 하지만 일상은 한번 허물어져 버리면 좀처럼 회복할 수 없다. 회복한다 하더라도 상처는 남게 된다. 이렇게 되리라는 것을 알고 있는 군사들은 정신적으로 퇴행하는 과정을 겪거나 자

15 그 인식은 지배층의 권력욕을 만족시키기 위해 자신들의 삶이 파괴되고 있다는(서종문, 「「적벽가」 군사설움타령의 생성과 기능」, 『적벽가 연구』(최동현 · 김기형 엮음), 신아출판사, 2000, 411쪽), 혹은 개인의 행복한 삶이 국가의 부당한 강제에 의해 파괴되었다는 민중의 인식(김종철, 「「적벽가」의 민중정서와 미적 성격」, 위의 책, 293쪽)이라 볼 수도 있고, 특정 상황에서 인간이라면 누구나 지닐 수 있는 본능적이고 보편적인 욕구(서대석, 「「적벽가」의 재검토」, 위의 책, 364쪽)에 의거한 것이라 볼 수도 있다.

학적 증세를 보인다. 이러한 정신병적 상황에까지 나아간 것을 적나라하게 보여 주고 있는 것이 〈적벽가〉의 중요한 특징이다. 적벽대전대목과 군사점고대목은 이 점을 여실히 보여 주는 대목이다.

적벽대전은 조조측 군사들의 죽음이라는 역사적 사건을 토대로 한다. 하지만 몇몇 군사들이 전장에서의 죽음이 아닌 일상 속에서의 죽음을 택함으로써 그러한 사건 자체를 희화화하고 있다. 역사가 일상에 의해 전혀 다른 의미를 생산하고 있는 경우이다.

군사점고시에도 어떤 군사는 고향과 가솔을 생각하며 조조에게 어서 급히 죽여 달라고 한다. 이때 조조는 네 부모가 내 부모요 내 부모가 네 부모라고 설득하나 그 말은 허위에 가득찬 지배층의 이념적 발화임이 작품 내적으로도 이미 밝혀진 상황이다. 어떤 군사는 창날을 팔아 그 돈으로 아내에게 줄 바늘을 샀다며 조조 앞에서 당당한 모습을 보인다(정권진 창본 〈적벽가〉). 여기에까지 이르면 이미 전쟁은 그들에게 있어 아내에게 줄 바늘 한 쌈만도 못하는 것이 되고 만다. 개인의 일상에, 국가의 전쟁 혹은 역사보다 훨씬 더 큰 의미가 부여되는 것이다.

조조라고 해서 이러한 군사들의 처지를 몰랐을 리 없다. 또한 적벽대전의 패배로 인해 이미 군사들의 주장은 타당한 근거를 지니게 된 상황이다. 따라서 이제 남은 것은 조조가 상황을 어떻게 받아들이고 있는가 하는 것이다. 이때 주목되는 것이 원조타령과 장승타령이다. 그 중 장승을 포박했다 놓아주는 사건이 중요하다. 장승은 일상에서 흔히 접할 수 있었던 공동체 신앙의 매개물이다. 그 연장선상에서 생각해 보면 장승은 군사들의 일상적 삶의 표상이라 해석할 수 있다. 따라서 조조는 장승을 포박함으로써 군사들의 일상적 삶을 묶어 두려 하는 것이다. 하지만 그러한 일은 조조의 죄의식 혹은 강박증의 표출일 뿐이었다. 조조는 장승을 풀어 줄 수밖에 없었던 것이다.

〈적벽가〉는 이처럼 일상으로 돌아가고자 하는 군사들의 소망과 그것을 깨뜨림으로써만 이룰 수 있는, 지배층의 분별없는 욕망이 심각한 대립 속에 놓여 있는 작품이다. 그리고 일상이 기억 속의 것, 곧 결코 회복할 수 없는 것으로 그려짐으로써 문제의 정도는 더욱 심각해져 있다. 〈적벽가〉는 일상성의 요소들을 첨가함으로써 기존 서사를 균열시킨 작품인 것이다.

5. 맺음말

일상은 일상다워야 한다. 일상성의 가장 중요한 특성은 개인이 계산하고 지배할 수 있는 친숙성, 직접적 경험성, 반복성이다. 그리고 그것은 삶의 리듬이기도 하다. 하지만 만약 이 틀을 넘어서면 일상성과 대립되는 다른 세계가 시작된다. 일상은 그 자신이 붕괴되었을 때 비로소 문제화되며 그것을 '일상성'으로서 드러내게 된다.[16] 판소리 작품에서 일상성이 문제시되는 이유도 여기에 있다고 본다.

판소리 작품의 경우 물론 친숙성, 직접적 경험성, 반복성으로서의 일상성을 드러내어 청중들에게 다가가기도 한다. 이때 청중은 작중 상황에 크게 공감한다. 자신들의 주변에서 흔히 볼 수 있는 상황들이기 때문이다. 특히 관련 노래들의 삽입은 공감의 정도를 높이는 데 크게 기여한다. 따라서 판소리 작품들에서 일상의 재현은 등장 인물과 동질적인 삶을 살아가는 청중을 겨냥한 공감의 기제라 할 수 있을 것이다.

하지만 당대의 시각에서 볼 때 이보다 더 큰 의미가 있는 것은 생존으로서의 일상, 그리고 외부의 힘에 의해 파괴되어 현실의 문제로서 드러난 일상이다. 〈흥보가〉에서는 일상이 놀이가 되기도 하고 〈적벽가〉에

---

16 카렐 코지크(박정호 옮김), 『구체성의 변증법』, 거름, 1985, 67쪽.

서는 일상이 기억 속에 존재하다가 이름 없는 군사들에 의해 상기되기도 한다. 여기에는 외부의 힘에 의해 파괴된 일상, 그래서 현실의 문제로 드러난 일상이 그려져 있다. 그렇게 그려진 일상은 하층에 의한 의미 있는 문제 제기가 담긴 일상이다. 의식주와 같은 생존의 문제와 지배층을 향한 항거의 문제가 함께 결부된 것도 그 때문이다.

물론 한국문학사에 있어 하층의 일상이 문제시된 것은 판소리가 처음은 아니다. 민요나 설화, 한시에서 노래되거나 이야기된 바 있다. 하지만 판소리만큼 심각하게 그리고 실감나게 다루어진 적은 없다. 그것은 조선 후기의 사회 변동 자체가 정치적, 경제적, 사회적 약자의 희생을 수반하고 있었기 때문일 것이다.

민중성과 대중성*

1. 문제의 제기

방각본과 활자본들 중 가장 많은 출판 회수를 기록한 작품은 〈춘향전〉과 〈조웅전〉이며,[1] 1920~1930년대까지만 하더라도 다수의 독자가 선택한 것은 염상섭이나 이상의 소설이 아니라 〈춘향전〉, 〈조웅전〉, 〈추월색〉류의 소설들이었다고 한다.[2] 과연 〈춘향전〉류의 고소설이 그 생성기의 맥락을 뛰어넘어 이처럼 그 후에까지 널리 읽히게 된 이유는 무엇일까?

이 문제에 대한 해답은 고소설에서도 선악의 이원적 구도나 행복한 결말과 같은, 근대 대중 통속물의 서사 문법이 발견된다는 점, 점차 한글을 해독할 수 있는 계층은 확대된 반면 읽을거리는 그리 많지 않았고 여전히 고소설 독서 관습에 익숙한 사람들은 많았으리라는 점 등에서 그 단서를 마련해 볼 수 있을 것이다. 그런데 그 중에서도 〈춘향전〉류

---

* 이 글은 『개신어문연구』 23(개신어문학회, 2005)에 실린 「판소리계 소설의 민중성과 대중성」을 부분 수정한 것이다.

1 조동일의 조사에 따르면 방각본·활자본 출판 회수가 〈춘향전〉이 38회, 〈조웅전〉이 22회이다(조동일, 「영웅소설 작품구조의 시대적 성격」, 『한국소설의 이론』, 지식산업사, 1977, 285~287쪽 참조).

2 천정환, 『근대의 책 읽기』, 푸른역사, 2003, 39쪽.

의 판소리계 소설이 20세기 전반기까지도 널리 읽혔다는 사실을 해명하기 위해서는 또다른 단서를 필요로 한다. 〈춘향전〉, 〈흥부전〉, 〈토끼전〉 등은 조선 후기 사회의 모순을 민중적 시각에서 정면으로 파헤친 작품들이므로, 당대의 역사적 맥락을 떠나 20세기 이후의 독자가 등장인물과의 동일시를 토대로 한 공감을 보이기는 어려웠을 것이기 때문이다. 주지하다시피 판소리계 소설론에서 흔히 거론되는 민중 의식과 정서는 당대 사회에 특수한 것들이다. 그럼에도 불구하고 〈춘향전〉류의 작품들이 지속적으로 읽힌 것은 이 작품들이 근대의 독자인 대중[3]으로부터 호응을 받을 만한 요소들을 지니고 있었음을 뜻한다. 이는 판소리의 역사가 "민중 예술의 발전선상에서 대중 예술로서의 성격까지 포괄"[4]하는 방향으로 나아갔다는 견해에 비추어 볼 때 눈여겨 볼 점이라 생각한다.

이러한 관점에서 이 글에서는 판소리계 소설이 조선 후기뿐 아니라 근대에까지 강한 흡인력을 지니게 된 이유의 일단을 살펴 보고자 한다. 이를 통해 판소리계 소설의 미적 특성을 재점검하는 것이 본고의 목표

3 본고에서는 '대중'을 계층 귀속적 개념이 아니라 문화적 수용층으로서의 개념으로 사용하고자 한다. 곧, 계층적 귀속과 경제적 능력을 떠나 특정 예술물에 대해 유사한 반응을 공유하는 가상적 집단의 개념으로 사용하고자 하는 것이다. 하지만 더 엄밀한 개념 규정의 필요성은 남아 있는데, 이에 대해서는 유재천, 「민중문화와 대중문화」, 『민중문화론』(정지창 엮음), 영남대 출판부, 1993, 13~14쪽을 참조할 수 있다. 그에 따르면 "'대중'이 ⅰ) 상이한 직업, 상이한 사회 계층, 상이한 문화적 체험과 수준 및 상이한 경제적 능력을 가진 사람의 집합체이며 ⅱ) 익명의 개인들로 구성된 집단이고 ⅲ) 구성원들 사이에 상호작용이나 경험의 교환이 거의 없고 ⅳ) 공통의 관습이나 전통도 없으며 ⅴ)공통의 규범 체계도 가지고 있지 않는 ⅵ) 거의 조직의 형태를 갖지 않은 집단이라면, '민중'은 ⅰ) 다양한 사회 계층으로 구성되어 있으나 ⅱ) 인격적 집단이며 ⅲ) 구성원들 사이에 상호 작용과 경험의 교환이 이루어지고 있고 ⅳ) 공통의 관습이나 전통을 지니고 있으며 ⅴ) 공통의 규범 체계를 가진 집단으로서 ⅵ) 지배 구조보다 피지배 구조에 속하는 사람들"이라고 한다.

4 김종철, 『판소리사 연구』, 역사비평사, 1996, 83쪽.

이다. 본 논의는 〈춘향전〉류의 고전이 오늘날까지도 끊임없이 재창작되고 있는 것과 관련한 문제와는 다른 성격의 논의임을 밝혀 둔다.

2. 판소리계 소설의 민중성

그 간의 판소리계 소설 연구에서 집중적으로 논의되어 온 테마는 민중적 현실 인식론이라 할 수 있다. 그 요지는, 당대 현실의 직접적인 체험을 토대로 한, 민중의 의식과 정서가 미적 형상화 과정을 거쳐 판소리계 소설에 구체화되어 있다는 것이다. 이러한 견해는 '서민의식'이라는 용어를 사용한 선학들에 의해서는 물론이고, 19세기에 접어들어 양반들이 주요 향유층으로 등장하면서 판소리계 작품의 내용이 변질되었다고 보는 후속 연구자들 역시 인정하는 바이다.

민중적 현실 인식론의 관점에서 기존 연구자들이 가장 많은 관심을 보인 곳은 지배층의 허위성이 폭로되는 다음과 같은 부분이다.

> 니도령이 그 말을 듯고 정신이 황홀하여 이애 방자야 네 말 그러하면 창기가 분명하니 한 번 보면 엇더하야. 방자 엿자오되 그런 분부 두 번 마오 사또 만일 알으시면 소인 볼기의 널디리 노코 오는 해 창고자을 거지중천 떠나가니 그 아이 원통하오 죽구면 죽엇지 못하겟소. 떨떠리고 도라서니 도련님 성화나서 방자을 달내는데 내 말을 들어보아라 탐화광접 밋친 마음 아모랴도 죽개고나 네 나을 살여주면 내년 수로 갈데이다 어서 밧비 불너다고. 방자놈 엿자오되 도련님 그려시오 반상분의 내별이고 형우제공 하옵시다. 도련님 욕심의 계관하여 그랴주마. 그리하면 날범덤 손아래니 날더라 호형하소. 니도령 그말 듯고 이애 이거슨 소조로다 을축갑자 엇더하니. 방자놈 도라날여 반심을 못 발리고 외입이란 무어시오 실커든 고만두오. 도련

님 기가 막혀 참말이지 난중하다 이런 줄을 알아더면 모년이나 하여볼걸 천하천지 몹슬 놈아 이닥지도 조르는냐. 방자놈 뿌리치며 다시는 말을 마오. 니도령 급한 마음 죽으면 대수냐 방자야. 네. 형님 방자놈 도라서며 우애 내 아ᄋ냐. (이명선본 〈춘향전〉)[5]

방자에 의해 이도령이 희화화되는 대목이다. 이도령은 춘향을 보고 싶은 마음에 방자에게 내년에는 首奴를 시켜 주겠다는 약속까지 한다. 하지만 방자는 이에 아랑곳하지 않고 이도령으로 하여금 兄이라 불러 줄 것을 요구한다. 이도령이 망설이자 방자는 班心을 못 버리고 어떻게 이런 일을 하려느냐며 오히려 호통을 친다. 할 수 없이 이도령은 방자를 형이라 부르고 만다. 지배층의 허위성이 폭로되는 순간이다. 평소에는 군자연하지만 결정적인 장면에서는 여지없이 허물어져 버리는 것이 소위 양반들이라는 것이다.

여기서 이도령의 심리적 약점을 교묘히 파고 들어 상하 관계를 전도시키는 방자라는 인물이 주목된다. 이러한 인물형은 판소리의 주된 향유자들이었던 민중이 창조한 대표적인 기능적 인물형이라 한다.[6] 이러한 인물형에 의해 수행되는 풍자는 민중이 판소리계 소설 속에 자신들의 의식을 투영해낸 결과적 산물이자 미적 성취라 볼 수 있다.

판소리계 소설들은 이러한 민중적 현실 인식의 집적물이라 할 수 있다. 민중은 이들 소설을 통해 당대 모순에 대한 심각한 문제 제기를 한다. 신분상의 열등함을 집요하게 물고 늘어지는 변사또에 대해 신분을 떠나 한 인간으로서 대우해 주기를 요구하는 춘향의 항거, 그리고 그에 동조하는 남원부 민중들의 의식 확장, 어떠한 방법을 동원하더라도 도

---

5 김진영 외, 『춘향전 전집』 13, 박이정, 2004, 327~328쪽.

6 권두환 · 서종문, 「방자형 인물고 - 판소리계 소설을 중심으로」, 『한국소설문학의 탐구』, 일조각, 1978.

저히 궁핍을 해결할 길이 없어 세계를 향해 처절히 몸부림 치던 홍부와 심청의 행위 등이 그것들이다. 이들에 의해 그 실체가 폭로된 세계는 결코 소망 상태의 것이 아님이 독자들에게 인식되고 있는 것이다. 이는 당대의 모순을 뼈저리게 느낀 민중적 현실 인식의 발로이다.

판소리계 소설에는 기왕의 논자들이 주장한 것과 같은 이러한 민중적 의식 외에, 삶에 대한 섬세한 감각이나 정서도 발견된다. 소박하기는 하나 진실된 삶, 이 역시 판소리계 소설에 반영된 민중성이라 할 만하다. 다음 대목을 보기로 하자.

> 여보쇼 아기 어멈 ᄂᆡ 말을 들어보쇼 윤긔 ᄋᆞᄂᆞᆫ 우리 형님 밥도 ᄉᆡ로 지여 쥬고 인정 아는 우리 형슈 광문 열들니고 쌀 단 말 돈 열 양과 짐치 장 건건니 만이 만이 쥬시기예 질방 거려지고 한츌츰비 밧비 슈여 급피 올 제 ᄒᆞᆫ 모통니 도라든니 엇더ᄒᆞᆫ 도젹놈이 손의 칼을 들고 ᄯᅩ ᄒᆞᆫ 숀의 몽치 들고 ᄒᆞᆫ 거름의 달여들어 친니 쎔의 피가 ᄂᆞ고 정신 읍시 업쳐질 제 이 놈ᄋᆞ ᄌᆡ물니 지즁ᄒᆞᆫᄀᆞ 목슘니 즁ᄒᆞ야 목슘을 살야거던 ᄌᆡ물을 날을 다고 정신 읍시 두다린니 강약이 부동이라 ᄒᆞ릴읍시 쥬고온ᄂᆡ (오영순본 〈장흥보전〉)[7]

홍부가 형 놀부로부터 양식을 얻기는커녕 매를 맞고 돌아 와 아내에게 하는 말이다. 사실대로 말할 수는 없고 그렇다고 뭐 하나 얻어 온 것 없으니 도적을 만나 빼앗겼다고 둘러댈 수밖에 없는 홍부의 이중적 심리 상태가 절절히 묻어나고 있다. 하지만 아내를 속인다는 것은 불가능했다. 홍부의 그렁그렁한 눈은 이미 진실을 말하고 있었기 때문이다. 현실 세계는 냉혹한 것임을, 그리고 삶이란 그리 간단치 않은 것임을, 당대 민중은 섬세한 감각으로 짚어내고 있는 것이다. 다음 장면 역시

7 김진영 외, 『홍부전 전집』 2, 박이정, 2003, 143쪽.

마찬가지이다.

ᄂᆡ 아직 사러실 ᄃᆡ 부친 의복니나 작만ᄒᆞ리라 ᄒᆞ고 츈츄의복에 하절의복 한삼 고의 서올의복 쇼음 두어 보의 싸 농의 닛고 삿방근 ᄉᆡ로 시여 끈을 다러 벽의 걸고 힝션날을 ᄉᆡᆼ각ᄒᆞ니 ᄒᆞ로 밤미 ᄀᆡᆨᄒᆞ지라 밤은 졈졈 삼경이 되어 은하슈ᄂᆞᆫ 지우러지고 촉불은 ᄶᅡ무러지니 두 무읍을 마죠 꿀고 아미을 수기고 한숨을 질게 쉬며 아무리 효여 마음인들 원젼ᄒᆞ야 부친의 신은 보션 볼니나 망죵 바들리라 반을실을 ᄢᅱ여든니 가삼니 답답ᄒᆞ고 두 눈니 침침ᄒᆞ야 ᄒᆞ염업ᄂᆞᆫ 눈물니 비오듯 ᄒᆞᄂᆞᆫ지라 부친니 잠을 쌀가 크게 울든 못와고 경경열열ᄒᆞ야 얼골도 ᄃᆡ여보고 수됵도 만지면셔 ᄋᆡ고 아분니 날 볼 날니 멧 날니요 ᄂᆡ가 ᄒᆞᆫ번 죽어지면 누구 밋고 살으실가 (…) 심봉ᄉᆞ 이 말 듯고 참말니야 이게 ᄭᅮᆷ결니야 못가니라 못가니라 날ᄃᆞ려 뭇도 안코 네 임의로 하단 말니야 네가 살고 ᄂᆡ 눈 ᄯᅥ야 그언 응당 죠커니와 ᄌᆞ식 죽어 ᄂᆡ 눈ᄯᅳᆫ들 ᄯᅥ던 눈도 멀것고나 네의 모친 너을 낙코 칠일 안의 죽은 후의 눈 어둔 늘근 것시 품안의 너을 안고 이 집 저 집 단니면셔 구차니 말을 ᄒᆞ야 동양젓 어더 메겨 이만히나 자라기로 ᄂᆡ 아무리 눈 어두나 너을 눈으로 알고 너의 모친 죽ᄂᆞᆫ 셔름 차차로 이져던니 네 이게 웬 일니야 마라 마라 못가리라 ᄂᆡ 듁고 ᄌᆞ식 일코 ᄂᆡ가 사러 무엇시라 ᄒᆞ리요 너고 나고 함기 죽ᄌᆞ (박순호 55장본 〈심청전〉)[8]

죽음을 앞둔 심청이 할 수 있었던 일은 기껏해야 부친의 의복을 점검해 두는 일뿐이었다. 그러다가 깊은 밤 촛불 아래 바늘에 실을 꿰는 순간 눈이 침침해지더니 급기야는 눈물이 왈칵 쏟아진다. 심봉사도 뜻밖의 말을 듣고 자식 죽고 눈 뜨는 것이 무슨 의미가 있느냐며 울부짖는

---

8 김진영 외, 『심청전 전집』 6, 박이정, 1999, 323~326쪽.

다. 심청이가 바로 자신의 눈이기도 하다는 말에는 심봉사 나름대로의 진실이 담겨 있다. 비록 눈 멀고 아내는 잃었으나 심청에게 의지하면서 그럭저럭 살아갈 만했기 때문이다. 그런 그가 심청을 잃는다는 것은 세상 전부를 잃는 것이나 마찬가지였던 것이다.[9]

이처럼 판소리계 소설에는 거친 듯하지만 소박하면서도 섬세한 정서가 묻어나고 있다. 그것은 심청이나 홍부와 유사한 삶을 살았던 당대 민중의 삶의 감각이 바탕에 깔려 있기 때문이다.

판소리계 소설의 민중성은, 이상으로 살핀 것처럼, 삶에 대한 섬세한 감각과 정서, 그리고 시대적 모순에 대한 치열한 의식과 항거로 포괄된다. 판소리계 소설은 생동하는 당대 현실을 하층 민중의 관점에서 포착한 갈래임이 분명하다.

3. 판소리계 소설 인물 형상에 나타난 변화들

그러나 현전 판소리계 소설의 이본들에서 순일한 민중성만이 발견되는 것은 아니다. 판소리계 소설은 그 모태라 할 수 있을 판소리로부터 지속적으로 자양분을 공급받아 왔는데, 19세기에는 양반층이 판소리의 주요 향유층으로 등장하면서 작품 내용도 그에 따라 변모한 것으로 여겨지기 때문이다. 어떤 연구자는 양반층의 개입에 따른 판소리사의 변화를 反動的 변모라 규정하며 극단적인 부정적 평가를 내리기도 한다.[10]

---

9 신재효본 〈심청가〉에서는 심봉사가 "심쳥이 숀을 노코 치궁굴 너려궁굴 마른 짱의 싀우 쒸듯 아죠 ᄌᆞ반 뒤씨기를"(강한영 교주, 『신재효 판소리 사설집(全)』, 보성문화사, 1978, 190쪽) 한다며 심봉사를 우스꽝스럽게 그려놓는다.

10 유영대, 「19세기 판소리에서의 더늠 첨가 방향」, 『벽사 이우성선생 정년퇴직기념 국어국문학논총』, 1990.

민중성은 약화되고 판소리계 소설의 작품 세계가 전반적으로 보수화되었다는 것이다.

19세기에서 20세기초의 판소리 및 판소리계 소설이 변모를 겪은 것은 분명하다. 하지만 이에 대한 평가는 유보해 둘 필요가 있다. 이 시기 판소리는 잘못된 길을 간 것이 아니라 변화하는 제반 환경 하에서 끊임없이 자기 갱신을 시도하고 있었던 것으로 보이기 때문이다. 유파의 분화라든지 음악적 기교의 세련화, 창극의 파생 등이 그러한 시도의 결과물들일 것이다. 또한 "劇唱家는 紬緞布木商과 같아서 비단을 달라는 이에게는 비단을 주고 무명을 달라는 이에게는 무명을 주어야 한다"[11]는 근대 명창 송만갑의 선언은, 청중의 취향을 고려하지 않을 경우 판소리는 외면을 받을 수도 있으리라는 위기감에서 나온 것이라 볼 수 있다. 점차 민중층만이 아닌 전 계층이 청중으로 나섬으로써 판소리는 그와 관련된 환경 변화를 적절히 반영한 예술물로 거듭나야 했던 것이다. 이러한 분위기가 판소리계 소설에도 반영된 것으로 보인다. 판소리계 소설 인물 형상에 나타난 변화들도 이러한 맥락에서 이해해야 한다.

판소리계 소설들을 통시적으로 검토하면 후대로 올수록 등장 인물들의 신분 혹은 위상이 점차 상승하고 있음을 발견할 수 있다. 춘향의 경우가 대표적이다. 춘향은 첫 〈춘향전〉이라 할 수 있는 〈만화본 춘향가〉에서는 기생이었다. 그 후 대비정속한 인물로 변하더니 완판84장본 〈열녀춘향수절가〉에서는 양반 혈통을 이은 서녀로까지 격상되게 된다. 이러한 변화에 대해 열녀에 걸맞는 신분을 부여한 양반 지향적 사고의 산물[12]이라 보기도 하고, 자신들의 의사를 대변하는 영웅적 행위를 수행한

---

11 정노식, 『조선창극사』, 조선일보사, 1940, 184쪽.

12 김흥규, 「신재효 개작 춘향가의 판소리사적 위치」, 『한국학보』 10, 일지사, 1978, 30~34쪽 ; 김석배, 「춘향전 이본의 생성과 변모 양상 연구」, 경북대 박사학위논문, 1992, 78쪽.

인물을 높이 평가하려는 민중적 발상[13]이라 보기도 한다.

그런데 춘향만 신분이 높아진 것은 아니다. 심봉사 역시 점차 누대잠영지족으로 설정되고 그에 따라 심청도 장승상 부인과 마주할 만한 신분의 인물이 된다. 흥부에게 양반의 형상이 부여되어 간 점도 동궤에 놓인다. 따라서 이러한 인물들의 신분 상승 원인까지 함께 해명해 줄 수 있는 다른 해석이 필요하다고 본다. 이때 유의할 점은 그들이 상승해 간 신분이란 것이 세속적인 측면의 것이라 볼 수는 없다는 점이다. 그것은 부계의 혈통(춘향, 심청)이나 몰락한 양반(심봉사, 흥부)과 같이 다소 기형적인 모습을 띠고 있으며, 엄밀히 따진다면 춘향은 적강한 인물이고 심청 역시 천자나 용왕, 천상선녀 등과 관계를 맺는 인물로서 세속적 신분을 초월한 존재로 인식되기 때문이다. 따라서 그들의 상승은 차라리 판소리 및 판소리계 소설 청중·독자의 사회적 위상 변화와 관련된 현상일 가능성이 더 높다.

후대 판소리계 소설[14]에 나타나는 또 한 가지 중요한 변화는 방자형 인물의 역할이 점차 축소되고 인물들 간의 대립이 다소 둔화된다는 점이다. 방자형 인물의 역할 축소는 좌상 양반을 고려한 변화일 수 있다. 하지만 인물들 간의 대립 둔화와 부정적 인물의 포용은 그렇게 간단히 해결될 문제가 아니다.

19세기 초중엽의 이본이라 할 경판본 〈흥부전〉에서 흥부와 놀부는 각각 하층 민중과 악질 지주의 형상을 띠고 있었다. 그러나 신재효본을 포함한 후대 이본에서는 놀부에게 긍정적인 형상이 부여되면서 인물 간 대립의 강도가 둔화되거나 대립의 성격 자체가 달라지는 것을 볼 수 있

13 김종철, 앞의 책, 145~163쪽.

14 여기서 후대 판소리계 소설이란 새로이 후대에 지어진 작품을 뜻하는 것이 아니라 같은 작품의 후대 이본들을 뜻한다. 이하 역시 마찬가지이다.

다. 또한 놀부가 패망하는 것으로 끝맺던 것이 후대에는 흥부와 놀부가 화해하는 것으로 끝맺는 변화도 보인다. 아니면 아예 놀부 패망 대목인 놀부박사설 전체가 탈락되는 경우까지도 있다. 〈토끼전〉 역시 애초에는 민중적 형상을 한 토끼의 지혜에 초점이 맞추어졌으나 점차 말던 지배층이면서 우직한 자라에 대해서도 긍정적인 시선을 보이는 이본들이 산출된다. 후대 이본들에서 忠, 烈, 友愛 등 이념적 측면이 강화되었다고 볼 수 있는 것도 이러한 변화와 깊은 관련을 지닌다. 〈춘향전〉의 후대 이본이라 할 수 있는 〈옥중화〉의 결말대목에서는 월매가 어사에게 탐관오리인 변사또를 용서하자는 말을 하기도 한다.

애초에 놀부, 자라, 변사또와 같은 인물들은 부정적 인물이거나 非民衆的 인물들이었다. 따라서 이러한 인물들을 포용하거나 그들의 긍정적인 면을 부각시키는 것은 상대적으로 그에 대립하는 민중적 인물들의 정체성까지 약화시키는 결과를 가져 오게 마련이다.

이상으로 살핀 이러한 변화가 민중성의 약화와 관련됨은 분명하다. 하지만 이러한 변화를 반민중적 경향을 띤 것이라 보거나 양반 지향의 산물로만 이해해서는 곤란하다. 얻기 위해서는 잃는 것도 어느 정도는 감수해야 하는 법이다. 19세기에서 20세기초의 판소리는 양반층뿐 아니라 중인부호층을 포함한 전계층이 함께 즐겼으며 공연 공간도 外庭으로부터 실내, 나아가 극장 무대로 옮아가고 있었다. 판소리는 이러한 공연 환경 변화에 적응함으로써 근대 예술물로 도약해야 할 사명을 띠고 있었던 것이다. 따라서 이러한 변화는 작품 속에 새로운 의식과 정서를 내포해야 했던 판소리계 갈래의 역동적 움직임의 흔적이었다고 보아야 한다. 그렇다면 이때의 새로운 의식과 정서란 어떠한 성격의 것인가 하는 과제가 제기된다.

4. 판소리계 소설의 대중성

이와 관련하여 20세기초 판소리의 사정을 참조할 필요가 있다. 당시 판소리는 극장 무대라는 새로운 공연 환경 하에서 그 나름대로의 질적 변화를 모색하고 있었다. 창극이라는 새로운 갈래를 파생시킨 것도 창자들의 부단한 노력의 결실이었다. 몇몇 창자들은 음반을 취입하여 새로운 방식으로 청중에게 다가서기도 했다. 그러던 중 임방울의 '쑥대머리' 음반이 당시로서는 엄청난 판매량을 기록하는 초유의 사태가 발생한다. '쑥대머리'에 내포된 그 무엇이 당대인의 정서를 적절히 자극했기 때문일 것이다. 당시 '쑥대머리' 사설을 통해 이 문제를 풀어 보기로 한다.

> 쑥대머리 구신형용 적막옥방으 찬 자리어 생각난 것이 임뿐이라. 보고지고 보고지고 한양낭군 보고지고. 오리정 정별 후로 일장서를 내가 못봤으니 부모봉양 글공부에 겨를이 없어서 이러난가. 연이신혼 금실우지 나를 잊고 이러난가. 계궁항아 추월 같이 번뜻 솟아서 비치고저. 막왕막래 맥혔으니 앵모서를 내가 어이 보며, 전전반칙으 잠 못 이루니 호접몽을 어이 꿀 수 있나. 손가락으 피를 내어 사정으로 편지헐까. 간장의 썩은 눈물로 임의 화상을 그려볼까. 이화일지춘대우 내 눈물을 뿌렸이면 야우문령단장성으 빗소리 들어도 임의 생각, 녹수부용으 연 캐는 채련녀와 채롱망 채엽의 뽕따는 여인네도 낭군 생각은 일반이라, 날 보도만 좋을 팔자. 옥문 밖을 못나가니 뽕을 따고 연 캐겄나. 내가 만일어 임을 못보고 옥중 잡귀 되겄구나. 항상 퍼버리고 울음을 운다.[15]

처참한 상황에 놓인 옥중 춘향의 뼈저린 자탄이 담긴 대목이다. 꿈에

15 『30년대 판소리 걸작집』 CD, 서울음반, 1994.

서나마 이도령을 보려 하나 그것마저도 이룰 수 없다. 평소에는 눈여겨 보지도 않았던 천한 여인네들이 지금은 오히려 한 없이 부러울 따름이다. 춘향은 결국 자신에게 닥쳐 온 비극적 현실을 깨닫고 죽음을 각오한다.

애초에 이 대목은 이도령이 내려와 자신을 구해 주고 怨恨도 雪恥해 주기를 바라는 내용으로 이루어져 있었다. 소박하면서도 진실된 감정이 담겨 있었다 할 수 있다. 그런데 위 '쑥대머리'가 새롭게 그 자리에 놓이면서 혹은 부가되면서 이처럼 이도령에 대한 사무치는 그리움을 토로하는 내용이 담기게 되었다. 雪恥보다는 그리움을 노래하게 됨으로써 위 사설은 청중에게 직정적 울림을 동반하는 쪽으로 치우친다. 곧 넘쳐 흐르는 감정을 절제하지 못하고 마구 분출해 내고 있다는 느낌이 강하다는 것이다. 아마, 사설 몇 소절만 들더라도 청중은 화자 및 주인공의 정서에 쉽게 빠져들었을 가능성이 높다. 의미의 강도가 높은 관습적 어구들을 주로 활용하고 있는 것도 그 때문으로 사료된다. 이 대목이 청중의 심금을 울린다면 그것은 感傷的인 울음이 될 터인데, 여기에는 계층에 따른 특수한 취향이 별도로 존재할 수 없다. 그것은 바로 대중[16] 정서에 해당하는 것이기 때문이다.

후대 〈춘향전〉 이본들에서 다음과 같은 부분이 발견되는 것도 그 나름대로의 이유가 있었던 것이다.

> 츈향이 슐을 부어 져의 모친끠 올니니 츈향모 슐 바드며 ᄒᆞᆫ슘 쉬고 눈물 지며 속이 매어 ᄒᆞ는 말이
>
> 즐겁고 죠흔 날이 오날 우에 더 업스나 아비 업시 셜니 자라 하나님이

16 이때의 대중이란 도시 대중이다. 20세기초엽 판소리는 서울 지역 극장가의 주요 종목 중 하나였다. 판소리로부터 파생한 극갈래인 창극 역시 이들 대중이 즐겨 본 종목이다.

감동ᄒᆞ샤 명문ᄃᆡ가 도령님과 ᄇᆡᆨ년을 긔약ᄒᆞ니 ᄎᆞᆼ량업ᄂᆞᆫ 경ᄉᆞ로ᄃᆡ 령감 싱각이 간절ᄒᆞ야 쳔디 아득ᄒᆞᄉᆞ이다

춘향도 수식 씌여 두 눈에 눈물이 어리니 목단화 아참 이슬을 먹음은 듯ᄒᆞ더라 도령님이 츈향모를 위로ᄒᆞ되 오늘놀 죠흔 날에 왕ᄉᆞᄂᆞᆫ 물론ᄒᆞ고 슐이나 잡스시오 (〈옥중화〉)[17]

월매를 앞에 두고 이도령과 춘향이 백년가약을 맺는 대목이다. 초기 〈춘향전〉의 이 대목은, 춘향이 이도령의 손을 잡고 방으로 들어가 담뱃불도 붙여주고 주안상도 차리는 등 활기찬 분위기로 이루어져 있었다. 월매는 큰 역할을 하지 않았다. 하지만 위 〈옥중화〉에서는 월매가 둘의 결연에 주도적인 역할을 하고 있으며 춘향은 소극적이고 정숙한 여인으로 설정된다. 장면 구현의 초점도 아비 없이 딸을 여의는 월매의 심정과 춘향의 눈물에 맞추어지고 있다. 그 결과 감상적인 분위기가 주조를 이루게 되었다.

대체로 구활자본 〈춘향전〉의 이 대목은 이처럼 감상적인 분위기가 두드러져 있는데, 〈增像演藝獄中佳人〉(신구서림, 1923)의 경우는 이도령마저 까닭없는 눈물을 보이며 춘향모를 위로하고 있기까지 하다.

물론 후대 판소리 및 판소리계 소설의 모든 대목이 이렇게 변모한 것은 아니다. 민중 정서로서의 비장은 여전히 의미 있는 울림을 동반하고 있었다. 그렇지만 그 중 몇몇 대목에서는 이처럼 직정적 感傷쪽으로 기울어지는 경향이 뚜렷하며 독자(청중)의 관심도 이런 곳으로 집중되었던 것 같다.[18] 感傷性이 대중예술의 한 속성이라는 기존 견해를 받아들인다

---

17 구자균 교주, 『춘향전』, 교문사, 1984, 476~477쪽.

18 비장한 대목이 그 사회적 맥락을 상실할 경우 쉽게 감상적인 대목으로 변질될 수도 있었다. 비장과 감상의 관계에 대해서는 더욱 깊은 논의가 필요하나 이 자리에서는 이 정도로 정리해 두고자 한다.

면,[19] 이러한 경향은 판소리 및 판소리계 소설이 대중성을 주요 속성 중 하나로 받아들이고 있었음의 결정적인 표지라고 볼 수 있을 것이다.[20]

점차 忠, 孝, 烈, 友愛 등 이념적 측면이 중요시된 것도 판소리계 소설의 대중성과 관련하여 생각해 볼 점이 있다. 춘향으로부터 열녀의 형상을, 〈흥부전〉에서 형제 간의 우애를, 자라에게서 충신의 형상을 발견한 것은 상층이거나 상층지향적 의식을 지닌 지식층일 것이다.[21] 하층 민중으로부터 출발한 판소리계 작품이 상층과 만났던 지점이 이념의 층위라는 것은 중요한 의미를 지닌다. 그것은 충, 효, 열 등의 이념이 새로운 시대의 인간 사회 질서를 유지하는 데 있어 근간이 될 수 있다는 데 대한 상하층의 합의일 수도 있기 때문이다.[22] 다시 말해, 지배층의 통치 원리로서 피지배층을 장악하던 강압적 윤리가 아닌, 사회 구성원 모두가 공동으로 지켜야 할 그 무엇으로 의식되었을 수 있다는 것이다. 놀부의 포용은 흥부의 순수함에 의해서였지 그 누구의 강압에 의해서도 아니었다. 심청의 孝 역시 마찬가지였다.

나아가, 후대 판소리계 소설에는 이념의 추구가 오히려 중세 지배층

---

19 아놀드 하우저(황지우 역), 『예술사의 철학』, 돌베개, 1983, 342~343쪽 참조. 하우저는 대중예술이 유발하는 감상성에 대해 부정적 시각을 보인다. 감상적 정서는 문학을 통해 현실을 망각하게 하는 요소일 수 있다는 점에서 부정적인 측면을 지니기는 한다. 하지만 현실이 혼돈스럽고 전망이 불확실할 때에는 그러한 데에서 오는 정서의 무절제한 토로만으로도 일종의 현실 대응이 된다고 생각한다.

20 〈흥부전〉을 '가난타령'이라 부르는 관습, 〈심청전〉 중 심청이 부친을 그리워하는 대목이 인기를 얻은 것, 〈춘향전〉의 이별을 2회로 확장하기도 한 것 등도 이와 관련되는 사항들이라 생각된다.

21 진정으로 판소리를 듣고 즐긴 상층에게 있어 鄭顯奭이 언급한 바와 같은 이념에 대한 관심은 부차적인 데 불과했을 수 있다(김흥규, 「19세기 전기 판소리의 연행환경과 사회적 기반」, 『어문논집』 30, 고대 국어국문학연구회, 1991, 24-3쪽면). 하지만 이 정도의 명분도 내세우지 않고 상층이 판소리에 다가갔을 리 없다고 본다.

22 근래 필자는 이 문제를 〈흥부전〉을 대상으로 하여 다룬 바 있다. 정충권, 「〈흥부전〉에 나타난 分家와 友愛 문제」, 『고소설연구』 40, 한국고소설학회, 2015 참조.

에 대한 저항이 되기도 하여 더욱 복합적인 양상을 보인다. 춘향이 변사또 앞에서 내세운 烈은 인간으로서의 최소한의 권리를 주장하는 근거로서 힘을 더해 주며, 자라가 忠의 이념을 고수하면 할수록 지배층의 무능함이 더 신랄하게 비판되는 결과를 낳고 있기 때문이다. 이념을 앞세운 힘은 특정 계층만 지닐 수 있는 것은 아니었다.

이처럼 판소리 및 판소리계 소설은 점차 중세의 이념을 적절히 포용하는 방향으로 나아갔다. 그러한 이념의 매개를 통해 인물·계층 간의 화합을 강조하기도 하고 또는 인물·계층 간의 대립·갈등을 부각시키기도 했다. 다만 이때의 대립은 지배층과 피지배층의 대립이 아닌, 새로운 성격의 것이라 보아야 한다. 예컨대, 춘향과 변사또의 대립을 근대적 시민과 봉건적 의식을 여전히 지닌 관리의 대립이라 볼 수 있는 경우가 그러하다. 따라서 이러한 현상 역시 후대 판소리계 소설에 나타난 대중문학적 면모라 할 수 있을 것이다. 갈등과 화합의 공존 혹은 미묘한 어울림 역시 대중문학의 한 면모라 할 수 있기 때문이다.[23]

이상으로 살핀 두 가지 사항, 곧 직정적 감상성, 중세 이념과 민중의식의 만남 등은 후대 판소리계 소설이 받아들인 새로운 국면이다. 판소리 및 판소리계 소설은 기존의 민중적 의식과 정서를 토대로 하면서도 대중적 의식과 정서까지 내포함으로써 새로운 시대에도 주도적 문예물로 살아남고자 했던 것이다.

이상의 논의에 덧붙여 애초에 판소리계 소설의 서사적 틀 자체가 대중성을 획득할 만한 요소를 지니고 있었음도 함께 언급해 둘 필요가 있다. 〈춘향전〉만 하더라도 서사적 틀 자체는 매우 도식적이다. 신분 높

---

23 대중 문화의 역할에 대해 사회를 하나로 통합하는 도구적 기제로 설명하기도 하지만 대중 문화를 통해 사회적 갈등, 즉 통합 대 일탈, 융화 대 대립, 지배 대 저항 등의 대립 구조가 형성될 수도 있다고 설명하기도 한다. 원용진, 『대중 문화의 패러다임』, 한나래, 1996, 28쪽 참조.

은 양반 자제와 신분 낮은 여인과의 사랑이 사회적 장애에 부딪쳐 좌절되었다가 결국에는 이루어진다는 통속적인 이야기인 것이다. 당대 청중 혹은 독자가 이미 이와 같은 기본 줄거리를 알고 있음에도 불구하고 판소리 공연장을 찾거나 판소리계 소설을 읽는 것은 이러한 이야기가 지닌 대중적 호소력 때문일 것이다.

또한 그들은 고정된 서사적 틀과 안정된 결말을 재확인함으로써 편안함을 느꼈을 수 있다.[24] 물론 암행어사 출도나 제비박 등의 사건 자체는 현실적으로 그리 설득력이 있는 것은 아니다. 차라리 당위적 환상에 가깝다고 보아야 한다. 하지만 그러한 환상은 보편적인 공감을 충분히 얻을 만한 환상이다. 그리고 '닫혀진 꿈'이기도 하다. 춘향이 만약 비극적인 최후를 맞이하는 것으로 끝났다면 수용자의 입장에서 허구로부터 현실로 돌아오는 도정이 순탄치만은 않았을 것이다. 그러나 '닫혀진 꿈' 속에서는 삶의 제반 문제가 부담 없이 다루어질 수 있다. 판소리 작품의 서사적 틀 속에는 이러한 도식적 요소가 존재하며 그것 또한 대중문학의 특성에 해당된다고 본다.

5. 맺음말

본고에서 중점적으로 살핀 것은, 민중성을 토대로 하여 출발한 판소리계 소설이 20세기 이후에도 여전히 호응을 받거나 널리 읽힌 이유가 무엇인가 하는 것이었다. 그것은, 판소리 및 판소리계 소설이 민중적 의식과 정서를 근간으로 하면서도, 새로운 환경에 어울리는 자기 갱신을

---

24 수용자에게 익숙한 형식의 제시, 또는 낯익고 예측 가능한 서사의 전개는 대중예술의 중요한 특징이라고 한다. J.G. 카웰티, 「도식성과 현실도피와 문화」, 『대중예술의 이론들』(박성봉 편역), 동연, 1994, 83~87쪽 참조.

해 간 결과였음을 알 수 있었다.

판소리 및 판소리계 소설의 향유는 애초에는 민중이 작품을 통해 동질적인 의식이나 정서를 공유하는 형태로 이루어졌었다. 그 후 19세기에는 양반 부호층이 새로운 수용자층으로 등장함으로써 그에 어울리는 변화를 겪었다. 판소리 및 판소리계 소설은 19세기말에서 20세기초엽 또 한 번의 변화를 겪게 되는데, 그것은 도시 대중의 등장과 극장 무대와의 만남 때문이었다. 이로 인해 판소리 및 판소리계 소설은 새로운 소통 체계 하에서 일종의 문학 예술 상품으로서 자리를 잡아야 했다. 속칭 대중문학 또는 대중예술로 거듭나야 했던 것이다. 20세기초엽 창극의 성공은 이러한 방향이 적절한 것이었음을 입증하고 있다.

판소리계 소설 작가군이 민중성의 약화를 감수하면서까지 작품에 부분적인 손질을 가한 것은 새로운 시대의 문학 예술물로서 재도약하기 위한 시도였다고 보아야 한다. 하지만 이러한 시도가 그 결실을 보기 위해서는 〈열사가〉류가 아닌 〈춘향전〉류의 새로운 작품이 창작되어야 했다. 판소리 형식이라는 외피를 입히는 것만으로는 한계가 있었던 것이다.[25]

---

25 본고에서는 이러한 한계도 깊이 있게 살펴야 했으며, 이와 함께 대중성의 구체적인 함의도 규정해야 했고, 20세기 이후 판소리계 소설을 읽었던 독자들의 의식이 어떠했는가 하는 문제도 살펴야 했다. 하지만 여기에까지 논의가 미치지는 못했다. 이 문제들은 후고를 기약하고자 한다.

대중 예술로 본 미적 특성*

1. 판소리의 대중 예술적 지표

판소리의 미적 특성에 대한 기왕의 논의는 크게 두 부류로 나누어진다. 하나는 청중의 수용에 초점을 맞추어 그 계층적 취향과 관련하여 판소리에 나타나는 주요 미적 특성을 논한 경우이며,[1] 다른 하나는 구조적인 관점에서 판소리의 판짜기 원리를 통해 미적 특성을 논한 경우이다.[2] 본고에서는 이러한 두 가지 관점 중 전자의 관점에서 판소리의 미

---

* 이 글은 『국문학연구』 8(국문학회, 2002)에 실린 「대중 예술로 본 판소리의 미적 특성」을 부분 수정한 것이다.

1 정병욱, 『한국의 판소리』, 집문당, 1981, 90~93쪽에서는 희극미에 중점을 두어 서민 예술로서의 특성을 논하였고, 김흥규, 「판소리에 있어서의 비장」, 『판소리』, 전북애향운동본부, 1988에서는 비장미의 실상을 분석하면서 19세기 이후에는 점차 비장미의 비중이 증대하게 되는데 그것은 판소리가 양반층에게 보다 많이 의존하게 된 점과 관계가 있다고 보았다. 이외에 기괴미와 같은 독특한 미적 특성을 추출한 논의(김종철, 「「변강쇠가」와 기괴미」, 『판소리의 정서와 미학』, 역사비평사, 1996 ; 서유석, 「『변강쇠가』에 나타난 기괴적 이미지와 그 사회적 함의」, 『판소리연구』 16, 판소리학회, 2003 ; 이 책 제Ⅰ부 「사회적 상상력과 기괴」), 판소리 미의식의 변모 과정을 역사적으로 고찰한 논의(김기형, 「판소리에 있어서 미의식의 구현 양상과 변모과정」, 『민속예술의 정서와 미학』(민속학회 편), 월인, 1999) 등이 있다.

2 조동일, 「흥부전의 양면성」, 『계명논총』 5, 계명대, 1969에서의 '양면성' 및 '부분의 독자성', 그리고 김대행, 「판소리 사설의 구조적 특성」, 『국어교육』 27·28, 한국국어교육연구회, 1976에서의 '장면 극대화', 서종문, 「판소리의 개방성」, 『판소리사설

적 특성을 살피는 방법을 취하고자 한다.

판소리사의 전개에 대해서는 청중의 계층적 성격을 중심으로 하여 파악하는 것이 일반적이다. 그러한 관점에서, 판소리는 하층을 주요 청중으로 하여 출발한 후 상층 청중이 가세함으로써 그 향유의 양상과 사설 자체의 성격이 달라졌으리라고 본다. 삶의 양태가 지배와 피지배로 뚜렷이 구분되는 이상, 그것을 토대로 한 그들의 미적 인식도 다르기는 할 것이다. 그러나, 최소한 19세기 이후의 판소리는 상하층을 포괄한 전 계층이 모두 즐기는 예술물로서 존재했으며, 그와 함께 어떻게든 미적 인식의 교차도 이루어졌으리라 보아야 한다. 예컨대 골계미의 약화와 판소리 작품에 대한 이념성의 부여에는 하층도 관여했으리라는 것이다. 19세기[3]의 판소리가 전계층이 향유하는 예술물로 자리잡은 만큼 계층적 대립의 계기 못지 않게 계층적 통합의 계기도 중요시되어야 한다는 것이다.

만약 그렇게 보지 않는다면, 19세기 판소리는 보수화의 길을 걷게 되었다는 부정적 평가로 귀결될 수밖에 없다. 때로는 이러한 변모를 反動的 변모라고 하며 극단적인 부정적 평가를 내리는 경우조차 있었다. 하지만 이 시기 판소리는 보수화 혹은 반동적 변화라는 잘못된 길을 걸은

연구』, 형설출판사, 1984에서의 '개방성' 등이 판소리의 미적 특성이라 할만한 개념들이다. 김대행, 「동리의 웃음 : 터무니없음 그리고 판소리의 세계」, 『동리연구』 창간호, 동리연구회, 1993과 정병헌, 「판소리의 미학」, 『판소리와 한국문화』, 역락, 2002의 경우는 이러한 개념을 확장하여 인간의 삶과 관련지어 조명한 논의들이다. 그 외에 인접 예술과 비교해 가며 판소리의 미적 특성을 논한 김종철, 「판소리의 미학적 기반 연구」, 『구비문학연구』 4, 한국구비문학회, 1997 및 김현주, 『판소리와 풍속화 그 닮은 예술 세계』, 효형출판, 2000, 김종철, 「판소리 문학의 미적 운용 원리 연구」, 『국어교육』 108, 한국어교육학회, 2002 등도 판짜기 원리 내지는 서술 원리에 초점을 맞춘 논저들이다.

3 여기서 '19세기'는 엄밀한 고증에 의거하여 사용하고 있는 연대는 아니다. 판소리가 민중 예술의 틀을 조금씩 벗어나 전계층을 향유층으로 끌어들이면서 대중 예술로 나아가기 시작한 시기를 잠정적으로 지칭한 것이다.

것이 아니라 그 나름대로의 행로를 보였을 뿐이다. 그러한 행로를 본고에서는 대중 예술로서의 그것이라 보고자 한다.[4] 그렇게 볼 때라야 계층에 토대를 둔 이분법적 환원론을 극복할 수 있음은 물론 당시 판소리의 실상도 제대로 드러낼 수 있으리라 생각한다. 본고에서는 이상의 제반 사항들을 전제로 하여 대중 예술의 관점에서 판소리의 미적 특성을 재점검해 보고자 한다. 우선 그 대중 예술적 지표부터 살피기로 한다.

판소리는 민속 예술 내지는 민중 예술로부터 출발했다. 이 시기의 사정에 대해서는 그리 많이 알려진 편이 아니나, 추론을 통해 볼 때 분명한 것은, 무속 집단으로부터 소리만을 담당한 전문적 직업인으로서의 광대가 분화하고 그에 따라 굿과 같은 민속 연희물로부터 판소리가 독립적인 예술물로 자립하게 되었으리라는 점이다.[5] 이때의 판소리는 세속적 관심사를 위주로 하여 다양한 레퍼토리를 만들어가는 것이 주요 과제였다. 대상 청중들도 주로 하층이었을 것이므로, 민속악을 토대로 한 세속적 미의식이 중심이 되었으리라 추측된다. 이 시기의 판소리는 하층이 그 속에 자신들의 미적 가치를 투영시키던 그러한 양식이었다.

그러나 점차 상층이 판소리에 적극적인 관심을 갖기 시작하면서 판소리의 예술적 존재 방식이 변모해 가게 된다. 그들은 한편으로는 판소리의 예술적 감흥에 이끌려 들면서도 다른 한편으로는 그들 나름대로의 미의식을 투영하려 하기도 하였다. 그 결과 판소리 사설이 그들의 취향에 맞게 변모하기도 한 것으로 알려져 있다. 하지만 이 시기의 판소리가

4 결국 본고에서 관심을 갖고 있는 것은 19세기 이후의 판소리이다. 물론 아직은 이 시기 판소리의 실상이 명확히 규명된 것은 아니다. 특히 각 계층의 판소리 향유 양상과 판소리사의 향방 및 판소리 사설 및 소설의 변모에 대해서는 더 따져 보아야 할 문제들이 적지 않다. 다만 여기서는 그러한 쟁점으로부터 약간 물러나 거시적인 관점에서 조망하고자 한다.

5 서대석, 「판소리 기원론의 재검토」, 『고전문학연구』 16, 한국고전문학회, 1999, 54~56쪽 참조.

하층을 완전히 외면했다고 보아서는 곤란하다. 아무리 판소리가 중상층을 주요 고객으로 삼아갔다 하더라도 한 세기 이상을 하층과 부대끼며 함께 해 온 판소리가 쉽게 그 기본 바탕을 털어버리지는 않았으리라 판단된다. 향유의 계층적 폭을 넓혀 가면서 점차 새로운 예술적 존재 양상[6]을 보여 갔으리라는 것이다.[7] 이제, 그렇게 볼 수 있는 지표들을 구체적으로 제시해 보기로 한다.

우선, 개인에 따른 편차는 있겠으나, 앞서 언급한 것처럼 판소리 향유가 특정 신분이나 계층에 제한되어 이루어지지는 않았다는 점을 들 수 있다. 다음의 판소리 향유 사례들을 살펴보자.

> 모흥갑이 10년 공부를 마치고 세상에 나오자 그의 명성은 금방 원근에 자자하였다. 현종 13년(1847년) 당시의 영상 김좌근(金佐根)의 부름을 받고 상경하여, 헌종 앞에서 그 특장인 장판교 대목을 불렀던 것이다.
>
> (중략)[8]
>
> 실전을 방불케하는 모흥갑의 완숙한 기량에 헌종을 위시하여 삼정승 육

---

6 이때의 대중 예술은 물론 'popular art'를 염두에 둔 용어이다. 하지만 'popular art'의 개념적 함의는 그것을 사용하는 사람에 따라 다양한 것이 사실이다. 첫째, 문화민주주의적 입장에서 사용하는 사람들이 있는가 하면, 둘째, 지적 정서적 수준을 고려한 회의주의적 입장에 서 있는 사람들도 있다. 또한 셋째로, 민중주의의 연속선상에서 사용하는 사람들도 있다고 한다(박성봉 편역, 『대중예술의 이론들』, 동연, 1994, 12~13쪽 참조). 본고에서는 이 중 둘째 입장은 받아들이지 않고자 한다. 이러한 입장은 '대중'을, 역사의 주체로 상정된 '민중'에 대립하는 부정적 존재로 본 지난 70~80년대의 산물이다. 근래에는 대중 내지는 대중 예술에 대해 긍정적이고 적극적인 의미를 부여하고자 하는 시각이 지배적이다(이 점에 대해서는 김창남, 「문화연구와 문화운동에 관련한 최근의 몇 가지 생각」, 『대중문화와 문화실천』, 한울, 1995 참조). 본고는 이러한 시각을 바탕으로 하고 있다는 점을 밝혀 둔다.

7 19세기 판소리의 이러한 성격에 대해서는 이미 "민중 예술의 발전선상에서 대중 예술로서의 성격까지 포괄"(김종철, 『판소리사 연구』, 역사비평사, 1996, 83쪽)해 갔다는 지적이 있었다.

8 장판교대전 대목이라 하였으나 소개된 내용은 적벽대전 대목이다.

판서 이하 어전에 나열한 조신들은 지위와 체면을 잊어버리고 흥분하여 탄성을 울리면서 열광하였다고 한다.[9]

換言하면 李[이날치 : 필자 주]의 唱劇調에 感動을 받어서 主人이 落涙한다면 千金을 行下하고 이와 反對로 何等의 感動的 發露가 없게되면 李唱은 목(生命)으로 代償하기로 함이다. 結果가 實際化하느냐 못하느냐 하는것은 追後 別問題로 두고 前日 兩班과 賤人과의 賭約이 一時的 弄談에 付치못할것인 以上 그를 만나 毛骨이 竦然할 約束이나 李는 欣然히 滿座앞에서 沈清歌中 沈清이가 그 父親의 눈 띠이기를 爲하여 供養米三百石에 몸이팔여서 인당수 祭物로 惡魔같은 南京船人들에게 끌여갈제 그父女間 서로 永訣하는 場面! 그 앞 못보는 孤獨한 父親을 村人들에게 愛護하여달나는 遺托의 哀辭! 피눈물을 흘니면서 허둥지둥 인당수에 몸을 던지는 光景! 그 悲絶慘絶한 人生의 最後를 如實히 哀詞悲調로 表現하였다. 듣는 사람은 勿論이고 鬼神도 따라서 우름을 發하리만큼 되었다. 主人老宰相은 沈清의 出天的孝誠에 感激을 받으면서 人生의 悲哀를 느끼면서 不知不覺中 뒤로 돌아앉아서 暗然히 눈물을 씻고 前約대로 果然 千兩金을 주어 卽時 治送하였다는것이 有名한 이야기다.[10]

모흥갑과 이날치 관련 일화들이다. 이 일화들을 통해 당시 판소리가 최상층에 이르기까지 호응을 받고 있었던 저간의 사정이 짐작된다. 그런데, 구전된 이야기임을 감안한다 하더라도, 위 일화들에서의 헌종과 신하들, 그리고 노재상이 보인 반응 자체는 당시 하층 민중의 그것과 특별히 다를 바 없었을 것으로 추측된다. 그것은 이야기와 창자의 연창

---

9 박황, 『판소리 이백년사』, 사사연, 1987, 72~72쪽.
10 정노식, 『조선창극사』, 조선일보사, 1940, 72쪽.

력이 어우러진 한 판의 소리 세계에 대한 보편적 공감에 기인한 정서적 반응이었다. 노재상이 느낀 인생의 비애도 인간이라면 누구나 느낄 만한 보편적 정서였을 뿐이다.

이들이 이렇게 신분과 계층의 외피를 벗어던지고 소리가 불러일으킨 감흥에 빠져든 자리는 송만재가 적절히 지적한 바와 같은 '堂下'의 자리였다.

凉榭高燒蠟炬紅	시원한 정자에는 높다랗게 횃불이 타오르고
優人對立鼓人東	소리꾼은 고수 동쪽에 마주하고 서 있네.
不宜堂上宜堂下	당상보다는 당하가 더 마땅하리
歡樂無妨與衆同[11]	즐거움이란 대중과 함께 하는 것 아닌가.

바로 이 '堂下'의 자리 곧 '與衆同'의 자리는 사회적 계층을 초월하여 함께 소리를 즐기는 자리였다.[12] 따라서 그것은 大衆[13]의 자리였기도 했다. 민중 예술의 수용층이 피지배층으로 한정되는 반면 대중 예술의 수용층은 서로 다른 사회적 경험을 지닌 서로 다른 계층의 구성원들일 수 있다는 점을 고려한다면, 위와 같은 현상은 이 시기의 판소리가 대중 예술적 성격을 지니게 되었다는, 한 지표가 될 수 있다.

이 시기 판소리가 대중 예술로 나아가는 단계에 놓여 있었다는 보다 분명한 지표는 판소리 경창 대회로서의 전주 대사습 대회의 등장일 것이다. 전주 대사습 대회는 전주의 本府와 營門 통인 간의 대결 양상을

---

11 이혜구, 「송만재의 관우희」, 『판소리연구』 1, 판소리학회, 1989, 282쪽.

12 당시 양반들이 판소리 연창의 세계에 깊이 빠져들었으리라는 점에 대해서는 김흥규, 「19세기 전기 판소리의 연행환경과 사회적 기반」, 『어문론집』 30, 고려대 국어국문학연구회, 1991, 24~32쪽 참조.

13 '대중'의 개념에 대해서는 이 책 제Ⅰ부 「민중성과 대중성」 참조.

띠었다고 한다. 제각기 자기네 통인청에서 대사습을 벌이는데, 출현하는 광대의 기량에 따라 청중이 몰리게 되어 그 숫자에 따라 승부가 판가름난다는 것이다. 그래서 본부와 영문 양편에서 서로 실력 있는 명창을 초청하려고 심한 경쟁을 벌였고 판소리 창자의 입장에서는 여기서 인정을 받으면 판소리 명창으로서의 출세길도 보장받았다 한다.[14]

이러한 경창 대회의 등장은 당시 판소리의 대중적 인기를 토대로 한 것임이 분명하다. 그리고 소리의 예술적 높이에 대한 평가에 앞서 청중의 인기도에 따라 승패가 판가름나는 것으로 인식했다는 것은 이 시기의 판소리가 거의 대중 예술로서 수용되고 있었음을 뜻한다. 대중적 인기인으로서의 판소리 창자의 면모 역시 신분적으로 예속되던 이전 시기에 비하면 매우 달라진 모습이다.

이상으로 제시한 사항들이 당대 판소리 향유 전반을 포괄한 것은 아니겠지만 이 정도만으로도 부족하나마 이 시기 판소리가 대중 예술적 성향을 띠어 갔을 가능성을 충분히 상정할 수 있다. 상하층을 향유층으로 포괄한, 관조의 대상으로서의 예술물, 그리고 소액을 지불하는 다수이든 고액을 지불하는 소수이든 댓가를 지불하고 '즐거움'을 사야 했던 오락적 예술물이 되었으리라는 것이다. 여기서 구체적으로 거론하지는 않았지만, 물적 기반이 풍부한 편인 중인 부호층의 경우는 특히 대중 예술적 향유가 두드러졌으리라 여겨진다.[15]

이제 이러한 관점에서 이 시기 판소리에 나타난 미적 특성이라 할 만한 모습들 중 중요한 것들을 이야기 층위, 서술 층위, 공연 층위 등 세 가지 층위로 나누어 각각 드러내어 보기로 한다.

---

14 홍현식, 「전주대사습」, 『음악동아』, 동아일보사, 1988.7, 176~179쪽 참조.

15 중인 부호층의 판소리 향유에 대해서는 김종철, 앞의 책, 107~125쪽 참조. 다만 이들의 판소리 향유와 판소리의 탈계층적 성격과의 관계에 대해서는 더 따져 볼 점이 있어 여기서는 구체적으로 거론하지 않고자 한다.

2. 대중 예술로서의 판소리의 미적 특성

1) 이야기 층위 : 도식성과 개성

판소리 서사물의 기본 줄거리는 도식적인 성격[16]을 지닌다. 그것은 일차적으로는 판소리 서사물의 기본 줄거리가 단순소박하고 명료한 대립 관계에 근원을 두었기 때문이다. 예컨대, 〈흥보가〉의 경우, 흥부와 놀부의 대립 구조와 제비를 중심에 둔 역전 구조를 토대로 한 모방담에 근원을 두고 있으며, 〈춘향가〉의 경우, 신분이 높은 양반 자제와 신분이 낮은 여인의 결연이 사회적 장애에 부딪쳐 좌절되었다가 회복된다는 이야기를 뼈대로 한다. 이러한 이야기가 당대 사회를 매개로 하여 질적인 변화를 이룸으로써 민중적 시각에서 높은 수준의 미적 성취를 이루게 된 것이다. 그것은 판소리를 배태한 하층 민중의 소산이라 할 수 있을 것이다.

그런데 그러한 서사물이 '전계층을 향해 나아가면서' 그리고 '반복적으로 향유됨으로써' 흥행 예술물로 자리잡아 갔고 그 과정을 통해 생산자인 창자와 수용자인 청중은 예술물의 대중적 소통 구조에 익숙해지게 되었다. 그 속에서 당대 청중은 기본 줄거리를 익히 알고 있었음에도 불구하고 그러한 이야기를 듣기 위해 지속적으로 공연장을 찾아 갔다. 아마 그 일차적인 이유는 창자와 청중이 현장에서 함께 호흡하는 판소리 공연의 독특한 매력 때문이었을 것이다. 그리고 거기에다 이야기 자체가 지닌 매력도 중요한 요인이 되었을 것이다. 이미 고정된 이야기이

16 '도식성'이란 'formula'의 번역어로서 현 대중 문화 연구자들 간에 쓰이고 있는 용어이다. 'formula'의 적절한 번역어는 '공식성'이라 판단되지만 그것은 다른 함의도 지니고 있어 오해의 소지가 있으므로 여기서도 '도식성'이라는 용어를 그대로 사용하기로 한다.

고 익히 알고 있는 이야기임에도 불구하고 또다시 듣고 싶어 하는 모종의 매력 말이다. 그러한 매력의 정체를 점검해 볼 필요가 있다.

우선, 그것은 당시 청중이 이러한 이야기 및 그 이야기의 의미에 대해 암묵적인 합의를 했으리라는 데서 찾을 수 있다. 수용자에게 이숙한 형식의 제시, 또는 낯익고 예측 가능한 서사의 전개는 대중 예술의 중요한 특징이다.[17] 이렇게 합의한 이야기 속에는 수많은 청중이 거쳐간, 청각과 상상력에 토대를 둔 서사적 체험의 누적으로 인해 굳어진 강한 관습성 내지는 도식성이 자리잡고 있었다. 그러한 도식성의 요소들은 얼마든지 반복하여 서사적 체험을 하더라도 또다시 공감할 수 있게 하는 대중 예술적 계기였던 것이다. 그러한 계기들을 세세하게 거론하기는 어렵겠지만 큰 줄기를 중심으로 짚어 볼 수는 있다.

가장 핵심적인 사항은 서사적 틀의 고정성이다. 이로 인해 청중은 당황해 하지 않을 수 있고 또한 편안함을 느낄 수 있다. 하지만 대중적 인기를 얻기 위해서는 이야기 속에 자극적인 흥미거리를 갖추고 있어야 한다. 〈춘향가〉의 경우 당대의 관습으로는 용인될 수 없었던, 신분을 초월한 사랑 이야기로 이루어져 있으며 부분적으로는 관능적 유희의 장면을 갖추고 있어, 어느 정도 자극적 요소를 내포했다고 생각된다. 〈흥보가〉의 경우도, 동생에 대한 형의 핍박 및 박에서 재물이 나온다는 초현실적 화소 등이 자극적인 흥미거리라 할 만하다. 이러한 요소들은 반복적으로 그 서사 세계를 경험하더라도 강한 인상으로 남을 만한 그러한 것들이다.

또한 판소리 작품들은 안정된 결말로 귀결되거나 그렇게 변모해 갔다는 점도 짚고 넘어갈 필요가 있다. 물론 안정된 결말에 이르는 과정은

---

17 J. G. 카웰티, 「도식성과 현실도피와 문화」, 『대중예술의 이론들』(박성봉 편역), 동연, 1994, 83~87쪽 참조.

현실적으로 그리 설득력이 있는 것은 아니다. 춘향과 이도령의 결연이 열매를 맺기 위해서는 때맞춘 어사출도라는 제도적 장치가 필요했으며 흥보가 부자가 되기 위해서는 제비박이라는 마술적 장치가 필요했다. 그렇게 해서 도달한 귀결점은 그러해야 하리라는 당위에 말미암았을 수도 있고, 인간이라면 보편적으로 공감할 수 있는 꿈이었을 수도 있다. 하지만 그 어느쪽이든 그것이 현실적으로 실현될 수 있는 일이라고는 아마 생각하지 않았을 것이다. 그러나 그렇더라도 당위나 꿈은 그것대로의 의미를 지니는 것이다.

〈춘향가〉의 경우 어사출도대목이 없이 비극적으로 결말을 맺었다면 작품이 환기하는 '문제제기'와 극적 감동은 훨씬 강화되었을 가능성이 있다는 견해[18]도 있을 수 있다. 그러나 그렇게 될 경우 그것은 〈춘향가〉와 청중이 맺는 '안전한' 관계를 파기하는 것이 될 수 있다. 작품이 주는 충격으로 인해 허구로부터 현실로 돌아오는 도정이 순탄치 않아질 것이기 때문이다. 판소리에서는 그러한 위험을 최대한 배제한다. 그것을 서사적 체험 과정 속에서 스스로 풀게 한다. 그리고 결말은 어디까지나 예정된 것을 어기지 않으며, 대체로, 삶에 대한 축제적 기쁨[19]으로 형상화된다. 그리하여, '닫혀진 꿈' 속에서는 삶의 제반 문제가 그 누구에게도 부담 없이 다루어질 수 있다. 현실로 돌아 오는 노정도 그리 고통스럽지는 않다.[20] 판소리 작품의 서사적 틀 속에는 이러한 도식적 요소가 자리잡게 되었으며 그것은 바로 대중 예술적 특성에 해당한다고 본다.

---

18 박일용, 『조선시대의 애정소설』, 집문당, 1993, 275쪽 참조.

19 김병국, 「희극적 구조로 본 『춘향전』」, 『한국 고전문학의 비평적 이해』, 서울대 출판부, 1995, 101쪽. 이 글에서는 현실 원칙이 아닌 쾌락 원칙에서 〈춘향전〉을 보아야 하며 그럴 경우 〈춘향전〉은 희극적 구조의 여러 특징을 구비한 가장 관습화된 대중적 문학이라고 하였다(같은 글, 106~107쪽 참조).

20 이러한 관점에서 보면 〈변강쇠가〉의 충격적인 결말, 〈장끼타령〉의 문제적 결말은 대중 예술적 결말과는 거리가 있다.

다만 이야기의 이러한 도식적 틀만으로는 청중을 공연장으로 계속 끌어들이기 어려웠을 것이다. 이에 창자들은 기존 이야기의 틀 내에서 흥미로운 삽화나 사설을 덧붙이는가 하면 각자 그 나름대로의 방식으로 음악적 표현력을 최대한 발휘함으로써 청중을 사로잡으려 하였다. 예컨대 다음과 같은 사례들이 이에 해당한다고 볼 수 있다.

興甫歌에 長하였고 그더늠으로는 興甫夫妻가 박 타는 대목인데 「부어내고 닫아놓고 돌아섰다 도로 돌아서서 도로 궤를 열고 보니 쌀도 도로 하나가뜩 돈도 도로 하나가뜩」 몇번을 重複하는것인데 다른 광대들과 달리할뿐아니라 병아리 새끼 같이 重疊하기 쉽게 말씨의 發音하기 難澁한것을 分明하게 流暢하게 몇번이던지 重複하여 장단의 差錯이 없이 하는것은 他人의 미치지못하는 特調라하여 後에 傳하는것이라 한다. (文錫準조)[21]

春香歌에는 春香房 八道 담배歌로 有名한데 이것은 春香房中 文房四友를 列擧할때에 담배를 들게되면 朝鮮八道 담배의 各其特色을 枚擧하고 그 特色을 따라서 쓸는 이야기로 썩滋味있게 한바탕을 잘하므로 氏의 「春香房 八道 담배쓸기라」는 한 特調가 섰다한다. (金昌祿조)[22]

方萬春以後 세살聲으로 有名하였고 그唱法은 短歌와 판소리를 津津한 坐談비슷하게 하되 꼭 장단에 맞어서 音律的으로하다가 어느지경에 이르러서 特調를 發하여 사람을 驚歎케한다. 이것이 前無後無하리만큼 다른광대와 特殊하였다 한다. 또 普通 중머리로 하는데를 진양조로 하고 진양조로 할데를 늦인중머리로 하기를 항용한다. 다시말하면 언제던지 남과는 달리하여서

21 정노식, 『조선창극사』, 조선일보사, 1940, 54쪽.

22 위의 책, 99쪽.

꼭 千篇一律的으로 하지아니하고 自由自在로 뒤박우어서 創作的 色彩를 表現하는것이 特徵이엿엇다. (申學祚조)[23]

각각 文錫準, 金昌祿, 申學祚에 관한 일화이다. 다른 광대들과 달리 하면서도 풍부한 사설을 정확히 짜고 있는 점, 전국 담배에 관하여 '그 특색에 따라 쓸기' 곧 각 지역의 담배에 어울리는 卽興的 사설을 적절히 구사한 점, 장단을 자유자재로 바꾸면서 언제든지 남과 달리하는 特調를 구사한 점 등이 높이 평가되고 있다. 당시 청중은 창자들 스스로가 개척한 이러한 개성적인 판을 마음껏 즐겼을 것이다.

판소리 청중은 기본 줄거리의 전개 과정에 이미 익숙해져 있었던 반면, 창자들은 그러한 청중을 자신의 판으로 불러 모으기 위해 '개성'을 중요한 무기로 내걸었던 것이다. 19세기 이후의 판소리 공연 현장에서는 이러한 현상이 더욱 빈번하게 나타났으리라 추측된다.

2) 서술 층위 : 담론의 혼재성

판소리가 민중 예술로부터 출발하여 대중 예술을 지향해 간 예술물임을 더 분명히 알 수 있게 하는 점은 서로 다른 계층에 토대를 둔 談論[24]이 서술의 층위에서 함께 뒤섞여 나타난다는 점이다. 이러한 현상을 '談論의 混在性'이라 규정하고 그 구체적인 양상을 살펴 보고자 한다.

판소리 사설에는 俗語에서부터 文字에 이르기까지, 그리고 民謠에서부터 漢詩에 이르기까지 다양하면서 이질적인 요소들이 混在한다. 〈홍

23 위의 책, 152쪽.

24 근래의 문학·문화 연구에서 '담론'이라는 용어는 "현실에 관한 설명을 산출하는 언표들의 응집성 있고 자기지시적인 집합체"(조셉 칠더즈·게리 헨치 엮음(황종연 옮김), 『현대 문학·문화 비평 용어사전』, 문학동네, 1999, 155쪽)라는 의미로 통용된다.

보가〉 중 비단타령을 예로 들어 본다.

> (중중몰이) 왼갖 비단이 나온다. 왼갖 비단이 나온다. 소환부사[遙看扶桑] 삼백척 번뜻 떴나 일광단(日光鍛). 고소대 익양루의 적성 애미[蛾眉]기 일광단(月光鍛). 서왕모 요지연의 진상하든 천도문(天桃紋). 천하지국 산천초목 기려내던 지도문(地圖紋). 풍진을 시르르르 치니 태평건곤의 대원단(大元鍛). 등태산소천하의 공부자의 대단(大鍛)이요. 남양 초당의 경 좋은 데 천하영웅의 와룡단(臥龍緞). 염불타령을 지어놓고 춤추기 좋은 장단. 가는 님 허리 안고 가지말라 도리불수(桃李佛手). 임 보내고 홀로 앉어 독수공방의 상사단(相思鍛). 큰방, 골방, 가루닫이, 국화 새김 완자문, 추월추풍에 공단(貢鍛)이요, 심심산곡 송림 간의 무서웁다 호피단. 쓰기 좋은 양태문(洋太紋). 인정 있는 은조사(銀造紗). 부귀다남 복수단(福壽緞). 행실 부족의 궁초단. 절개 좋은 송죽단(松竹鍛). 뚜드럭꾸빽허니 말굽장단. 서부렁섭적 세발 릉단[浪綾]. 뭉게뭉게 구름단. 흑공단, 백공단, 한산모수, 송화색이며, 청사 홍사, 두견이며, 고리사주, 방하주, 해남포, 몽기 삼성, 철남포까지 그저 꾸역꾸역 왼갖 비단이 다 나와. (강도근 창본 〈흥보가〉)[25]

이 비단타령은 사설의 성격상 '염불타령을 지어놓고 춤추기 좋은 장단'을 기준으로 하여 두 부분으로 나뉜다. 대체로 앞부분은 한문 문헌을 습득한 사람들만이 제대로 재미를 느낄 수 있는 상층 혹은 식자층 취향의 사설로 이루어져 있고 뒷부분은 우리말과 비단 이름의 언어 유희가 담긴 하층 취향의 사설로 이루어져 있는 것이다. 이러한 언어적 재미의 추구에 이 비단타령의 구연 목적이 있다. 식자층은 식자층대로 하층은 하층대로 그들 나름대로의 재미를 만끽하면 되는 것이고 창자는 그러한

25 「강도근창 홍보가」, 신나라레코드사(필자 채록).

재미를 최대한 살리는 방향으로 음악적 변화를 적절히 부여하면 되는 것이다.

그런데 여기서 중요시되어야 할 점은 그러한 취향이 반드시 절대적으로 구분되는 것은 아니라는 점이다. 사실, 언어 유희란 계층을 초월하여 즐거움을 줄 수 있는 것이고 文字 역시 하층에 있어서도 알면 알수록 행세할 수 있게 되는 법이다. 따라서 이 비단타령에서 그러한 계층적 구분은 무의미해지게 되는 것이다. '무서웁다 호피단', '임 보내고 홀로 앉어 독수공방의 상사단' 같은 공식구에서는 상하층의 담론이 절묘하게 조화를 이루고 있음을 본다. 계층에 따른 폐쇄적 비의와 갈등이 아닌 절묘한 조화와 혼재의 양상이 흥미롭게 다가온다. 이는 비단타령을 통해 모든 청중에게 최대한의 흥미를 자아내려는 전략적 기획에 말미암는다고 생각된다.[26]

이질적인 담론의 이와 같은 혼재는 판소리의 전 부면에 걸친 중요한 미적 특성이라 생각된다. 그것은 위와 같이 어휘의 측면에서도 발견되지만 '이념'과 같은 추상적인 측면에서도 발견된다. 그 점을 〈적벽가〉의 군사설움대목을 통해 살펴보기로 하자.

〈적벽가〉 군사설움대목은 적벽대전을 앞두고 군사들이 타의에 의해 싸움터로 끌려 와 부모 생각, 자식 생각, 아내 생각을 하며 설움에 젖는 대목이다. 이 대목은 명분도 없는 전쟁이 개인들의 소중한 일상사를 어떻게 짓밟아 놓고 있는가 하는 점을 이름없는 군사들의 하소연을 통해 고발하고 있는 대목으로, 〈삼국지연의〉를 어떠한 관점에서 해체해 놓고 있는가 하는 점을 잘 알게 해 주는 대표적인 대목이다.

그런데 앞선 군사들과는 전혀 다른 생각을 지닌 군사가 등장하여 판

---

26 정충권, 「〈흥보가〉 '비단타령'에 나타난 언어 놀이」, 『선청어문』 36, 서울대 국어교육과, 2008에서 이 점을 집중적으로 따진 바 있다.

을 깨어 놓는다.

> (중중몰이) "너희 울 제 좀놈이라. 너희 울 제 좀놈이라. 위국자는 불고가 다 옛글에도 있기니와, '남이히필연치지리요, 막항강춘노장넌하소. 우리 몸이 군사 되야 전장으 나왔다가, 공명도 못 이루고 속절없이 돌아가면 부끄럽지 아니허뇨? 요 내 심중 평생 소원, 요하 삼척 드는 칼로 오한 양진 장수 머리를 쟁그렁청 비여 들고 본국으로 돌아가면, 부모형제 처자권솔 원근친척 반겨 나와, '반갑구가, 반가와. 천리 전장 갔든 낭군 살어오니 반가와.' 서로 서로 반길 적으 그 아니 좋더란 말이냐? 우지 말라면 우지마. 우지 마라, 우지를 마라. 군사들아, 우지 마라." (정권진 창본 〈적벽가〉)[27]

우리 몸이 군사이니 나라를 위해 몸을 바쳐 승리해서 돌아가는 것이 떳떳하다는 전언을 담고 있다. 군사들끼리 정치적 논쟁이 벌어진 셈이다. 좀더 추상화하면, 피지배층의 인간적 진실과 지배층의 당위적 이념이 논쟁을 벌이고 있다고 말할 수 있다. 즉 담론이 혼재해 있는 것이다. 그런데 여기서 주목할 점은 당위적 이념이 하층에게 수용되는 양상에 관한 것이다. 이 문제가 중요하다고 판단되므로 더 상세히 따져 보고자 한다.

위 군사의 말은 상층 청중을 의식한 작자—창자의 발언일 가능성이 높다. 따라서 일단 위 군사는 일종의 허위 의식에 빠져 있는 것이 된다. 그리고 그렇게 강요된 지배층의 이념은, 소중한 삶을 빼앗긴 군사들 부류의 하층에게는 정치적 폭력으로 작용한다. 결국에는 적벽대전의 패전으로 인해 위 군사의 말은 허위 의식에 사로잡힌 것임이 드러날 것이다.

그런데 위 군사의 말은 너무나 당당하고 자연스럽다. 싸움의 당위성

---

27 김진영 외, 『적벽가 전집』 1, 박이정, 1998, 302쪽.

을 역설하는 이 군사 역시 서러워하는 여타 군사들과 다름 없는 존재였을 것이다. 하지만 그는 전혀 다른 시각에서 사태를 파악하고 있다. 따지고 보면 싸움터에 나온 이상 승리해서 고향으로 돌아가고픈 마음이 어느 군사에게든 없었겠는가. 따라서 이러한 생각 역시 일리 있는 생각으로 파악된다. 지배 이념은 이처럼 하층에게도 그 나름대로 半주체적으로 수용되고 있음을 볼 수 있다.

시각을 넓혀 보면, 전승 판소리 5가가 모두, 정도의 차이는 있겠지만 이러한 양상을 띠어 간 것으로 판단된다. 예컨대, 〈수궁가〉·〈토끼전〉에서 자라가 충신으로 부각되어 간 것, 〈흥보가〉에서 점차 형제 간의 우애를 회복하는 것으로 결구되는 경우가 많아진 것 등이 그러하다. 그러한 변화는 당시 상층 청중이 실제로 요구한 것이기도 했다. 하지만 지배층을 주체로 하고 피지배층을 객체로 두고 그러한 변화를 파악하는 것은 문제가 있다고 본다. 이 때의 이념은 지배층의 일종의 통치 원리로서, 피지배층을 장악하던 그런 것이 아니라, 이미 피지배층이 그것을 내면화하여 자기것으로 받아들이던 그런 것으로 존재했기 때문이다. 오히려 그 이념이란 생산자로부터 벗어나 당대인들 모두가 그 이념의 주체이자 객체가 되어버린 어떤 것이라 보아야 할 것이기 때문이다. 하층에게 있어서도 忠, 孝, 烈 같은 것은 인간으로서 추구해야 하는 바람직한 가치 중 하나로 받아들여지게 되었을 수도 있는 것이다. 놀부를 포용한 것은 흥부의 순수함에 의해서이지 그 누구의 강압에 의해서도 아니었다.

게다가, 판소리 서사물에는 그러한 이념의 추구가 오히려 봉건 지배층에 대한 저항이 되기도 하여 담론 혼재의 양상이 더욱 복합적으로 나타난다. 예컨대 춘향의 烈은 최소한의 人權 요구로서의 의미도 지니며[28]

---

28 즉, 춘향이 지배층의 이념으로써 지배층에 대항했다고 보기에 앞서, 춘향 자신이 바람직하다고 믿는 가치를 주체적으로 구현해 간 것이라 보아야 한다는 것이다. 烈은 하층에게 있어 '열린 도덕'으로서 의식적으로 추구되던 가치였다는 점에 대해서는

별주부의 忠에는 지배층의 무능력함에 대한 비판도 담겨 있다고 볼 수 있다.[29] 물론 여기에는 해석의 문제가 가로놓여 있으며 당대 이념의 인식 정도에 대한 역사적 접근도 전제되어야 할 것이지만, 모든 문제를 계층 귀속적으로 처리해버려서는 곤란하다는 점은 수긍할 수 있으리라 본다. 아무튼 이러한 양상은 민중 예술로서 출발한 판소리가 전계층을 향유층으로 포용하면서 나타난 미적 특성이라 볼 수 있다고 생각한다.

3) 공연 층위 : 직정적 감상성

공연 층위에서 점검해 볼 수 있는 판소리의 대중 예술적 특성은 창자의 개성적 연출과 이에 대한 청중의 호응이 함께 만들어내는 역동적 현장성이라 할 수 있을 것이다. 그러한 현장성 가운데 미적 특성의 측면에서 주목해야 할 것은 바로 비장과 골계가 될 것이다. 창자의 판짜기 능력에 대한 평가도 비장미와 골계미를 어떻게 절묘하게 구현해 내느냐 하는 데 따라 이루어졌었다는 점은 주지의 사실이다.

대체로 골계미는 사설의 정확한 전달을 필요로 하며 아니리로 혹은 자진모리로 구현되는 것이 보통이다. 반면 비장미는 사설 자체보다는 그것을 음악적으로 표현해 내는 창자의 능력에 의존하는 바 크다. 진양의 계면조에 섬세한 시김새를 적극적으로 구사해야 하는 것이다. 따라

이인경, 「口碑 '烈說話' 硏究」, 서울대 박사학위논문, 2000, 194~196쪽 참조.

29 이와 관련하여 "서민의식의 구체적 位相은 다른 역사시기에 있어서는 물론이고, 동일한 역사시기에 있어서도 그 역동적 총체성의 여하한 국면이 여하히 표현되는가 하는 데 따라 편차가 야기됨이 인정될 수 있다."(박희병, 「판소리에 나타난 현실인식」, 『한국 문학사의 쟁점』(장덕순 외), 집문당, 1986, 489쪽)는 지적을 되새겨 볼 만하다. 민중 예술이 대중성을 포용해 갔을 경우, 민중 의식(또는 서민 의식)으로서의 저항성은 이처럼 매우 복합적인 형태를 띠게 마련일 것이므로 이에 대한 세심한 고찰이 필요하다.

서 골계미에 비해 비장미의 구현에는 그만큼 창자가 공력을 많이 들여야 한다.

나아가 한 대목에서 이 두 미적 효과가 아울러 나타나도록 다채롭게 장면을 짜야 할 때도 있다. 비장과 골계의 공존이라 할만한 현상은 다음과 같이 나타난다. 〈수궁가〉에서 별주부가 가속들과 이별하는 대목을 예로 들어 보자.

> (진양조) 「여봐라 주부야, 내 말을 들어라. 네가 세상을 간다 하니 무엇허로 갈라느냐? 삼대독자(三代獨子) 네 아니냐? 장탄식 병이 든들 어느 뉘라서 구완허며 이 몸이 죽어져서 골폭사장(骨曝沙場) 헤어져서 오연(烏鳶)의 밥이 된들 뉘라 손뼉을 뚜다려 후여쳐 날려 줄 이가 뉘 있으리. 못 가느니라 못 가아. 세상이라 허는 데는 한 번 가면 못 오느니라. 위방불입(危邦不入)을 가지를 말아라.」
>
> (…)
>
> (아니리) 「아아니 거 뭐, 남이 들으면 좀 웃을 이야긴디 다른 것이 아니라 나 어디 출타(出他)했단 말을 듣고 이 황토밭 재몰랭이 너머 남생이란 놈이 그 놈이 우멍 안허요. 그 놈이 달밤에 마누라한테 놀러 다닐까 봐서 제일 무섭소. 그러나 그 놈 몸에서는 노랑내가 진동(振動)허요 잉. 내 몸에서는 비린내가 나고. (…) (임방울 창본 〈수궁가〉)[30]

큰 일을 앞두고 별주부가 모친과 처자와 이별하는 대목이다. 돌아오지 못할 지도 모를 길을 가는 삼대독자를 가지 말라고 말리는 모친의 심정은 비장하다. 그러나 엉뚱하게도 별주부가 아내와 남생이의 관계를 의심하는 대목이 이어진다. 비장이 골계로 變轉하고 있는 것이다. 이때

---

30 김진영 외, 『토끼전 전집』 1, 박이정, 1997, 137~138쪽.

청중은 정서적으로 이완되며 작중 상황에 대해 거리를 두고 바라보게 된다.

비장으로부터의 골계로의 변전 혹은 비장과 골계의 공존이라 할만한 이러한 현상은 판소리가 인간 삶의 진정성에 대해 무감각하지 않았음을 잘 보여 주고 있다. 따라서 이는 판소리 미학의 가장 핵심적인 국면이라 할 수 있을 것이다.

그런데 대중화의 길을 걷게 된 후대 판소리에서 더욱 강화되어 간 것은 비장미쪽이었다. 이 점에 대해서는 이미 몇 차례 지적된 바 있다. 凡人的 비장의 심화 발전을 통해 상층의 공감을 얻을 수 있었다든지,[31] 19세기 말경에는 영웅적 비장이 두드러진다든지[32] 하는 논의들이 그러한 예들이다. 그런데, 그 연속선상에서 판소리의 대중 예술적 면모와 관련하여 중요시되어야 할 것은 純一하고 直情的[33]인 感傷性을 동반하는 비장미의 강화라 생각한다. 직정적 감상성이란 예컨대 다음과 같은 대목이 유발하는 정서이다.

> (진양조) 츈하츄동 ᄉᆞ시절의 허숑세월 다 보ᄂᆡᆯ 졔 동풍이 눈을 녹이여 가지가지 ᄭᅩᆺ시 핀이 작작한 뒤견화는 나부를 보고셔 웃난 거동 반갑고도 셜거워라 눌과 함ᄭᅳ 듯고 보리 ᄭᅩᆺ시 지고 입피 핀이 녹음방쵸 시졀이라 ᄭᅬᄭᅩ리난 북이 되야 유상셰지 느러진듸 구십 츈광 ᄶᆞ는 쇼리 아름답고 실푸도다 눌과 함그 듯고 보리 입피 지고 셜이 친이 구츄단풍 시졀리라 낙목한쳔 찬바람의 홀노 피난 져 국화난 오상고절 노난 ᄯᅳᆺ시 먹금무미 가득ᄒᆞ고 북풍이 달을 여러셔 빅셜은 펄펄 흣날일 제 셜즁의 푸룬 숄은 천고절을 직켜 잇ᄭᅩ

---

31 김홍규, 앞의 글, 160쪽.

32 김종철, 앞의 책, 182~186쪽.

33 直情性 혹은 直情的 敍述에 대해서는 김대행, 「일노래와 우리 삶의 형상」, 『노래와 시의 세계』, 역락, 1999, 104~107쪽 참조.

아미여 찬 ᄆᆡ화난 미인티를 씌엿난듸 푸룬 ᄉᆞᆯ은 임과 갓ᄭᅩ 한 ᄆᆡ화난 날과 갓치 보난 것과 듯난 거시 슈심싱각 ᄲᅮᆫ이로다 어와 어와 가련 가련 이 무삼 인연인가 인연이 극중하면 이별 잇게 삼겨씨랴 단옥창츈은 연연이 푸루렷고 쵸포혼빅은 셜언 마음 ᄌᆞ어ᄂᆡᆫ이 부러ᄂᆡᆫ이 한슘이요 셕어ᄂᆡᆫ이 눈물리라 눈물 묘와 셰우되고 함슘 묘와 청풍된이 청풍은 모라다가 임의 쵸불을 부러 ᄭᅳ고 셰우는 ᄂᆡ가 담어다가 임의 금침 ᄲᅮ리고지거 불건니 ᄲᅮ리건이 집피든 잠 ᄭᆡ우고저 공산의 뒤견되야 이화월빅 삼경 밤의 피를 ᄂᆡ여 슬피 울어 임의 귀여 들니고져 삼츈의 호졉되야 봄 당ᄒᆞ면 도라와서 힝기 ᄶᅩᆺᄎᆞ 논일다가 향기 무든 두 날기로 임의 옷셰 ᄲᅮ리고져 오동츄야 발근 져 달은 임게신곳 날과 함긔 보ᄌᆞ군나 달이 말이 업신이 담담이 홀노 안져 무정셰월 양유파난 날노 두고 일음이라 ᄋᆡ고 ᄋᆡ고 ᄂᆡ 신세야 (장자백 창본 〈춘향가〉)[34]

소위 '동풍가' 대목이다. 이 대목에서 유발되는 정서는 청중에게 있어 어떠한 사고의 여유도 허용하지 않는 직정적인 정서이다. 넘쳐 흐르는 감정을 절제하지 못하고 마구 분출해내는 격정적인 어떤 것 말이다. 이에 청중은 그러한 정서에 무의식적으로 빠져들고 어떠한 심리적 거리도 느낄 틈이 없다. 창자, 작중 화자 및 청중이 모두 동일한 정서를 공유하고 있는 것이다. 물론 사설 자체는 계절의 심상이 중복되기도 하는 등 유기적인 짜임새가 부족한 것이 사실이다. 하지만 그러한 사설 몇 소절만 듣더라도 청중은 화자 및 주인공의 정서에 쉽게 공감하게 된다. 아니, 이 대목을 듣기 전에 그렇게 할 준비가 되어 있었을 지도 모른다.

따라서 여기서 유발되는 울음은 感傷的 울음이다. 굳이 말을 만든다면 '우는 슬픔'을 발현한다고 할 수 있겠다. 슬퍼서 운다기보다는 울면서 슬픔을 만끽한다고 보는 것이 실상에 부합한다는 뜻이다. 사설의 길이

---

34 김진영 외, 『춘향전 전집』 1, 박이정, 1997, 143~144쪽.

만큼 청중은 그러한 정서에 빠져들게 될 것이었다. 여기에는 계층에 따른 특수한 취향이 별도로 존재할 수 없다.

판소리 청중은 이러한 직정적 감상성을 점차 선호해 갔던 것으로 보인다. 이로 인해 현실로부터 잠시 벗어나 마음껏 감정의 울림을 즐겼던 것이다. 이는 분명히 통속적 향유에 속한다. 예술을 통해 현실을 돌아보고자 하는 것이 아니라 예술을 통해 현실을 잊고자 하고 있기 때문이다.

하지만 그렇다고 해서 이러한 감정의 분출과 눈물의 탕진이 부정적인 속성만을 지닌 것이라 보아서는 안 된다. 그것은 억압의 해소이기도 하고 삶의 위안이기도 하기 때문이다. 나아가 시대가 주는 무기력함에 대한 청중 나름대로의 최소한의 문화적 표현일 수도 있을 것이기 때문이다. 현실이 혼돈스럽고 전망이 불확실할 때에는 그러한 데에서 오는 정서의 무절제한 토로만으로도 최소한의 현실 대응이 되는 것이다.

점차 극장을 무대로 한 근대 초창기 판소리에서는 선율의 계면화 현상[35]과 더불어 이러한 슬픈 소리가 청중에게 더 큰 호응을 받게 된다.[36] 극장 무대 하의 청중이 이를 선호한 이유는 두 가지 관점에서 해석 가능하다. 우선 이러한 경향이 19세기 후반부터 나타났고 그것이 20세기 전반에까지 이어졌기 때문이라 볼 수 있다. 말하자면 서편 소리의 취향이 20세기 전반에는 극장 무대에서 주류를 차지하게 되었다는 것이다. 감정 문화의 관점에서 볼 때 그 근원적 동인은 1860년대 민란이나 1890년대 농민전쟁으로 표현되듯 당대 사회가 전반적으로 타협점 없는 대결의 시대로 접어든 것과 관련되는 것[37]으로 풀이되기도 한다.

---

35 백대웅은 판소리의 선율이 점차 계면 위주로 전승되어 갔다고 진단한 바 있다. 백대웅, 『한국 전통음악의 선율 구조』, 어울림, 1999, 160~175쪽 참조.

36 최동현, 「20세기 전반기 판소리 향유층의 변동과 음악의 변화」, 『판소리연구』 12, 판소리학회, 2001, 78~79쪽 참조.

37 김종철, 앞의 책, 47쪽.

하지만 여기에다 20세기 전반 판소리 향유에 나타난 환경의 변화도 무시할 수 없다고 본다. 극장 무대에서의 공연은 제한된 시간에 이루어져야 했고, 그러한 무대 하에서는 청중과 창자의 거리도 멀어졌을 것이다. 그리고 극장 무대를 찾는 청중의 기호도 일정치 않았었다. 이 때문에, 수준 높은 예술적 소리를 제대로 전달하기에는 문제가 있었을 것이다. 하지만 위와 같은 직정적인 정서는 쉽게 청중에게 호소할 수 있었으리라 생각된다. 논자에 따라서는 공연 시간이 짧아짐으로써 창자들이 고운 목을 쓸 수밖에 없었을 것이라는 점,[38] 여류 명창이 다수를 차지하게 되면서 소리판이 가지고 있는 역동성과 즉흥성, 골계미 등이 더욱 약화되었을 것이라는 점[39] 등의 이유를 더 거론하기도 한다. 이상의 요인들이 복합적으로 작용하면서 이 시기 청중의 슬픈 소리에 대한 취향은 더욱 강화되었으리라 생각된다.

위 '동풍가'의 연장선상에서 사설의 길이는 줄고 춘향의 내면적 깊이는 더해진 임방울의 '쑥대머리' 음반이 공전의 히트를 기록한 것이야말로 이러한 직정적 감상성을 동반한 비장미의 대중적 상품성을 입증한 예가 되겠다. 〈춘향가〉 결연대목이 애초에는 골계미와 우아미 등이 자리잡으면서 다채롭게 구성되었으나 점차 딸을 여의는 춘향모의 슬픔에 중점이 놓이면서 더욱 애절하게 불리어지게 되었다든지,[40] 정정렬 바디 〈춘향가〉에서 굳이 오리정 이별 대목을 추가하여 청중으로 하여금 감상적 눈물을 자아내는 대목을 더 늘이고자 했다든지 하는 현상도 이와 무관하지 않다.

---

38 최동현, 앞의 글, 75~76쪽.

39 이보형, 「판소리 공연문화의 변동이 판소리에 끼친 영향」, 『한국학연구 7』, 고려대 한국학연구소, 1995, 311~312쪽 및 김기형, 앞의 글, 412~413쪽.

40 정충권, 「〈춘향가〉 결연대목의 연원과 변모」, 『판소리 사설의 연원과 변모』, 다운샘, 2001 참조.

후대 판소리에서는 이러한 측면을 강화함으로써 대중성을 확보하려는 움직임이 두드러졌다. 물론 이러한 변화는 판소리의 높은 음악성과 예술성을 약화시키는 결과를 초래하기도 했다. 하지만 다른 한편으로는 새로이 대중 예술로서 자리잡으려는 자구 노력이었기도 했다는 점을 부시할 수 없다.

3. 판소리의 예술적 존재 방식

19세기 이후의 판소리가 대중 예술을 향해 나아갔으리라는 우리의 진단은 주로 청중층의 관점에서 내려진 것이었다. 하지만 이러한 관점이 전적으로 유효하다고 할 수는 없다. 특히 판소리 창자의 관점에서 보면 판소리란 뼈를 깎는 수련을 거쳐야 최고의 경지에 도달할 수 있는 본격 예술이었을 것이기 때문이다. 그러한 창자들에게 있어 대중의 취향에 영합한다는 것은 결코 용납될 수 없는 일이었을 것이다. 게다가 청중들 중에는 자신들만의 폐쇄적 향유를 행한 경우도 있다. 예컨대 19세기 전반의 문인인 申緯는 고수관을 초청하여 자신의 집에 기거하게 하면서 한 달 동안 판소리를 즐기기도 했다 한다. 이는 동호인 중심의 고급 예술적 향유에 해당한다 할 수 있다. 그렇다면 19세기 이후의 판소리는 전반적으로는 대중 예술적 경사를 보이면서도 다른 한편으로는 본격 예술 또는 고급 예술로서 존재하기도 했다고 볼 수 있다. 이러한 현상과 관련하여 『조선창극사』의 저자는 두 창자의 연창 장면을 비교한, 다음과 같은 말을 우리에게 들려 준다.

> 聲音은 陽聲이고 唱調는 羽調를 主張하여 판을 짜는데 唱去唱來 有時乎 全力을 다하여서 한번 내지르면 그 細細通上聲이 宛然히 半空에서 떨어져

나려오는 듯 하고 그 各樣各色의 妙技는 사람을 昏醉케하며 그 힘있고 맑고 아름다운 성음! 그점잔하고도 구수하게 꾸미는 形容動作! 그 光景을 實際에 듣고 보는 사람이 듣고 보고 느껴서 스스로 愉快함을 얻을뿐이지 말로 形容하여 表示할수가 없다고 한다. (朴萬順조)[41]

한참 興이나서 소리가 佳境에 들어가면 푸지고도 훔우저서 聽衆의 지수는 소리는 左右에서 쏟아저나온다. 有時乎 哀怨恨歎으로써 聽衆의 噓唏涕淚를 자어내히다가도 다시 詼諧滑稽로써 抱腹絶倒케하는 그 光景과 그 唱劇의 제스추워(形容動作)를 알울러 보면 실로 天下 壯觀이었다고 한다.

朴萬順의 소리는 識者에 限하여 稱譽를 받지만 李捺致의 소리는 男女老少 詩人墨客樵童牧豎 할것없이 讚美아니하는이가 없었다 한다. (李捺致조)[42]

각각 박만순과 이날치가 소리판을 이끌어가는 모습에 대한 묘사이다. 박만순이 우조 중심의 힘 있는 성음과 점잖은 너름새로 판을 짜 나갔다면 이날치는 비장미를 중심으로 골계미를 적절히 섞어 가며 청중으로 하여금 즉각적인 호응을 유발해 나갔다는 설명이다. 박만순의 소리가 식자층에게 호응을 받은 반면 이날치는 초동목수에게까지 찬미 받지 않은 경우가 없었다고 한다.

이들 기사에 대해 대체로 당시 판소리의 미의식이 계층적으로 분화되었으며, 박만순의 소리는 상층 혹은 식자층 취향의 소리이고 이날치의 경우는 하층 취향의 소리였으리라는 평가를 내리는 것 같다.[43] 하지만 이날치의 소리를 하층 취향의 소리였다고만 보아서는 안 된다. 오히려 "男女老少 詩人墨客樵童牧豎 할 것 없이" 전계층에 걸쳐 호응을 받은 대

41 정노식, 앞의 책, 58~59쪽.

42 위의 책, 70쪽.

43 예컨대 김기형, 앞의 글, 408~409쪽의 경우가 그러하다.

중적인 소리였다고 보는 것이 정확할 것이다. 당시 판소리는 이처럼 고급 예술로서의 향유와 대중 예술로서의 향유라는 이원적 향유의 양상을 띠고 있었던 것이다.[44] 여기에다 창자가 추구한 본격 예술까지 고려한다면 당시 판소리의 예술적 존재 방식은 다양한 양상을 띠고 있었다고 말할 수도 있게 한다.

대중 예술이란 그것만으로 존재하지는 않는 법이다. 고급 예술과 함께 서로 대타적인 위상을 유지하며 존재하는 법이다. 판소리의 경우는 내적으로 그러한 두 계기가 분화되어 나간 경우이겠다. 하지만 19세기 말 이후 결국 고급 예술적 향유가 그 기반을 잃어버림으로써 전반적으로 급속히 대중 예술로 전환되어야 했다. 또한 창자들 역시 대중적 취향을 더 이상 무시할 수는 없게 되었다. 『조선창극사』의 저자인 鄭魯湜이나 그 책의 서문을 쓴 李勳求도 당시 판소리를 이미 대중 예술로 인식하고 있음을 볼 수 있다. 근대 명창 송만갑이 재빨리 간파한 것도 바로 이러한 시류였던 것이다. 요컨대 19세기 이후의 판소리는 이원적 존재 방식을 보이기도 했으나 전반적으로는 대중 예술을 지향했으며 그러한 방향으로의 압박은 갈수록 강해져 갔던 것이다.[45] 앞서 살핀 미적 특성들도 그러한 흐름과 긴밀한 관련을 지닌다.

물론 19세기의 판소리가 대중 예술적 성격을 포괄해 갔다 하더라도 그것을 근대적 의미의 대중 예술이라 볼 수는 없을 것이다. 당시 판소리 청중을 오늘날의 대중에 견주는 것은 상당한 무리가 따를 것이기 때문

---

44 이러한 이원적 향유는 소설본의 경우에도 해당되는 것으로 보인다. 예컨대 〈수산광한루기〉와 여기서 비판을 가한 구본 〈춘향전〉 혹은 속본 〈춘향전〉이 각각 그에 대응된다고 볼 수 있다.

45 그러나 사실 창자들은 판소리의 이러한 흐름에 대해 부정적인 견해를 보인 경우가 더 많았다. 송만갑과 이론적으로 대립한 송씨 가문, 박기홍, 전도성 등이 그러했으며, 말년의 이동백은 당시 판소리 청중이 계면조의 애원성이 낀 성음을 좋아하게 되었음을 한탄하기도 했다 한다.

이다. 사실 본고에서도 19세기의 판소리가 대중 예술이냐 아니냐를 따지고자 한 것은 아니다. 그러한 논의는 그 자체로는 의미가 없다. 그것은 대중 예술의 개념 규정 방식에 따라 얼마든지 달라질 수 있을 것이며 대중 예술에 대한 가치 평가와도 연관되는 문제일 것이기 때문이다. 중요한 것은, 민중 예술로부터 출발한 판소리가 19세기를 거치면서 변모해 간 이러한 모습을 어떻게 파악해야 하는가 하는 점이다.

이 시기 판소리에 대한 기왕의 논의에서는 애초의 민중적 성격이 상층 청중의 가치가 투영되면서 약화되었다고 본다. 이 문제에 대해서는 좀더 깊이 있게 따져야 할 점이 있고 본고에서는 그렇게 하지 못했다는 점에서 한계는 있지만, 그러한 변모를 판소리의 대중 예술적 경도로서 이해하면 어떨까 한다. 민중적 성격만이 두드러진다면 그것은 편향된 것일 터이고 그렇다고 해서 지배 이념에 완전히 동화된다면 그것은 예속적 예술물이 될 터이다. 그러한 사정 하에 판소리 담당층이 택한 것이, 이야기의 도식성을 토대로 하여 청중을 끌어 모을 수 있는 흥미 요소를 부가하는 것이었고, 계층적 담론을 포괄하는 것이었을 터이며, 또한 모든 청중에게 호소력 높은 미적 연출력을 계발하는 일이었다. 앞서 살핀 몇 가지 미적 특성은 그러한 대중적 지향 하에서 강화된 것들이다.

그 이후 판소리가 걸어야 했던 길은 근대 대중 예술의 길이었다. 20세기 초엽 판소리 무대로서 새로이 극장이 등장하고 오늘날의 대중의 개념에 부합하는 새로운 청중이 등장하였음을 고려해 볼 때, 당시 판소리는 대중 예술로서의 길을 더욱 철저히 밀고 나가야 했기 때문이다. 창극도 이러한 과정에서 탄생한 장르이다. 논자들 중에는 판소리의 이러한 변화를 통속화 현상이라 보고 부정적으로 평가하기도 하지만, 당시 판소리는 더욱 철저히 대중화해야 할 생존의 위기에 처해 있었던 것도 사실이다. 판소리를 판소리일 수 있게 하는 그 무엇인가를 근간으로 하면서 새로운 감성을 수용하여 판소리를 대중화하는 일은 오늘날에도 중요한 과제 중 하나로 남겨져 있다고 할 수 있다.

4. 맺음말

본고의 관심은 대중 예술의 시각에서 판소리의 미적 특성들을 점검해 보는 데 있었다. 그 결과, 고정된 줄거리의 이야기 자체가 지닌 호소력, 그러한 낯익은 이야기를 공연 현장에서 흥미롭게 풀어냄으로써 청중에게 인기를 얻으려는 창자들의 개성적 일탈, 이질적인 계층에 토대를 둔 담론의 혼재, 직정적 감상성과 같은 청중에게 호소력 높은 정서의 구현 등의 특성들을 발견할 수 있었다. 이러한 특성들은 19세기 이후의 판소리에서 특히 중요시되었는데, 그것은 점차 판소리가 민중 예술로부터 대중 예술로 질적 변화를 보여 가는 흐름에 대응된다고 보았다. 그러한 흐름은 판소리가 민중 예술적 기반을 외면하고 상층의 기호에 영합해 간 반동적 흐름이 아니라 민중 예술의 발전 과정 속에서 전계층을 향유층으로 받아들인 데 따른 자연스런 흐름이었던 것이다. 대중 예술이 중요한 위상을 차지하게 된 오늘날, 판소리의 대중 예술적 특성들과 그와 관련된 여러 현상들을 되새겨 보는 것은 그 나름대로 의미 있는 일이라 생각된다.

이 글에서 제대로 다루지 못한 몇 가지 문제들, 곧 판소리를 포함한 전통 공연물에 나타난 민중성과 대중성의 문제, 도시화와 상업화에 따른 공연 환경 변화와 관련한 판소리의 대중 예술로서의 존재 방식 문제, 판소리의 예술적 성격과 소리꾼의 예술 인식에 관한 문제 등에 대한 고찰은 뒷 과제로 미루어 두고자 한다.

사회적 상상력과 奇怪美*

1. 현실 인식과 사회적 상상력

판소리 작품들의 형성 연대 문제는, 柳振漢의 〈歌詞春香歌二百句〉(1754)와 宋晩載의 〈觀優戱〉(1843)의 창작 연대로 추정컨대, 17세기말쯤 최소한 〈춘향가〉는 형성되어 있었으며, 그 후 18세기에는 점차 레퍼터리가 늘어나 19세기 중엽의 시점에는 12개에 이르렀던 것으로 정리된다. 그렇다면 그 이전부터 전승되던 이야기를 질적으로 전환시켜 판소리 작품들을 형성시킨 요인 내지 동력은, 바로 17~18세기 조선 후기 사회의 그 무엇이라 할 수 있을 것이다.

신분 모순의 관점에서 볼 때 조선 후기는 하층에 대한 억압이 가중되어 가던 시기로서, 특히 삼정의 문란으로 인해 농민들이 자신의 토지로부터 유리되면서 하층의 고난이 극심해졌던 시기이다. 양민이 도적이 되거나 거듭된 흉년으로 사람이 사람을 잡아먹기도 했다는 보고[1]는 이 시기 사회상을 단적으로 드러내 주는 것이었다. 판소리 문학은 바로 이 시기 조선 사회의 제 모순을 하층의 시각에서 형상화한 문학이다. 사람

---

* 이 글은 『국어국문학』 146(국어국문학회, 2007)에 실린 「판소리 문학에 나타난 사회적 상상력과 기괴」를 부분 수정한 것이다.

1 정석종, 『조선후기의 정치와 사상』, 한길사, 1994, 125~128쪽.

들의 입에서 입으로 전승되던 이야기를 판소리 서사체로 질적 전환을 이루게 한 요인은 바로 이러한 사회상이었던 것이다.

그런데 판소리는 흥행물이기도 했다는 점을 주목해야 한다. 당대 현실의 문제를 파헤쳐 그 속에 하층의 의식을 앞세운 진지한 고발의 문학이면서도, 다른 한편으로는 이야기 속에 당대 현실의 문제를 녹여서 구체적 형상을 지니게 한 흥미의 문학이라는 것이다. 그렇게 해서 그려진 형상은 당대 현실의 실체일 수도 아닐 수도 있다. 하지만 당대 사회 현실을 반추하게 하는 의미 있는 문학 담론임은 분명하다.

바로 이 둘, 곧 사회 현실과 문학적 형상을 매개해 주는 인간의 인식 능력이 바로 '상상력'이다. 전승되는 이야기 속에 현실 경험을 담아 구체적이고 실감나는 형상을 그려내게 하는 능력도 상상력이며, 청중(독자)이 작품을 읽거나 들으면서 자신들 주변의 현실과 인간 삶을 조명해 보게 하는 능력 역시 상상력이다. 판소리는 당대 하층이 현실에 토대를 두고 그 상상력을 극대화시켜 창조한 문학 예술물인 것이다. 바로 그러한 작용을 한 판소리 담당층의 상상력을 '사회적 상상력'이라 명명하고 그 구체적인 양상을 더듬어 볼 필요가 있다.

물론 이렇게 판소리 문학의 사회적 상상력에 대해 논의한다고 해서 그것이 새로운 시도라 할 수는 없다. 당대 사회 현실을 토대로 한 상상력을 사회적 상상력이라고 할 때 판소리 문학의 경우는 이미 기존 연구에서 '현실 인식'이라는 개념으로 본격적인 논의 과정을 거친 바 있기 때문이다. 그뿐 아니라 19세기에는 양반 향유층의 등장과 함께 현실을 반영해 내는 양상에 변화가 나타났다는 점에 대해서까지도 이미 선행 논의가 있었다.

남는 문제는 판소리 문학의 현실인식 혹은 사회적 상상력의 기제를 더 면밀하게 따져 보는 일이다. 작품 속에 그려진 형상과 당대 현실과의 거리는 작품들마다 그리고 장면들마다 적잖은 차이가 있을 것이며, 주된 줄기 주변에 자리잡고 있는 몇몇 특수한 양상은 아직 깊이 있게 논의되지 않은 경우도 있기 때문이다. 특히 판소리 작품에는 인간의 육체를 제재로 하여 예상치 못한 급격한 미적 체험을 하게 하는 기괴(奇怪, grotesque)[2]한 대목들도 있어 우리를 당황하게 하고 있는 바, 〈변강쇠가〉를 제외할 경우 이에 대한 연구는 별로 발견되지 않는다.[3] 기괴는 사회현실을 담아내는 상상력의 작동 방식이 여타 대목에서의 그것과 다른 경우인데, 현실주의 미학을 주조로 하는 판소리 문학에 왜 이러한 기괴한 대목들이 존재하게 되었는지, 사회 현실과 상상력의 관계 속에서 해명할 필요가 있다. 이것이 이 글에서 다루어보고자 하는 주과제이다.

이하에서는 판소리 문학 전반에 걸친 사회적 상상력의 결과적 양상들을 짚어 본 후 판소리 장면들 중 기괴한 장면들을 통해 사회적 상상력의 變奏라 할만한, 한 양상을 살펴보고자 한다. 이를 통해 당대 현실 속 하층의 사유 방식 내지는 현실 인식의 독특한 한 패턴이 드러나리라 기대한다.

---

2 여기서 奇怪, 곧 grotesque는 본래 고대 유물 발굴지를 뜻하면서 또한 그곳에서 발견된 벽화나 장식품이 식물적인 것, 동물적인 것, 그리고 인간적인 것이 환상적으로 뒤엉켜 있는 것을 일컬은 데서 유래했다고 한다. 따라서 어원적으로는, 이질적인 것이 혼합되어 있고 괴리된 것이 조화를 이루도록 강요된 것을 뜻한다고 한다(유종영, 「문학에서 그로테스크 - 문학작품 분석방법으로서의 그 개념」, 『독일문학』 35, 한국독어독문학회, 1985, 213~216쪽 참조). 중국 魏晉南北朝 시기 서사에서 중요한 개념이었던 '怪'도 이와 관계가 있다. 이에 대한 자세한 설명은 김지선, 「지괴에 나타난 기괴함의 미학」, 『중국소설논총』 22, 한국중국소설학회, 2005 참조.

3 〈변강쇠가〉의 기괴에 대해서는 김종철, 「「변강쇠가」와 기괴미」, 『판소리의 정서와 미학』, 역사비평사, 1996에서 주목된 바 있다. 〈변강쇠가〉의 기괴는 기본적으로 골계와 연결되어 있으며 전환기적 사회상의 반영이리라는 것이 이 논의의 요지이다. 〈변강쇠가〉의 기괴에 대해서는 이 논의로 미루고 본고에서는 전승 5가 특히 〈흥부전〉과 〈적벽가〉를 중심으로 논의하고자 한다. 〈변강쇠가〉의 기괴에 대한 연구로서, 김창현, 「「변강쇠가」의 해결될 수 없는 갈등과 그로테스크」, 『성균어문연구』 31, 성균관대 국어국문학회, 1996과 서유석, 「『변강쇠가』에 나타난 기괴적 이미지와 그 사회적 함의」, 『판소리연구』 16, 판소리학회, 2003 등을 김종철의 논의와 함께 참조할 수 있다.

2. 판소리 문학의 사회적 상상력

조선 후기 하층이 즐겼던 서사물들로는 설화, 소설, 판소리, 서사무가, 시사민요 등이 있었다. 그 중 소설에 국한해 볼 때 하층은 영웅소설과 판소리계 소설을 즐겨 읽었던 것으로 파악된다. 하지만 이 두 부류 소설들이 당시 하층에게 호응을 받은 이유는 달랐던 것 같다. 영웅소설의 경우는 현실과는 거리가 먼, 가공 공간 속에서 벌어지는 영웅의 활약상에 독자가 대리 만족을 보인 것이었다. 불특정 시대를 배경으로 한 무협물이나 액션물처럼, 도저히 수행해 낼 수 없을 것 같은 과업을 어린 영웅이 훌륭히 수행해냄은 물론 훌륭한 가문의 여인과 佳緣을 이루고 최고의 위치에 도달하는 일종의 환상 체험인 것이다. 따라서 현실 연관성은 그리 높지 않다. 물론 천자의 권위 실추, 주인공의 하층 체험 같은, 현실 연관성을 부여할 만한 부분이 없지는 않으나 그것이 당시 하층 독자가 처했던 당대 현실의 근본 모순과는 직접적인 관련을 지니고 있지 않다.[4]

그러나 판소리계 소설에는 인물 성격 및 갈등 자체에 당대 하층의 현실 인식이 반영되어 있다고 본다.[5] 춘향과 이도령의 사랑에는 신분 모순의 문제와 부정적 위정자들의 폭압이, 홍부와 놀부의 갈등에는 당대 농민층 분해와 관련한 빈부 모순과 극빈자들의 실상이, 심청의 인신 공양

---

4 물론 영웅소설들은 그 하위 유형별로 차이가 있을 것이며 각 작품별로도 편차가 있을 것이다. 그리고 환상적인 사건의 현실 관련 문제를 더 깊이 있게 따질 수 있는 개념적 도구가 발견된다면 상황이 달라질 수도 있다.

5 이상택, 「춘향전연구 - 춘향의 성격 분석을 중심으로」, 서울대 석사학위논문, 1966 및 임형택, 「홍부전의 현실성에 관한 연구」, 『문화비평』 1권 4호, 아한학회, 1969 등 판소리계 소설의 현실 인식 문제를 다룬 논의들을 여기서 모두 소개할 여유는 없는 것 같다. 분명한 것은 판소리 문학 작품을 다룬 어떤 논의든지 작품과 당대 사회 현실과의 관련성 문제로부터 자유로울 수 없었고 앞으로도 그러하리라는 점이다.

에는 최소한의 가족 윤리조차 지킬 수 없게 된 사회의 구조적 모순이, 토끼와 용왕, 자라 사이에 벌어지는 사건들에는 몰락해 가는 중세 국가 체제 하에서의, 한 백성과 말단 관리의 문제적 의식이 각각 내포되어 있는 것이다. 그렇다면 신분을 뛰어넘는 남녀 간의 사랑, 빈부가 갈린 형제 간의 갈등, 부친을 위한 인신 공양, 동물 간의 목숨을 건 대결 등의 사건은 당대 사회 현실 문제를 집약하여 그것을 전형적으로 그려내기 위한 당대 하층의 상상력의 소산이라 할 수 있을 것이다. 그것들이 사랑, 友愛, 孝, 忠 등 인간 윤리의 외피를 덧입고 있는 것도 당대의 사회 현실과 인간다운 삶과의 괴리를 드러내려는 작자의식, 곧 사회적 상상력에 말미암는다. 때로는 윤리로 인해 인간다운 삶이 속박 받기도 했지만 상황에 따라서는 오히려 윤리를 지키는 것이 인간다운 삶을 지키는 일이기도 했다.

물론 판소리계 작품들이 현실에 토대를 둔 문제적 인식을 작품 결구에 이르기까지 철저히 밀고 나가지는 않았다. 그렇게 할 경우 비극적 결말을 맞이하리라는 것은 명약관화했으며 애초에 현실적으로도 그러한 모순 자체가 구조적인 문제인 한, 완전한 해소는 불가능했다. 그 때문에 판소리계 작품들은 낭만적으로 결구지어진다. 춘향의 사랑을 이루기 위해서는 어사출도라는 제도적 장치가 필요했으며 흥부가 부자가 되기 위해서는 초월계의 도움이 필요했다. 심청은 황후가 되고 심봉사 역시 눈을 뜬다.

하지만 이러한 결말을 현실 인식의 한계 내지는 사회적 상상력의 결핍이라 규정할 수는 없다. 심청과 심봉사의 경우는 모르겠으나, 춘향이 자신의 의지를 관철하여 승리하기까지 그 투쟁과 시련은 혹독한 것이었고 흥부가 부자가 된 것도 그 누구도 돌보아 주지 않는 극단적인 궁핍의 생활을 겪은 후였다. 토끼 역시 목숨을 건 사투를 벌여야 했음은 주지의 사실이다. 차라리, 그러한 결말은 현실을 호도한 것이라기보다는 행복한 결말을 지향하는, 그리고 화합을 추구하는 전통적인 서사 문법을 따른 데 말미암았다고 보아야 할 것이다.

그런데, 이처럼 거시적인 관점에서 본 서사구조 자체도 당대 사회에 토대를 둔 상상력이 낳은 것이지만, 판소리계 작품에서 그러한 상상력이 더욱 광채를 발하는 곳은 각 장면 장면들에서이다. 그 중 둘만 들어보기로 한다.

〈흥부전〉에서 흥부가 당장의 배고픔을 면하기 위해 환자섬을 빌러 가는 장면을 먼저 살펴 본다. 몰락했지만 그래도 양반인 처지에 호방에게 말을 높인다는 것은 자존심이 상하는 일이었다. 하지만 그렇다고 해서 말을 낮추면 호방이 자신의 부탁을 들어주지 않을 수도 있었다. 이때의 흥부의 고민에는 신분과 경제력이 서로 어긋나기도 했던 당대의 현실이 실감 나게 반영되어 있는 셈이다. 결국 흥부는 말끝을 얼버무린다. 그리고 매품을 팔아 보겠냐는 호방의 말에 승락하고 만다. 신분의 고하와 일신의 안위를 떠나 당장의 굶주림의 해결이 흥부에게는 급선무였기 때문이다. 가볍게 처리된 듯하지만, 이 장면은 실은 신분과 경제력의 어긋남, 몰락양반의 실상, 굶주림의 해결을 위해 목숨을 걸어야 하기도 했던 빈민의 처지 등 쉽게 넘어갈 수 없는 무거운 문제들을 구체적 형상을 통해 담아낸 뛰어난 장면인 것이다.

이처럼 심각하지는 않지만 〈춘향전〉에서 어사또가 된 이도령과 춘향모가 재회하는 장면도 당시 세태를 실감 나게 그려 놓고 있어 주목할 만한 장면이다. 이 장면은 이도령이 어사가 되어 남루한 복색으로 박석티를 넘어 춘향집에 도착하는 장면에서 시작된다.

이도령은 박석티를 넘으면서 착잡하기만 했다. 자신은 어사또가 되었지만 예전의 그곳을 보니 새삼 춘향을 두고 온 죄책감이 가슴을 저며왔기 때문이다. 춘향집에 당도하니 춘향모가 자신을 위해 치성을 드리고 있었다. 하지만 허름한 복색의 이도령을 춘향모는 알아 보지 못했다.

아니, 애초에 그런 모습의 이도령을 상상한 것이 아니므로 아예 외면하려 했던 것인 지도 모른다. 아무튼 춘향모는 이도령을 몰라 보고 엉뚱한 사람들을 들먹인다. 이한량의 아들이 아닌가 하기도 하고, 이풍헌 자제가 혼인했다더니 자신을 찾아 왔냐고 하기도 한다.[6] 바로 이 부분이 흥미로운 부분이다.

정체 확인을 위해 엉뚱한 얘기를 하며 이야기를 지연시키는 것은 판소리 창자의 서사적 기법이기도 하고 또한 판소리의 문법이기도 하다. 그러한 문법이 여기에도 적용된 셈이다. 이도령과 춘향모의 재회 역시 이도령과 춘향의 재회 못지 않은 의미가 있다고 보았기 때문일 것이다. 그런데 그 점을 고려한다 하더라도 춘향모의 엉뚱한 말에는 당시 기방 주변의 세태가 담겨 있음을 주목해야 한다. 춘향모는 결국 누군지 모르겠다며, 춘향이 양반 서방을 얻었다고 공연히 미워하여 오며 가며 장모라고 부르면서 자신을 비웃는 사람들이라면 빨리 돌아가라고 하고 있는 것이다.

춘향이 이도령과 백년가약을 맺은 뒤 춘향모는 주변 사람들에게 따돌림을 받았을 것이다. 이때 주변 사람들이란 왈자나 風憲, 約正 같은 부류들일 터이다. 기생과 왈자들의 관계는 이미 알려진 바와 같고, 향청의 실무자인 풍헌 역시 부세 징수 등의 명목으로 춘향모 집을 들락날락했을 것이다. 춘향모는 퇴기이므로 현직 기생과의 교류도 있었을 것이고 퇴기의 딸이라지만 춘향 역시 그들의 탐욕 대상이 되었을 것이다. 더구나 이도령이 한양으로 간 후 소식조차 없는 때 춘향은 변사또에 앞서 그들의 유혹부터 물리쳐야 했을 가능성이 높다.[7] 풍헌 아들의 혼인 얘기

---

6 이 둘은 박봉술 창본 〈춘향가〉의 것이다. 이본들마다 거론되는 인물들에는 차이가 있다.

7 회동서관본 〈오작교〉에는 부자의 아들 이대용이라는 인물이 이도령이 떠난 후 재물을 통해 춘향모를 끌어들여 춘향에게 접근하려는 사건이 들어 있다. 김진영 외, 『춘

가 아무 맥락 없이 이 대목에서 나왔을 리 없다. 춘향모 역시 만만치 않은 사람이었다. 그러한 부류의 사람들은 역시 그러한 부류의 사람이 상대해야 하는 법이다. 춘향모는 닳고 닳은 노회한 언행으로 그들을 돌려 보냈을 것이다. 결국 이 장면은 춘향의 또다른 고난을 내포하고 있는 장면이면서 또한 기생과 관련된 풍속의 한 단면을 실감 나게 포착하고 있는 뛰어난 장면이라 본다. 당대 사회의 세세한 부분까지 판소리계 작품들에서는 이처럼 현실을 토대로 하여 구체적으로 그려 놓고 있는 것이다. 이 역시 당대 사회의 동향에 민감한 판소리 작자층의 사회적 상상력의 소산이 아닐 수 없다.

이처럼 판소리계 작품은 거시적인 차원에서부터 미시적인 차원에 이르기까지[8] 당대 사회 현실에 토대를 둔 상상력이 여기저기서 그 빛을 발하고 있음을 볼 수 있다. 비록 판소리 12마당을 다 거론한 것이 아니며 또한 두 장면만 살펴보았을 뿐이지만 이 점에 대해서는 큰 이의가 없으리라 본다. 게다가 판소리 문학의 사회적 상상력과 관련하여 문제성을 띠고 있다고 생각되는 것은 다음과 같은 기괴한 장면들의 경우이다.

3. 판소리 문학에서의 기괴미

판소리 작품 속 장면들을 접하다 보면 당혹스런 대목들이 더러 발견된다. 바로 다음과 같은 대목이 그러한 대목이다.

향전 전집』 17, 박이정, 2004, 165~168쪽 참조.

8 이 외에 장단과 조와 같은 음악적 요소도 판소리의 현실감을 높이는 요소가 될 것이나, 이는 어디까지나 기법 차원의 것으로 문학적 상상력보다는 음악적 상상력의 측면에서 논의해야 할 것으로 보아 여기서는 제외한다.

이놈 놀부야 네 세상의 ᄂᆞ셔 부모의게 불효ᄒᆞ고 형뎨 불화ᄒᆞᆯ 쁜더러 여러 가지 죄악이 만키로 텬되 무심치 아니ᄒᆞᄉᆞ 날노 ᄒᆞ여곰 너ᄅᆞᆯ 죽여 업시ᄒᆞ라 ᄒᆞ시기로 왓거니와 너 갓튼 잔명을 듁여 쓸 ᄃᆡ 업스니 ᄃᆡ져 견ᄃᆡ여 보ᄋᆞ라 ᄒᆞ고 엄프갓튼 손으로 놀부ᄅᆞᆯ 훔쳐 잡ᄋᆞ 쓰을고 헛간으로 드러가 호령ᄒᆞ되 멍셕을 ᄂᆡ여 펴라 ᄒᆞ니 놀뷔 벌벌 떨며 멍셕을 펴니 장비 벌거벗고 멍셕의 업듸여 분부ᄒᆞ되 이놈 듀머괴ᄅᆞᆯ 뒤여 ᄂᆡ ᄃᆞ리ᄅᆞᆯ 치라 ᄒᆞ니 놀뷔 진녁ᄒᆞ여 ᄃᆞ리ᄅᆞᆯ 치ᄃᆞ기 팔이 지쳐 ᄋᆡ걸ᄒᆞ니 장비 호령ᄒᆞ되 이놈 잡말 말고 긔어올ᄂᆞ 발길노 ᄂᆡ 등을 씨으라 ᄒᆞ거ᄂᆞᆯ 놀뷔 그 등을 치여다가 본즉 쳔만 장이ᄂᆞ ᄒᆞᆫ지라 비는 말이 등의 올ᄂᆞ가ᄃᆞ가 만일 믯그러져 낙상ᄒᆞ면 이후의 비러먹을 길도 업스니 덕분의 살거지이다 ᄒᆞ니 장비 호령ᄒᆞ되 졍 올ᄂᆞ가기 어렵거든 ᄉᆞ닥ᄃᆞ리ᄅᆞᆯ 노코 못 올ᄂᆞ갈다 놀뷔 마지 못ᄒᆞ여 듁을 번 살 번 올ᄂᆞ가셔 ᄇᆞᆯ노 ᄒᆞᆫ참을 ᄎᆞ더니 ᄯᅩ 다리 지쳐 ᄉᆞᆷ젹ᄒᆞᆯ 길 업는지라 ᄯᅩ ᄋᆡ걸ᄒᆞ니 장비 호령ᄒᆞ되 그러ᄒᆞ면 잠간 ᄂᆞ려안져 담비 ᄒᆞᆫ ᄃᆡ만 먹고 올으라 ᄒᆞ니 놀뷔 긔여 ᄂᆞ리다가 믯그러져 모져비로 ᄯᅥ러져 썀이 ᄉᆞ틔 ᄂᆞ고 ᄃᆞ리 졉질녀 혀ᄅᆞᆯ 쌔지오고 업듸여 ᄋᆡ걸ᄒᆞ니 (경판25장본 〈흥부전〉)[9]

놀부가 탄 박에서 장비가 나와 벌이는 한 바탕 유희이다. 그런데 그 유희는 상식적인 수준을 넘어 서 있다. 중국 역사 속 인물 장비가, 흥부가 탄 박 속으로부터 등장한다는 설정부터가 현실 원칙과는 거리가 있다. 게다가 장비는 놀부에게 멍석을 내어 펴라고 한 후 주먹으로 다리를 치라고 한다. 놀부가 힘이 빠져 그만하게 해 달라고 하자 이번에는 자신의 등으로 기어 올라가 발로 차 달라는 駭怪한 주문을 한다. 장비의 등은 천만 장이나 되어 사다리를 타고 올라갈 수밖에 없었으며 다리로 등을 차는 것은 안마를 하는 일이었다. 결국 놀부는 지쳐서 내려오다가

9 김동욱 편, 『영인고소설판각본전집』 3, 인문과학연구소, 1993, 586~587쪽.

잘못하여 미끄러져 얼굴을 크게 다치고 다리도 접질리는 불상사를 겪는다.

이러한 사건 설정은, 중국 역사 속 인물 장비가 등장하고 있고 그것도 거인으로 설정되어 있으며, 놀부에게 요구하는 일이 해괴한 일이라는 점에서 현실 원칙을 크게 벗어나 있다. 물론 이 장면을 내세운 이유는 충분히 짐작된다. 하층의 관점에 설 때 허구 속에서이지만 악질 지주로 형상화된 놀부가 고통을 겪는 것은 쾌재를 부를 만한 일이었기 때문이다. 따라서 이 장면 역시 억눌린 자의 관점에서 악질 지주의 몰락을 그리고 있다는 점에서 당대 사회에 토대를 둔 사회적 상상력이 발현되었다 할 수 있을 것이다. 하지만 그 형상이 기괴하게 일그러져 있다는 점에서 그것의 작동 방식은 여타의 경우와는 차이가 있다고 보아야 한다.

이러한 장면을 상상해낸 계기는 아마 이러하리라 추측된다. 이본에 따라 차이가 있지만 대체로 흥부박 속에서는 값으로 따질 수 없는 약초나 약주, 쌀궤와 돈궤, 비단과 포목, 세간, 목수 등이 등장한다. 그런데 여기에다 양귀비가 등장하는 이본도 있다. 양귀비의 등장은 의식주와 같은, 생계와 직결된 기본 욕구가 충족된 후의 일이다. 그러므로 양귀비는 흥부에게 있어 성적 욕구 충족의 대상이자 삶의 여유를 상징한다.[10] 그렇다면 장비는 놀부에게 있어 바로 이 양귀비에 대응하는 인물이라 볼 수 있다.[11] 장비가 벌이는 해괴한 일들은 과장을 동반한 비역질이었던 것이다.[12] 흥부에게는 양귀비가 나온 것과 달리, 놀부에게는 장비가

---

10 따라서 이를 통해 가상적으로 달성된 욕망은 흥부 가족이나 흥부처의 그것이 아니다. 순전히 성인 남성 흥부의 그것이다. 이 점 더 깊이 있게 따져 볼 필요가 있지만 본 논지와 직접적인 관련을 지니고 있지 않으므로 여기서는 생략한다.

11 또한 장비는 燕나라 사람이고 제비턱 쌍고리눈을 가진 사람으로 묘사된다. 제비와 친연성을 지닌 인물로 인식되었던 것이다.

12 이본에 따라 장비가 놀부에게 하는 역할은 차이가 있다. 연경도서관본의 경우 아예 장비가 흥부의 양귀비와 비교하며 비역을 하라고 한다. 심정순 창본에서는 장비가 씨름을 하자고 덤비는데 이 역시 유사한 설정이다. 하지만 근래 전승되는 〈흥보가〉에서는 장비가 놀부에게 동생과의 우애를 회복할 것을 역설하는 것으로 처리되어

등장하여 비역질을 요구하는 일이야말로 홍부에게 정서적 공감을 보이는 하층의 수용자들에게 크나큰 쾌감을 가져다 주었을 수 있다. 그런 점에서 위와 같은 장면은 판소리 일반의 현실 반영 방식에다 가학적 쾌감, 부도덕한 특권층에 대한 공격성, 극단적인 보상 심리 추구 등이 변인으로 작용하여 형성된 장면이라 생각한다.

특권층에 대한 공격이 기괴함을 동반하는 장면은 〈적벽가〉에서도 발견된다. 조조가 적벽대전에서 패하고 화용도로 가면서 군사점고할 때이다. 이때 들어오는 군사들은 대부분 신체 장애자들이다. 예컨대 골내종이라는 이름의 군사를 보자.

> (중중몰이) 골내종이가 들어온다, 골내종이 들어온다. 안판낙포 곱사등에 눈시울은 찢어지고, 입할차 비틀어져, 귀 하나 떨어지고, 왼팔이 쭉 늘어져, 다리 절고, 곰배팔 거침 없이 휘저으며, 껑충껑충 모두발로 뛰여 들어와, "에이!"
>
> (아니리) 조조 보고 대소하며, "야, 그놈 병신부자놈이로구나. 저놈 어디서 낮잠 자다가 산벼락 맞은 놈 아니냐? 저런 것을 군중에 두어야 후환거리라, 우리는 앞에 달아나면 저놈은 뒤에 쳐졌다가 우리 간 데만 꼭꼭 적병에게

있다. 양귀비 역시 등장하지 않는다. 하지만 초기 〈홍보가〉에서는 양귀비도 물론 등장했을 것이며 장비 역시 그에 대응되는 인물로 해괴한 행위를 하는 장면이 들어 있었을 것이라 짐작된다. 연경도서관본의 최초 필사 연대가 19세기 중엽임을 감안할 필요가 있다(정충권, 「연경도서관본 〈홍보전〉 고찰」, 『홍부전 연구』, 월인, 2003 참조). 그리고 이러한 설정은, 근래에 최용철에 의해 소개된 중국소화집 『鍾離葫蘆』 중 〈獻臀〉에 그 연원이 있는 것으로 보인다. 〈헌둔〉은 '들판의 해골을 묻어주고 밤에 양귀비가 찾아왔다는 이웃의 말을 듣고, 다른 해골을 찾아 묻어주니 밤에 사내가 찾아와 장비라고 하면서 엉덩이라도 대주겠다고 하는' 이야기이다(최용철, 「조선간본 중국소화 『종리호로』의 발굴」, 『중국소설논총』 16, 한국중국소설학회, 2002, 272 ; 285쪽). 『종리호로』는 중국 明代 소화집으로 柳夢寅의 『於于野談』에 언급된 바 있는 문헌이다. 이 삽화와 관련한 박대목들에 대한 더 구체적인 논의는 정충권, 「〈홍보전〉 박대목들의 대비적 고찰」, 『국어국문학』 164, 국어국문학회, 2013 참조.

일러 줄 테이니, 저것 없애부리자. 좋은 수 있다. 저놈을 잘 씻어 폭 삶아라. 한 그릇씩 아주 먹고 가자." 골내종이 어이없어 조조를 물그러미 눈이 찢어지게 한참 쳐다보저니마는, "승상님 눈구녁 생긴 것이 꼭 인장식허게 되였소.", "저깃 보기 싫다. 말아내라." "우기병 박덜렝이!" (정권진 창본 〈적벽가〉)[13]

그는 안팎 곱사등에 눈은 찢어지고 입은 비틀려 있으며 귀도 하나 떨어진 형상이다. 거기에다 다리를 절고 곰배팔을 휘저으며 등장한다. 그 외의 군사들 역시 정상적인 모습은 아니다. 배경이 戰場이고 그들은 패잔병이므로 이러한 장면은 있을 수 있는 장면이다. 하지만 그들의 형상이 과장되어 있을 뿐 아니라 연속적으로 이어지고 있기 때문에 기괴한 미감을 불러 일으킨다. 그들의 비정상성은 지휘자인 조조의 잘못에 기인하므로 그러한 모습 자체가, 그리고 그 모습을 과장하면 할수록 조조에 대한 항거가 된다. 일종의 피학적 항거라 할 수 있을 것이다. 그들은 저마다 그렇게 된 사연을 가지고 있으며 그 사연 하나하나가 모두 뒤틀려 있는 의식을 동반한다. 그에 대해 조조 역시 정상적인 반응을 보이고 있지 못하다. 골내종이를 보고 후환이 두려우니 삶아서 한 그릇씩 먹고 가자고 했다가 골내종이에게 그 자리에서 면박 당하고 있는 것이다.

조조 휘하의 이름 없는 군사들은 자신의 몸뚱아리로써 지휘자에게 대항한다. 그리고 자신의 신체적 비정상성을 이용하여 오히려 조조를 공격한다. 여기서 군사들은 일종의 피학적 쾌감을 느끼고 있다고 할 수 있다. 비정상적인 곳이 많으면 많을수록 할 말도 많아지기 때문이다. 군사들이 죽어서 冤鳥가 되어 조조를 비난하는 대목 역시 기괴한 느낌을 주고 있는 바 이의 연속선상에 놓여 있다.

요컨대 〈흥부전〉의 장비와 놀부의 경우는 특권층을 공격하되 가학적

13 김진영 외, 『적벽가 전집』 1, 박이정, 1998, 321~322쪽.

쾌감이 동반된다면 위 〈적벽가〉의 군사들은 피학성이 동반되면서 오히려 특권층에 대한 공격의 정도를 높이고 있는 경우이다. 지배와 피지배 모순을 기초로 한 사회적 상상력이 과장을 동반한 가학적 · 피학적 심리 상태와 결부될 경우 이처럼 기괴한 모습으로 일그러질 수 있었던 것이다. 이러한 장면들은 물론 쾌감이나 웃음만을 유발하는 것은 아니다. 왠지 모를 불편함이나 혐오감, 끔찍함의 효과도 동반한다. 그로 인해 독자들은 지적이기보다는 정서적인 반응을 통해 이 장면을 받아들인다. 때로는 극단적 과장으로 인한 충격적 효과가 야기될 수도 있다. 하지만 현실적 상상력을 벗어난 환상이나 공상이라 할 수는 없다. 기괴한 세계는 "그것이 제 아무리 이상스러운 것이라 할지라도 공상적인 것과 친화관계를 가지고 있기는커녕 여전히 현실적인 우리의 당면현실이며 이 점이야말로 그로테스크를 그처럼 강력한 것으로 만드는 것이라고"[14]고 한다. 그리고 기괴함이 지닌 이중성, 곧 웃음과 함께 불편함 내지 혐오감을 불러일으키는 것은 대상에 대한 과격한 비판쪽보다는 그 대상에 대한 궁극적 판단 유보와 오히려 관련이 있다. 실제로 위 놀부와 조조는 결국 웃음의 주체인 하층에 의해 포용되는 것으로 마무리되기도 한다. 판소리 문학의 기괴에는 이처럼 당시 사회 현실을 토대로 한 하층 민중의 복잡한 심리 상태가 반영되어 있다고 볼 수 있다.

그러나 기괴의 중요한 속성 중 하나가 공격성이라 할 때 판소리의 기괴는 이처럼 그 화살이 특권층이나 지배층만을 향해 있지는 않다는 점을 주목해야 한다. 흥부 역시 다음과 같이 그 대상 중 하나가 되고 있기 때문이다.

집을 지으려고 집 지목을 너려 가량이면 만첩청산 드러가셔 소부동 더부

14 Philip Thomson(김영무 역), 『그로테스크』, 서울대출판부, 1986, 31쪽.

동을 와드렁 퉁탕 버혀다가 안방 ᄃᆡ청 힝낭 몸ᄎᆡ ᄂᆡ외 분합 물님퇴의 살미 살창 가로다지 입 구ᄌᆞ로 지은 거시 아니라 이놈은 집 ᄌᆡ목을 ᄂᆡ려 고 슈슈밧 틈으로 드러가셔 슈슈ᄃᆡ ᄒᆞᆫ 뭇슬 뷔여다가 안방 ᄃᆡ청 힝낭 몸ᄎᆡ 두루 지퍼 말집을 ᄭᅪᆨ 짓고 도라보니 슈슈ᄃᆡ 반 뭇시 그져 남앗고나 방 안이 널던지 마던지 양뒤 드러누어 기지게 켜면 발은 마당으로 가고 ᄃᆡ골이는 뒷겻트로 ᄆᆡᆼᄌᆞ ᄋᆞ릐 ᄃᆡ문ᄒᆞ고 엉덩이는 울ᄐᆞ리 밧그로 나가니 동ᄂᆡ ᄉᆞ롬이 출입ᄒᆞ다가 이 엉덩이 불너드리소 ᄒᆞ는 소ᄅᆡ 홍뷔 듯고 깜작 놀ᄂᆞ ᄃᆡ셩통곡 우는 소ᄅᆡ (경판25장본 〈흥부전〉)[15]

〈흥부전〉에서 흥부가 형으로부터 쫓겨난 뒤 집을 짓는 장면이다. 그런데 애초에 재목이 될 만한 나무를 쓴 것이 아니라 쉽게 부러지는 수숫대를 썼다는 것 자체에서부터 흥부는 현실 감각을 전혀 갖고 있지 못한 것으로 제시된다. 그렇게 만든 집이니 사람 살 만한 집이 될 수는 없었다. 서술자는 '태연하게' 부부가 방에 드러누워 기지개를 켜면 머리와 발이 마당으로 나가고 엉덩이는 울타리 밖으로 나간다고 말하고 있다. 도대체 집이 작은 것인지 사람이 큰 것인지, 아마 전자쪽일 것이라 하더라도 동네 사람들 말에 흥부는 왜 깜짝 놀라며 또 대성통곡하는지 분명치 않다. 다만 분명한 것은 세상 물정에 어두운 흥부가 일종의 정신 착란 내지 공황 상태에 빠져 있고 서술자는 그러한 흥부를 비웃고 있다는 점이다. 여기서 서술자는 흥부 가족의 빈곤상을 극단으로까지 밀고 나간다. 그렇게 함으로써 특별한 웃음을 유발하고자 한다. 하지만 그렇다고 해서 들떠 있거나 흥분하고 있지는 않다. 태연하게 그리고 담담하게 서술하고 있을 뿐이며 이 점이 또한 기괴한 느낌을 불러 일으키는 데 일조하고 있다.

---

15 김동욱 편, 앞의 책, 575쪽.

이러한 류의 장면들은 더 발견된다. 흥부는 자식들이 너무 많아 멍석에 구멍을 뚫어서 키우는데 그러다 보니 한 녀석이 똥이 마려우면 함께 따라간다는 것이나,[16] 흥부 집안은 너무 먹을 것이 없어서 생쥐가 쌀을 먹으려고 보름 동안을 다니다가 다리에 가래톳이 나서 파종하고 앓는 소리에 동네 사람들이 잠을 못 잘 지경이라는 것[17]이 그것들이다. 앞서의 경우에 비해 과장과 허풍이 더 가해졌기는 하나 흥부의 빈곤상을 기괴한 모습으로 비틀어 놓고 그것을 즐기고 있음은 다르지 않다.

빈곤상이 엄연한 현실일 때 이를 문학적으로 형상화하는 방법으로 판소리 문학에서는 대상에 몰입하게 함으로써 비장미를 불러 일으키거나, 아니면 대상과 거리를 두며 골계미를 유발하는 두 가지 경우가 있다. 이 중 후자의 경우 매품팔이 대목처럼 해학적으로 처리되기도 하나, 위와 같이 기괴한 미감을 불러 일으키며 조소 띤 어조를 느끼도록 처리되기도 하는 것이다.

이는 그 대상이 빈민 흥부라는 점에서 앞서의 경우와는 다른 양상을 보인다. 놀부나 조조[18]는 충분히 그럴 만하나 흥부는 그런 부류의 인물이 아니다. 그럼에도 불구하고 이렇게 비틀어 놓고 웃고 즐기는 것을, 정상적인 심리 상태에서의 일이라 볼 수는 없다. 이 점을 감안하여 그

16 "가난ᄒᆞᆫ 듕 우엔 ᄌᆞ식은 풀ᄆᆞ다 나하셔 한 셜흔ᄋᆞ믄 되니 닙힐 길이 젼혀 업셔 ᄒᆞᆫ 방안의 모라너코 멍셕으로 쓰이고 ᄃᆡ강이만 ᄂᆡ여 노ᄒᆞ니 ᄒᆞᆫ 년셕이 ᄯᅩᆼ이 마려오면 뭇년셕이 시ᄇᆡ로 ᄯᆞ라간다"

17 "집안의 먹을 거시 잇던지 업던지 소반이 네 발노 하ᄂᆞᆯ긔 축슈ᄒᆞ고 솥이 목을 ᄆᆡ여 달녓고 조리가 턱거리롤 ᄒᆞ고 밥을 지어 먹으려면 칙녁을 보와 갑ᄌᆞ일이면 ᄒᆞᆫ ᄣᅢ식 먹고 싀양뒤가 ᄡᆞᆯ알을 어드려고 밤낫 보롬을 다니다가 다리의 가릐톳시 셔셔 파종ᄒᆞ고 알는 쇼릐 동니 ᄉᆞ롬이 잠을 못ᄌᆞ니 엇지 아니 셜울손가"

18 실은 이주영, 「〈적벽가〉를 통해서 본 웃음의 형식과 그 의미」, 『판소리연구』 22, 판소리학회, 2006, 110~118쪽에 따르면 조조뿐 아니라 그 군사들 역시 격하되는 것은 마찬가지라 한다. 하지만 그렇다 하더라도 특히 조조의 격하에 작품의 비중이 두어지고 있음을 부정할 수 없을 것이다.

웃음의 주체는 신재효 같은 중간층일 수 있다는 지적도 있을 수 있다.[19] 하층의 빈곤상에 대해 자신의 문제로 받아들이지 않을 수 있는 계층이라면 이러한 장면을 즐길 수는 있다. 하지만 이렇게 본다면 놀부와 조조를 향한 앞서의 웃음과 그 주체가 달라지므로 일관된 해석을 할 수 없게 한다. 또한 심봉사와 같은 인물도 웃음의 대상이 되고 있는 것과 관련해 볼 때 이 문제를 쉽게 단언할 수는 없다고 본다.

그렇다면 판소리에 있어 기괴란 특정 계층, 예컨대 지배층이나 특권층만을 겨냥한 것이 아닐 수 있다고 보고 문제를 풀어갈 필요가 있을 것이다. 오히려 판소리 문학에 있어 기괴는 당시 판소리 작자층이나 향유층이 지니던 정서적 특성 및 복합적 심성과 관련된 것일 가능성이 더 높다. 따라서 기괴는 당대 사회 현실을 토대로 한 사회적 상상력의 굴절된 모습이라 보아야 할 것이다. 이처럼, 기괴를 낳은 이러한 사회적 상상력의 현실 관련 문제는 단순하게 파악할 수 있는 문제가 아니므로, 당대 사회에 대한 현실 인식 문제와 관련하여 판소리 문학 일반의 문제로써 포괄적으로 논의할 필요가 있을 것이다.

4. 사회적 상상력의 변주로서의 기괴미

현재까지 전승되고 있는 판소리 작품들에는 기괴한 미감을 불러 일으키는 장면들이 줄어든 편이다. 앞서 살핀 장비의 역할이 현재의 〈홍보가〉에서는 개과천선을 권유하는 것으로 바뀌어 있고 홍부집사설도 특정 바디에서만 전승되고 있다. 또한 〈춘향가〉에서도 이도령이 날이 저

19 정양은 신재효본의 이러한 대목에서 개작자의 홍부 흠집내기의 의도가 발견된다고까지 비판한 바 있다. 정양, 「가난타령 考」, 『판소리연구』 9, 판소리학회, 1998, 288~294쪽. 그러나 이러한 대목들이 신재효본에서만 특별히 발견되는 것은 아니다.

물어 찾아 간 춘향집 묘사 대목에서 세간기물만 잔뜩 나열되고 있지는 않으며 방자와 같은 인물에 대한 묘사도 기괴한 형상을 띠지는 않는다. 〈장끼타령〉이나 〈변강쇠가〉처럼 기괴미를 특징적으로 보여 주는 레퍼터리들은 19세기 중후반을 지나면서 아예 불리지 않게 되었다. 그렇다면 판소리에 있어 기괴한 장면들은 19세기 중엽 이전, 또는 양반층의 관심으로 판소리가 전계층적 호응을 받기 이전 시기의 소산일 가능성이 높다. 기괴를 향유한 주체는 애초에 판소리를 배태한 계층, 곧 하층 민중이리라는 것이다.

몸의 이미지와 관련된 기괴가 민중 문화 혹은 민중적 상상력의 소산임은 이미 바흐찐에 의해 규명된 바 있다. 바흐찐은 라블레의 작품을 분석하면서 몸의 이미지로 나타나는 기괴함을 중요시한 바 있는데, 그는 그것이 결국 한 몸이 다른 몸이나 사물, 혹은 세상과 뒤섞이면서 축제(carnival)의 영역으로 나아간다고 한다. 그에 따르면, 축제의 공간에서 죽음은 삶과 연결되고 전투는 향연으로 변한다. 여기서는 모든 편협되고 독선적인 의미 관계는 해방된다. 현실 속 지배와 피지배, 그리고 천부와 빈농의 관계 역시 마찬가지일 것이다. 이러한 관계는 낡은 이데올로기적 의미의 관계일 뿐이며 축제의 영역 속으로 들어서는 순간 그것들의 경계는 무너지고 그와 함께 낡은 세계는 소멸되면서 동시에 새로운 세계가 태어난다는 것이다.[20]

이러한 견해에 따른다면 앞서 살핀 놀부와 장비, 그리고 조조와 군사

---

20 이상의 내용은 미하일 바흐찐(이덕형 · 최건영 옮김), 『프랑수아 라블레의 작품과 중세 및 르네상스의 민중문화』, 아카넷, 2001의 제5장 라블레에 나타나는 그로테스크한 몸의 이미지와 그 기원 및 제7장 라블레의 이미지와 그 시대의 현실, 레나테 라흐만, 「축제와 민중 문화」, 『바흐친과 문화 이론』(여홍상 엮음), 문학과지성사, 1995 참조. 바흐찐의 이론을 〈흥부전〉에 적용한 논의로는 성현경, 「『흥부전』 연구 - 경판25장본을 중심으로」, 『판소리연구』 4, 판소리학회, 1993 ; 조용호, 「「흥부전」의 카니발적 특성」, 『한국고전연구』 7, 한국고전연구학회, 2001 등을 들 수 있다.

간의 기괴한 유희는 특권층과 지배층의 권위를 격하시키는 역할을 한다. 그 결과 놀부와 홍부(장비), 조조와 군사가 맺는 관계는 전혀 새로운 관계로서 민중이 더 이상 종속적 위치에 놓이지 않아도 되는 새로운 세계 속의 관계이다. 이때의 웃음은 바로 하층 민중을 주체로 하고, 그외의 다른 이들을 객체로 한 웃음이다. 그렇다면 기괴 역시 민중의 상상력에 기인한, 민중 문화에 연원을 둔 것으로 당시 사회 현실을 토대로 한 상상력의 한 표현 방식이라 할 수 있다. 기괴란 공상 혹은 환상이기는커녕 현실의 문제를 담아내는 한 방식이었던 것이다.

하지만 이 정도만으로 판소리 문학의 기괴를 모두 해명해낼 수는 없다. 바흐찐의 견해도 실은 민중의 실제 삶에 유의할 때 낙관론에 치우쳐 있다는 비판을 받을 수 있는 것이다. 조선 후기 하층은 몸뚱아리 하나로 생계를 유지해야 하는 卽自的 삶을 살아야 했다. 몇 겹의 수탈을 당하던 시기에 장끼의 경우처럼 굶어 죽으나 콩을 먹으려다 죽으나 매한가지라는 극단적인 정서가 표출될 만큼 거칠고 험악한 삶을 살아야 했던 것이다. 초창기 판소리의 경우 아직 비속한 세계를 떨쳐내지 못한 상태였을 것이므로, 이러한 삶이 순화나 여과 과정을 거치지 않은 채 문학 작품 속에 담기기도 했을 것이다. 자신들을 그렇게 몰아간 원인에 대해서도 논리적 사유가 뒷받침되기는 어려웠을 수 있다. 그렇다면 당시 하층 민중이 기괴의 형식을 선택한 것은 복합적 집단 심리를 담아내기에, 그러한 것이 차라리 적합했기 때문일 가능성이 있다. 앞서 홍부집 묘사 대목이 야기하는 기괴함은 이러한 맥락에서 살필 필요가 있다.

홍부의 집과 가족 구성원의 몸이 뒤얽힌 기괴한 장면과 홍부가 멍석에 구멍을 뚫고 자식을 키우는 기괴한 장면에 대해 조소를 보낸다면 그 웃음의 주체는 누구일까. 홍부와 같은 계층의 독자(청중)일까, 아니면 중상층의 독자(청중)일까. 이에 대해 중상층의 독자라면 조소의 동기는 충분히 짐작된다. 하지만 하층 독자들이 오히려 그 주체였을 가능성이 높다는데 문제가 있다.

기괴가 야기하는 웃음은 불안한 웃음이다. 웃음을 웃지만 뭔가 미심쩍고 시원스럽지 않은 웃음인 것이다. 기괴란 희극적인 요소들이 담긴 여러 모순들의 해결 안 된 충돌이자 양면성을 지닌 비정상성을 그 특징으로 한다.[21] 그렇다면 분명히 뭔가 잘못되었기는 하나 그러한 문제를 초래한 사회 현실의 모순에 대해 철저히 인식하지 못한 상태, 홍부와 같은 극빈자들조차도 빈곤을 자신의 잘못으로 인식하는 비과학적 비합리적 인식의 수준[22], 그 모두가 모순되는 구조 속에 놓여 있음으로써 당대의 공통 심성이 극빈자나 장애자를 포용해 줄 만큼의 인식적 발전을 이루지 못한 상태 등을 배경적 조건으로 하여, 가난이란 그들 스스로 초래한 현상일 수 있고 바로 그들의 그러한 모습이 같은 계층의 사람들에게도 웃음을 유발했을 수 있는 것이다. 그러한 웃음은 속 시원한 웃음은 아니었을 것이다. 그러나 당시 하층에게도 그러한 희생양은 필요했을 수도 있으며,[23] 그렇다면 이때의 웃음은 차라리 자기방어적인 웃음에

21 Philip Thomson, 앞의 책, 41쪽.

22 홍부는 부자들과 비교하며 자식들을 헐벗게 한 것이 자신 때문이라고 한다. 부자들보다 못나서 자신이 가난한 것이고 그래서 더더욱 자식을 앞에 두고 자책감에 사로잡힌다.

23 바로 이 점 때문에 바흐찐은 비판받기도 한다. "바흐친은 때로 권위주의적인 엘리트뿐만 아니라 평등한 공동체도, 특히 희생자가 희생자를 요구할 때, 희생과 폭력에 몰두할 가능성을 간과하는 소박한 민중주의에 빠진다."(도미니크 라카프라, 「바흐친, 마르크스주의, 그리고 축제적인 것」, 『바흐친과 문화 이론』(여홍상 엮음), 문학과지성사, 1995, 189쪽), 그리고 "힘없는 자들의 즐거운 세속성이란 힘 있는 자들의 위선이나 허위에 대항하는 무기가 될 수 있"으나 또한 "축제는 때때로 강자가 아닌 약자를 - 특히 여성, 인종적·종교적 소수자를 악마시하거나 공격"(피터 스탤리브래스/앨런 화이트, 「바흐친과 문화사회사」, 위의 책, 135~136쪽)하기도 한다는 지적이 그것들이다. 박희병, 「'병신'에의 視線 - 前近代 텍스트에서의」, 『고전문학연구』 24, 한국고전문학회, 2003, 324~337쪽에서도 이와 유사한 시각이 발견된다. 〈변강쇠가〉에서 강쇠를 중심으로 하여 나타나는 기괴도 이러한 관점에서 분석할 필요가 있다고 본다. 그러나 이를 위해서는 失唱 판소리 전반에 걸친 미적 특성까지 포괄한 심층적인 논의가 필

가깝다 할 수 있다.

이처럼 판소리 문학에서의 기괴는 조선 후기 현실을 토대로 한 하층 민중의 복잡한 정서와 의식의 산물이었을 것이다. 지배층이나 특권층을 풍자적 수법을 동원하여 공격하나 왠지 불안했으며 결국 포용하는 쪽으로 나아가기도 했던 것, 같은 처지에 놓인 등장 인물의 부정적 측면으로부터 자신을 방어하고 애써 외면하고 싶어 했던 것 등의 심리 상태가 당대 사회 현실 묘사를 기괴한 모습으로 일그러뜨린 이유였으리라 보는 것이다.

따라서 기괴란 사회적 상상력의 變奏이다. 상상력이 주체의 경험을 토대로 하면서도 그것을 넘어서는 인식 능력이라고 할 때, 사회적 상상력이란 당대 사회 현실을 토대로 하면서도 그것을 넘어서서 사회의 문제적 성격을 조명하는 인식 능력일 것이다. 앞서 살핀 바에 따르면 기괴 역시 그러한 사회적 상상력의 범주 속에 포함된다. 다만 판소리의 기괴는 정서적 충격쪽이 우위에 놓여 있으며 당대 사회에 토대를 두고 형상적 인식을 시도하지만 뚜렷한 전망이 동반되지는 않아 때로는 불완전한 혹은 모순된 인식이 내포되기도 한다는 특성을 지닌다. 하지만 발생기와 성장기 판소리 연구에서 결코 도외시할 수 없는 중요한 미적 특성이라 생각한다.

5. 맺음말

판소리 문학의 사회적 상상력에 대해서는 현실 인식이라는 개념으로 그 간 적잖게 논의되어 왔다. 이러한 논의들을 통해 우리는 판소리야말

요하므로 이 글에서 감당할 수 없어 후고를 기약하고자 한다.

로, 그 주 향유층이었던 하층 민중이 조선 후기 현실을 주체적으로 인식해 내어 문제적 상황을 조명하려 한 매개적 예술물이었음을 알 수 있었다. 그러나 그렇게 보는 과정에서 하층 민중의 의식을 지배층을 향한 피지배층의 대항적 담론으로 단일화하는 문제점도 야기되었다고 생각한다. 물론 피지배층으로서의 저항적 의식이나 정서가 판소리 작품의 주제적 측면에서 핵심적 위상을 차지하고 있는 것은 사실이다. 하지만 장면장면들을 섬세하게 살필 경우 당시 하층의 정서와 의식이 복합적으로 얽혀 있는 현상을 간과할 수 없다. 때로는 불완전하고 모순된 정서를 감지할 수 있으며, 더러는 그들 자신을 바라보는 굴절된 시선들도 느낄 수 있다. 본고에서 사회적 상상력의 한 변주로서 기괴에 주목한 것도 이러한 면모까지 망 속에 담아내기 위해서였다.

판소리 문학에 나타난 기괴는 앞서의 놀부와 장비, 조조와 군사 간의 유희에서 보듯 대체로 특권층이나 지배층의 권위를 격하시키고 그들이 맺는 관계를 새롭게 설정함으로써 현실의 문제를 담아내는, 기능적 의미를 지니고 있었다. 이때 유발되는 웃음은 하층 민중을 주체로 한 카니발적 웃음에 해당한다고 볼 수 있었다. 하지만 그것만으로 판소리 문학의 기괴를 모두 해명해 낼 수는 없었다. 몇 겹의 수탈을 당하던 삶의 험악한 환경들, 사회 현실의 모순에 대한 불철저한 인식, 극빈자나 장애자를 포용해 줄 만큼의 사회적 여유를 지닐 수는 없는 상황 등을 배경적 조건으로 한 자기방어적인 웃음 역시 기괴의 형상 속에 담겨 있었다. 필자는 이 점까지 살필 때 판소리 문학의 기괴가 지닌 당대적 함의가 제대로 드러날 수 있다고 본다.

인간 탐구 제재로서의 판소리*

1. 판소리계 작품의 교육적 위상

7차 교육과정 시기 중등 국어 교과서에 실린 고전소설 작품들(판소리 사설본 포함)로는 보충 심화 제재까지 포함하여 〈홍길동전〉, 〈토끼전〉, 〈흥보가〉, 〈박씨전〉, 〈운영전〉(이상 중학 국어 소재), 〈구운몽〉, 〈허생전〉, 〈춘향전〉(이상 고등 국어 소재) 등이 있었다. 엄밀히 말해 이들 작품의 선택이 고전소설의 실상을 제대로 반영한 결과라 볼 수는 없다. 그럼에도 이들 작품이 선택된 것은 이들이 학습자들에게 잘 알려진 작품이라는 점이 우선적으로 고려되었을 것이다. 그리고 그 교육적 가치 또한 높게 평가받았기 때문일 것이다.

그런데 여기서 우리가 주목할 점은 고전소설의 여러 하위 유형 중에서도 특히 판소리계 작품[1]들이 중요시되고 있다는 점이다. 위에서는 보충 심화 제재까지 포함하였지만 본 제재로 선택된 것만을 따진다면 5편 중 2편이 판소리계 작품인 것이다. 이러한 경향은 고등 문학 교과서에

---

* 이 글은 『문학교육학』 28(한국문학교육학회, 2009)에 실린 「판소리계 작품의 문학교육적 성찰」을 부분 수정한 것이다.

1 여기서 '작품'이라는 용어를 쓴 것은 판소리 창본과 소설본을 함께 지칭하려는 의도 때문이다.

까지 이어진다. 7차 교육과정시기 고등 문학 18종 중 판소리계 작품을 본 제재로 실지 않은 경우는 단 한 종[2]밖에 없으며, 그 외에는 모두 최소한 한 작품 이상을 본 제재로 다루고 있음은 물론, 어떤 경우는 세 작품까지 다루고 있는 경우도 있기 때문이다. 이러한 현상은 7차의 경우에만 해당하는 것은 아닐 것이다.[3] 중등 교육 현장에서 고전소설을 일컬을 때 자동적으로 판소리계 작품들을 먼저 떠올리게 되는 것도 이와 무관하지 않을 것이다.

우리 중등 국어과 교과서에서 왜 이처럼 판소리계 작품들을 중요시하고 있을까.[4] 그리고 왜 판소리계 작품들은 교육 과정의 지향점이 어떻게 변하든, 주요 정전으로서 지속적으로 실리고 있는 것일까. 일단 앞서 언급한 고전소설 작품 선택 논리의 연장선상에서 보아, 〈춘향전〉, 〈토끼전〉류의 작품들이 학습자들에게 잘 알려져 있어 고전문학 작품이 혹 가져다 줄 수도 있을 학습상의 부담을 줄여 준다는 점을 그 한 이유로 지적할 수 있을 것이다. 하지만 이는 현상적 차원의 이유일 뿐이고 근원적으로는 판소리계 작품이 오늘날 문학교육의 목표에 부합하는 교육적 가치를 지속적으로 높은 수준에서 인정받아 왔기 때문이라 보아야 한다.

---

2 김상태 외, 『문학』, 태성, 2004가 그러하다. 판소리계 작품을 본 제재로 다루지 않은 1종의 문학 교과서를 제외할 때 나머지 17종에서 다루고 있는 작품들은 〈춘향전〉(4종), 〈홍부전〉(12종), 〈심청전〉(4종), 〈토끼전〉(3종), 〈적벽가〉(2종), 〈장끼전〉(2종) 등이었다. 〈춘향전〉에 비해 〈홍부전〉이 의외로 많이 다루어졌고 실창 판소리계 작품 중에서는 〈장끼전〉이 2종의 교과서에서 제재로 선택되었다는 점이 눈에 띈다.

3 조희정, 「교과서 수록 고전 제재 변천 연구 - 건국 과도기부터 제7차 교육과정기까지 중등 국어 교과서를 중심으로」, 『문학교육학』 17, 한국문학교육학회, 2005, 294쪽에 따르면 일제 강점기 교과서 및 그 이후 7차 교과서에 이르기까지 〈춘향가〉, 〈별주부전〉, 〈심청전〉 등이 고르게 반복적으로 실렸었다고 한다. 그리고 현 교육과정기에도, 전반적인 약화 추세 하에서이기는 하나, 이러한 현상이 지속되고 있는 것으로 파악된다.

4 물론 전체 제재상의 고전문학 비중 문제를 포함하여 거시적으로 조망한다면 이렇게만 말할 수는 없을 것이다. 이에 대해서는 다른 관점에서 또다른 논의가 필요할 것이다.

그것은 다음과 같은 사정을 통해 짐작할 수 있다. 우선, 판소리 및 판소리계 소설 자체가 당대에 중요한 위상을 차지하고 있었음이 충분히 인정되기 때문이다. 17세기말경 광대에 의해 창안된 판소리는 19세기에 들어와 최상층을 포함한 전 계층이 향유하는 문학예술물로 부상하였으며, 판소리 사설의 기록물인 판소리계 소설도 방각본, 필사본, 활자본 등의 형태로 20세기 전반기까지 널리 읽힌 바 있다. 이러한 문학사적 현상에 주목한 연구자들은 리얼리즘 미학 도구를 활용하여 판소리계 작품들이야말로 민중의 시각에서 당대 현실인식의 최고 수준에 이른 작품들임을 입증하고자 했으며, 여기에 덧붙여 판소리의 서사적 특성, 표현, 구성방식을 함께 규명하여 그 고유의 문학성을 드러내고자 하였다. 그 결과 판소리계 작품은 문학사적 위상의 측면에서나 문학성의 측면에서 높은 가치가 부여됨으로써 정전으로서의 위치를 확고히 다지게 되었다.

그뿐이 아니었다. 근대는 삶의 방식 자체가 그 이전과 달라진 시대이기도 했지만 그와 나란히 민족 문화 재발견의 시대이기도 했다. 파행적으로 근대화를 겪은 우리의 경우도 여기서 예외일 수 없었다. 이러한 상황에서 판소리는 오늘날까지 전승되고 있는 문학 예술 장르로서 우리 민족 고유의 자랑스러운 전통 문화를 대표하는 강력한 표지일 수 있었다. 문학교육에 있어 민족 문화 계승과 창달이 중요한 목표 중 하나라 한다면, 판소리계 작품들이야말로 이 목표 달성을 위한 유용한 제재들로 활용할 가능성이 충분했던 것이다.

그러나 중등 교육 현장에서 이토록 판소리계 작품이 중요시되고 있음에도 불구하고, 그 근원이라 할 수 있을 판소리 및 그 작품들은 오늘날 일반 대중(중등 교육을 받았을)으로부터 멀어져 있는 것으로 느껴짐은 무엇 때문인가. 물론 전통 시대의 장르이고 작품이므로 오늘날 우리들과 거리가 있는 것이 사실이고, 또한 문학교육의 목표를 달성하기 위한 도구이자 수단으로서 판소리계 작품이 활용되기만 하면 충분하다고 보는 시각도 있을 수 있다. 하지만 그러한 거리를 좁히는 것, 그리고 고전의 가치를 인식하게 하는 것이 고전문학교육의 주요 지향점들임을 염두에 둔다면, 위와 같은 현상은 바람직한 현상이라 할 수는 없다. 혹 이러한 현상은 국어과 교과서 및 그것을 구현하는 교육 현장에서 주변적인 문제에 치우쳐 정작 문학교육의 기본 전제라 할 수 있을 작품 자체에 대한 이해는 소홀히 해 왔기 때문은 아닌가 하는 생각을 지울 수 없다. 작품 자체에 대한 올바른 이해가 교육의 전제 조건임에도 불구하고 인물의 진실한 모습 추적에는 별관심이 없는 문학교육 현실을 비판하며 판소리계 소설에 이르러 갖게 된, 인간을 인간 그 자체로 볼 수 있는 시각을 중요시해야 할 것임을 역설한 정병헌 교수의 논의[5]에서 문제 삼고 있는 것도 바로 이 점이라 생각한다. 본고에서는 현장의 목소리를 참조하면서,[6] 기존 논의들[7]로부터 도움을 받아, 판소리계 작품을 가르칠 때 중요

---

5 정병헌, 「「춘향전」 교육의 몇 가지 전제」, 『고전문학 어떻게 가르칠 것인가』(운정이상익박사 회갑기념논문집), 집문당, 1994, 677~685쪽.

6 본 연구를 위해 충북 지역 국어교사와 면담을 한 적이 있는데 그들은 일단 판소리계 작품이 여러 가지 측면에서 교육적 가치가 높은 제재임은 인정하고 있었지만, 가르치기 쉽지 않음을 고백하였다. 학습자들이 여타 고전 작품에 비해서는 상대적으로 더 높은 관심을 보이기는 하지만 결국에는 따분해 하며 어려워하기까지 한다는 것이다. 그 이유로는 우선 학습 목표 자체가 그리 분명하지 않다는 점을 지적하였다. 그리고 작품 속 인물과 사건에 대해 학습자들이 공감하지 못하며 심지어는 인물의 행위와 표현이 유발하는 웃음조차 그 맥락을 제대로 이해하지 못하고 있음도 비중을 두어 거론하였다. 고전으로서의 판소리 문학과의 거리를 가늠하게 하는 것이 쉽지 않다는 것이다. 게다가 이에 도움을 주기 위해 판소리 문학의 미적 특성이라 할 수 있을 주제·구성의 양면성, 장면 극대화와 같은, 판소리 문학 연구자들에게서 나온 이론적 지식을 원용하여 설명해도 그러한 문제가 해소되지는 않는다고 하였다. 또한 문화 유산이라는 인식이 학습자들에게 각인되어 있어 그 벽을 넘어서기도 쉽지 않다고 하였다. 물론 본 조사는 일회적인 조사였을 뿐이며 또한 특정 지역 교사들을 대상으로 한 것이어서 그 내용을 일반화할 수는 없다. 하지만 그들이 제기하는 문제가 의미 없다고 생각하지는 않는다.

7 판소리계 작품을 문학교육적 관점에서 살핀 기존 논의들로는, 완판84장본 〈춘향전〉과 〈옥중화〉가 근대의 문턱에서 도달한 고전적 봉우리라는 점을 지적하며, 판소리 문학의 교육은 궁극적으로 학습자로 하여금 자신의 시대에 걸맞는 관심사를 투영하

시해 왔던 두 가지 전제를 비판적으로 검토한 후, 판소리계 작품을 통한 문학교육에 있어 가장 중점을 두어야 할 것이 무엇인가 하는 점에 대해 한 가지 제안을 하고자 한다.

2. 판소리계 작품에 대한 문학교육적 전제 비판

1) 전통 문화 유산으로서의 판소리

7차 교육 과정기 고등 국어(하)의 끝단원에는 '전통과 창조'라는 제목의 대단원 하에 〈춘향전〉이 소단원 제재 중 하나로 실려 있다. 이 대단원의 학습목표는 '우리 문화의 전통을 창조적으로 계승, 발전시키는 능력과 태도를 기른다.', '전통의 창조적 계승을 위해 창의적으로 표현하는 태도를 기른다.', '전통을 창조적으로 계승함으로써 국어를 발전시키는 태도를 기른다.' 등이다.[8] 교재 개발에 참여하지 않은 필자로서, 잘은 모르겠으나, 〈춘향전〉을 제재로 하여 이러한 학습목표들을 설정한 이유

여 작품 생성의 과정에 참여할 수 있는 사람을 길러내는 것이어야 하리라고 본 김종철의 논의(「「춘향전」 교육의 시각(1)」, 『고전문학과 교육』 1, 청관고전문학회, 1999), 〈심청전〉의 각 이본들이 수용자들의 공감적 자기화의 결과물들임을 확인한 후 고전문학 교육에 있어 수용자의 주체성을 강조한 서유경의 논의(『고전소설교육 탐구』, 박이정, 2002), 〈춘향전〉 개작 텍스트의 변용 양상을 살피고 그 문학교육적 의의를 드러낸 황혜진의 논의(「춘향전 개작 텍스트의 서사 변용」, 『춘향전의 수용문화』, 월인, 2007), 판소리계 작품이 언어 표현교육의 주요 제재가 될 수 있음을 지적한 류수열의 논의(『판소리와 매체언어의 국어교과학』, 역락, 2001) 등을 들 수 있다.

8 서울대학교 국어교육연구소, 고등학교 『국어(하)』, 교육인적자원부, 2002, 295쪽. 이 글은 7차 교육과정기때 작성한 글이다. 따라서 본 논의는 개정 교육과정기인 현재의 상황에는 해당되지 않으리라는 의문이 있을 수 있다. 하지만, 본 논의를 통해 제기하는 문제 자체는 고전문학 제재가 축소되어 가는 현금의 시점에서 오히려 더 중요하리라 여겨진다.

는, 자신도 엄연한 인격체임을 내세우는 춘향의 항거와, 지배층의 일원이면서도 이에 동조하는 이도령의 행위에 대한 긍정을 통해 우리 문화의 전통이 인간다움의 추구에 있음을 알고 그 정신을 이어받자는 데 있는 것 같다. 그러나 전통임의 강조는 판소리계 작품 수용에 있어 양날의 칼로 작용한다는 점을 유념할 필요가 있었다.

아마 학습자가 '전통과 창조'라는 제목의 단원으로 〈춘향전〉을 접했을 때 반사적으로 떠올린 것은 〈춘향전〉이라는 고전보다는 과거의 전통 예술물이었으면서 오늘날 우리가 소중히 여겨 계승해야 할 전통 문화 유산으로서의 판소리일 것이다. 그들에게 있어 판소리란 제대로 알지는 못하지만 그 누구도 부정할 수 없는 자랑스러운 전통 문화 유산으로 이미 각인되어 있었을 것이다. 그리고 그러한 인식은 오늘날 한국인들이 보편적으로 지니고 있는 문화적 동의에 기반한다. 따라서 우리는 이러한 인식의 근원을 짚고 넘어가지 않을 수 없을 것이다.

몇몇 논자들에 기대면 전통의 발견은 근대와 밀접한 관련이 있다고 한다. 다만 우리의 경우는 근대화가 서구화와 병행되면서 그 과정 자체에서 과거와의 단절이 필수적으로 요청되었다는 것이다. 그러나 근대는 민족적 주체를 자각하는 시대이기도 하여 근대화와 병행하여 민족 전통에 대한 인식 역시 강해질 수밖에 없었던 것이 보편적인 추이였다. 이에 따라 오늘날 긍정적으로 받아들여질 만한 것은 전통 내지 민족 문화로서 재평가되어 문화교육의 핵심 위상을 차지하게 되었다. 몇몇 경우에는 아예 부정할 수 없는 神聖한 어떤 것으로 우리 무의식 속에 자리잡아 갔다고 해도 과언이 아닐 것이다. 오늘날 우리의 판소리에 대한 시각에도 이러한 무의식은 남아 있다. 더구나 판소리가 2003년 유네스코 '인류구전 및 세계무형유산걸작'으로 선정되어 그 가치를 세계적으로 인정받음으로써, 판소리 하면 '자랑스러운' '우리' 문화 유산이라는 인식이 더욱 강하게 자리잡게 되었다. 학습자들이 '춘향전'과 '전통'이라는 두 낱말로부터, '〈춘향전〉의 내용에 앞서', 계승해야 할 자랑스러운 민족 문화를 떠올리게 되는 것은 거의 기계적인 과정이었을 것이다.

그런데 이토록 찬란한(?) 조명을 받고 있는 판소리의 근대 역사는 정작 어떠했을까? 한 마디로 불운의 역사였다고밖에 달리 말할 길이 없다. 판소리로서 더 이상 새로운 레퍼터리를 생산해내지 못하게 된 데다 시대적 대응력까지 상실해버림으로써 그 명맥만 유지해야 하는 상황에 이르렀기 때문이다. 창극으로 변신을 꾀하기도 했지만 오늘날의 관점에서 볼 때 그리 성공적이지는 못했다고 보아야 한다. 판소리에 있어 근대는 생존 자체가 위협 받는 시대였던 것이다. 급기야는 무형문화재로서 최소한의 전승만이라도 유지하는 데 만족해야 할 상황이 되고 말았던 것이다. 그렇다면 오늘날의 판소리는 전통 문화로서 자랑스러워 해야 할 대상이라기보다는 차라리 그 계승이 제도적으로 보장되어야 할, 애처로운 대상으로 보아야 하지 않을까 한다.

사정이 이러함에도 불구하고 정작 민족 문화로서의 판소리의 의의가 무엇인가 하는 점은 아직 제대로 규명된 적이 없다고 생각한다. 그 점이 철저히 질문되어 본 적도 없지 않나 한다. 물론 문화재 지정과 전통 문화로서의 인식이 그나마 판소리의 전승에 긍정적인 역할을 했음은 인정해야 한다. 그렇게라도 하지 않았다면 오늘날 우리가 제한된 상황 하에서나마 판소리를 보고 듣는 최소한의 즐거움조차 맛볼 수 없었을 것이기 때문이다.

하지만 그러한 인식이 판소리에는 양날의 칼로 작용했음도 분명히 알아 두어야 할 것이다. 보호 계승해야 할 대상임에도 불구하고, 무조건 자랑스럽고 자부심을 느껴야 하는 대상으로 신성화해 간다면 정작 그 실상은 빈약해질 수밖에 없는 일이다. 우리는 스스로 의식하지 못하는 사이에 이에 무의식적으로 동참하고 있다. 그렇게 되면 될수록 〈춘향전〉, 〈흥부전〉이 오늘날 우리들로부터 멀어질 수밖에 없음은 지극히 당연하다. 이러한 일이 교육 현장에까지 영향을 미치고 있다고 생각한다. 그 결과 〈춘향전〉에 대해 잘 알고 있으되 정작 제대로 알지 못하는 양상을 초래했다고 본다. 이도령과 춘향이 왜 헤어져야 했는지 그 이유에 대해 전국 국문과와 국어교육과 대학생들에게 물어 보라. 아마 제대로 대답하는 학생들은 얼마 되지 않을 것이다.

혹 공연물로서의 판소리 자체와 〈춘향전〉 같은 판소리계 소설을 구분하여 인지시키면 되지 않는가 생각할 수도 있다. 그렇게 한다면 판소리에 대한 전통 문화론적 선입견이 〈춘향전〉 같은 작품을 이해하는 데 미치는 영향을 불식시킬 수 있지 않는가 하는 것이다. 그러나 판소리와 판소리계 작품은 뗄레야 뗄 수 없는 관계 속에 놓여 있다. 판소리가 그 형식이라면 작품은 그 내용이므로 이러한 질문 자체가 우문에 속한다 할 것이다.

판소리에 가해진 필요 이상의 추앙은 중화시킬 필요가 있다. 그것은 작품의 수용에 방해가 될 수도 있기 때문이다. 다만 그와 동시에 판소리계 작품들을 비평적으로 조망하여 오늘날 우리 주변에 놓일 수 있도록 노력해야 한다. 그럼으로써 고전 작품과 현대의 간극을 좁히려는 시도를 지속적으로 해야 한다. 아마 고등 국어(하)에서 〈춘향전〉을 인간다움의 추구에 초점을 두어 수용할 것을 전통 계승과 함께 제시하고 있는 것도 이러한 이유에서이리라. 따라서 우리는 〈춘향전〉에서 판소리라는 민족 예술 장르의 의의를 확인하는 데서 나아가, 작품 내적 고찰 즉 춘향의 내면적 고뇌, 이도령의 춘향 발견 과정, 방자와 월매의 생동감 넘치는 시선 등을 섬세하게 포착하여야 한다. 다시 말해 오늘날에도 공감할 수 있는 깊이 있는 인물론, 작품론을 염두에 둘 필요가 있다는 것이다. 그렇게 할 때 〈춘향전〉에 대한 학습자의 태도도 달라질 것이며 더불어 우리 시대의 새로운 〈춘향전〉도 전망해 볼 수 있을 것이다.

2) 판소리의 서사적 특성에 대한 이론적 지식들

판소리는 고전서사 장르 중에서도 유독 그 서사적 특성에 대한 연구가 많이 행해진 장르이다. 자생적인 '공연' 구비서사시로서 서사적 층위 자체가 여러 겹으로 존재할 뿐 아니라, 그 사설 속에 향유층의 욕망과 환상까지도 담아 냄으로써 여타 서사 장르와 다른 독특한 면모를 드러내었기 때문이다. 근원설화, 삽입가요, 주제의 양면성, 표면적 주제와 이면적 주제, 서술상의 불통일성, 부분의 독자성, 장면 극대화, 상황적 의미·정서 추구 등이 바로 판소리의 서사적 특성을 해명하려는 그 간의 연구의 소산들이다.

이들 용어가 지칭하는 특성이 판소리의 독특한 서사적 원리를 해명하는 데 유용한 것임은 분명하다. 그리고 그렇게 풀어낸 판소리의 서사적 원리는, 서구소설에 기반을 둔 소설 이론을 전범으로 삼아 고전서사문학을 재단해 온 불균형을 시정하는 데 중요한 역할을 하기도 하였다. 그 결과 현재, 위 용어들에 의해 지칭된 서사적 특성은, 판소리를 연구하는 사람들은 물론이고 판소리에 대해 조금이라도 관심이 있는 사람이라면 반드시 알아야 할 필수적인 원리로서의 지식이 되었다.

그런데, 이러한 지식이 해당 용어에 대한 상세한 설명 없이 고등 문학 교과서에도 '그대로' 수용되어 있음을 볼 수 있다. 물론 지난날 문학 교육계에서는 문학 연구자들이 제안한 학설을 그대로 가져오는 것이 관례였기는 했다. 그것이 문학 작품을 별 문제 없이 가르칠 수 있는 한 방안이었기 때문이다. 그러나 쉽게 이해되기 어렵거나 오해를 불러 일으킬 수 있는 용어까지도, 주의를 요함에도 불구하고 전적으로 도입하여 활용하는 것은 문제가 되리라 본다. 학습자로서는 원리적 지식을 불완전한 수준에서 습득하고 이를 작품에 강제적으로 대응시켜야 하는 곤경에 처하게 되기 때문이다. 판소리의 서사적 특성을 드러내는 원리적 지식이 판소리계 작품을 이해하는 데 있어 유용한 도구이며 창의적 사고를 유발하는 데에도 도움을 주기는 하나, 실은 학습자가 그 지식 자체를 온전히 이해하기는 어려울 수 있으며, 교사들도 그 지식의 맥락을 잘 알지 못하면서 학습자에게 이해를 강요하는 경우도 있으리라는 것이다.

이에 대해 구체적인 예를 들어 살펴 보기로 한다. 7차 고등 문학 교과서에서 판소리 제재에 대한 길잡이 활동이나 학습 활동시 가장 많이 언급되는 개념은 표면적 주제와 이면적 주제인 듯하다. 이는 판소리의 서사적 특성을 설명하는 핵심적인 원리적 지식으로 문학 교과서 중 최소한 5종 이상에서 명시적으로 언급되어 있음을 볼 수 있기 때문이다.[9]

원래 이 용어는 조동일 교수[10]가 〈흥부전〉의 구성과 주제를 논하면서 처음으로 제안한 것이다. 그에 따르면 〈흥부전〉을 이루는 서사적 단락은 분명한 인과의 논리로 이루어진 고정체계면과, 비논리적이면서 차라리 상반의 논리로 이루어져 있다고 할 수 있을 비고정체계면으로 이루어져 있으며, 선량한 자는 복을 받고 부도덕하고 탐욕스러운 자는 죄를 받으니 사람은 선량하고 도덕적이어야 한다는 것이 고정체계면에서 인과의 논리로 계속 역설되어 있는 표면적 주제라면, 賤富의 대두로 가난해진 양반과 모든 기존 관념이 얼마나 심각한 곤경에 빠지게 되었는가를 여실히 보여 주는 것은 비고정체계면에 나타나는 이면적 주제라고 하였다. 표면적 주제가 진실이라면 이면적 주제는 무의미해지고, 이면적 주제가 진실이라면 표면적 주제가 효력을 상실하게 되는 바, 〈흥부전〉의 주제는 이면적 주제가 더 큰 설득력을 지니고 있다고 하였다.

---

9 그 5종은 한계전 외(블랙박스), 오세영 외(대한교과서), 박갑수 외(지학사), 한철우 외(문원각), 박경신 외(금성출판사) 등이다. 그 외의 것에서도 명시하지는 않았으나 대부분 이 개념을 배면에 깔고 있는 것으로 보인다.

10 조동일, 「흥부전의 양면성」, 『계명논총』 5, 계명대, 1969. 이 논의는 그의 판소리 작품 읽기 방법론이 제시된 중요한 논의이다.

그의 이중적 주제론은 그 나름대로 중요한 연구사적 의의를 지닌다. 막연히 서민의식이라고만 일원론적으로 귀결시켜 왔던 기존의 소박한 주제론을 넘어서서 갈등과 모순 현상까지 담아낸 역동적인 주제론으로 나아가게 했다는 점은 높이 평가해 마땅하다. 그 후 판소리 문학을 연구하는 후학들은 그의 주제론을 통해 판소리 문학을 더욱 깊이 이해할 수 있었다. 또한 특별한 대안이 없는 한 판소리 문학을 가르치는 자리에서도 그의 주제론은 정설로 도입되었다.

그러나 그의 주제론에도 문제가 없는 것은 아니다. 이미 고정체계면과 비고정체계면, 표면적 주제와 이면적 주제와 같은 개념은 구조주의적 문제 틀에 기댄 조작적인 것이어서 작품 실상과 부합하지 않는 측면이 있으며 따라서 판소리계 작품 전체를 관통하는 일반 원리는 될 수 없다는 지적이 있었다.[11] 〈흥부전〉의 경우는 모르겠으나 〈춘향전〉에서는 표면적 주제와 이면적 주제가 긴밀한 상관관계를 지니며, 〈심청전〉에서는 표면적 주제가 오히려 더 중요하다고 볼 수도 있다. 이본에 따라 다기한 의미의 분화를 보이는 〈토끼전〉의 경우는 아마 이중적 주제론만으로 포괄하기는 어려울 것이다. 따라서 차라리 표면적 주제와 이면적 주제는 '주제' 차원의 것이라기보다는 이본에 따라 혹은 독자에 따라 달리 파악할 수 있는 '의미' 차원의 것으로 이해하는 것이 적절하다고 볼 수도 있다. 아니면 표면적 주제는 작자 의식으로, 이면적 주제는 오늘날의 시각에서 본 비평적 차원의 주제로 볼 수도 있다.[12] 하지만 그렇게 받아들이더라도 문제가 완전히 해소되지는 않는다.[13] 다기성 또는 중층

---

11 박희병, 「판소리에 나타난 현실인식 - 연구사에 대한 방법론적 검토」, 『한국문학사의 쟁점』(장덕순 외), 집문당, 1986, 480~487쪽.

12 〈사씨남정기〉의 경우 작자의식은 보수적이지만 오늘날의 관점에서 볼 때 처첩제도를 포함한 가부장제의 문제점을 읽어낼 수 있음을 예로 들 수 있겠다.

13 이중적 주제론은 근래에는 판소리계 작품의 해석쪽보다는 19세기 판소리사의 실상을 규명하는 데 더 유용하게 쓰이고 있는 것으로 보인다. 민중 의식과 지배 이념의

성을 이중성만으로 포괄해낼 수는 없기 때문이다.[14]

몇 걸음 물러서서 불완전하나마 이러한 지식이 지닌 최소한의 교육적 의의가 있다고 인정해 보자. 이때는 어떻게 할 것인가. 그래도 여전히 문제는 남는다고 본다. 왜냐하면 그것을 습득하는 것 자체가 학습의 최종 목표가 될 수 있기 때문이다.[15]

작품에 대해 공감하고 내면화하는 활동을 통해 원리적 지식을 알아가는 것은 그야말로 문학교육의 이상적인 모델일 뿐인지도 모른다. 외부로부터 주입되는 지식을, 작품을 통해 확인하는, 逆방향의 학습이야말로 전통적인 교육 방법이었기도 했다. 실은 교과서는 그러한 교육 방법을 숨기면서 자기주도적 활동을 하도록 가장한 책인 것이 사실이다.

원리적 지식 습득이 문학 교육의 중요한 활동 중 하나임은 부정할 수 없다. 그러나 아무리 그렇다 하더라도 판소리계 작품을 대상으로 할 경우만큼은 그러한 서사적 특성에 대한 지식의 습득이 최종 목표가 되어

혼재 / 갈등, 민중 의식 혹은 새로운 사회를 향한 시민 의식의 이중성 등으로 보는 것이 그 예이다.

14 교사들도 한편으로는 이중적 주제론의 원리가 판소리의 서사적 특성을 잘 깨닫게 하는 데 유용하다는 것을 인정하면서도 다른 한편으로는 그것을 그대로 교육 현장에서 수용하기에는 문제가 있음을 지적하였다. 상식적인 차원에서 볼 때 한 작품의 주제가 둘일 수 있느냐는 지적도 있었고, 그런 방식으로 서사 작품의 주제를 이해하기로 한다면 다른 작품들도 얼마든지 그렇게 할 수 있어서 그것을 판소리계 작품 고유의 것이라 볼 수는 없으리라는 지적도 있었다. 게다가 개념 자체는 단순하지만 학습자에게 온전히 이해시키는 것이 만만치 않다고 하였다.

15 이러한 문제는 장면 극대화나 부분의 독자성 같은 그 외의 개념들의 경우도 정도의 차이는 있으나 마찬가지로 해당되리라 생각한다. 장면 극대화 혹은 부분의 독자성 현상은 판소리적인 서사로 하여금 여타 서사와 변별되게 하는 특성의 하나임은 분명하다. 그러나 그러한 개념만으로 판소리적인 서사 전체를 대표하게 할 수는 없다. 왜냐하면 판소리의 모든 장면들이 다 극대화되거나 독자성을 지니는 것은 아니며, 전체 서사는 그것대로 나아가기 때문이다. 판소리에서는 장면의 재미를 위해 이야기 전체가 존재하기도 하지만 장면의 재미 역시 이야기 전체를 전제하는 것이다. 따라서 장면 극대화나 부분의 독자성은 그보다 상위의 서사적 특성 하에서 다시 해명되어야 할 개념이라 보아야 한다.

서는 곤란하다. 그렇게 된다면 주제의 이중성, 장면 극대화 등의 원인이 판소리가 공연되었다는 사실에 있다는 것을 아는 것 정도에서 학습활동이 머무를 수밖에 없을 것이다. 최소한 여기서는 더 나아가야 할 것이다. 왜 이중성, 장면 극대화 현상 등을 알 필요가 있는지, 그러한 지식을 안다는 것은 어떠한 의의가 있는지, 궁극적으로 판소리계 작품을 수용하는 데 이러한 원리를 아는 것이 어떠한 도움이 되는지를 고려하는 데까지 나아가야 하는 것이다.

부분의 독자성, 그리고 그로 인한 전후 당착 현상을 확인하고 아는 것은 어떻게 보면 그리 중요한 것이 아니다. 그러한 현상이 판소리가 공연을 통해 청중과 상호 소통을 거친 데 원인이 있다는 점을 아는 것 역시 그것 자체로는 별 의미가 없다. 중요한 것은 그러한 현상의 궁극적 원인이 판소리 문학이 담고자 했던 인간의 삶 자체가 애초에 입체적인 양태를 띠고 있기 때문이라는 점을 깨닫는 일이라 본다. 당착 현상, 서술상의 불통일성은 인간 군상의 다양한 심리 상태를 여실하게 담기 위해 필연적으로 요청된 현상이라 보아야 한다는 것이다. 장면 극대화 현상 역시 마찬가지이다. 현실만을 반영하는 것은 오히려 비인간적일 수 있으며 인간의 욕망까지도 건드리는 것, 그것을 더 인간적이라고 보았을 수 있는 것이다. 장면 극대화 현상으로 인해 판소리계 작품이 입체적인 면모를 지니게 된 것이 아니라, 인간과 세계의 총체적 이해, 부분을 통한 전체의 인식 등의 의도가 장면 극대화 현상을 낳았다고 보아야 한다는 것이다. 판소리의 서사적 특성에 관한 원리적 지식은 여기까지 도달하기 위한 도구적 지식이어야 할 것이다.

판소리계 작품이야말로 입체적인 인간론이 빛나는 작품이다. 인간이란 현실에 토대를 두면서 이상을 꿈꾸고, 이념적 존재이면서 개아적 욕망에 걷잡을 수 없이 사로잡히는 존재이다. 또한 어제와 다른 새로운 환경이 주어지면 과거를 토대로 또다른 미래를 꿈꾸는 존재이다. 판소리계 작품은 이러한 입체적 인간상을 창자와 청중의 직접 소통을 통해 '체험적으로' 공유한다는 데 그 본질적 특성이 있는 텍스트들이다. 판소리계 작품을 문학교육 대상으로 현장에서 다룰 경우 이러한 기본적 사항에 오히려 충실해야 하지 않을까 하는 것이다.

혹자는 이에 대해 이런 문제 제기를 할 수도 있겠다. 고전 문학 교육은 역사적 원근법이 고려되어야 하므로 당대 문학의 소통 맥락을 적절히 드러내어 오늘날의 그것과의 거리감을 깨닫게 하는 것이 중요하다고. 그리고 판소리 문학을 가르칠 때 오늘날과 다른 서사적 특성을 통해 서사 문학의 존재 양상이 오늘날의 소설과 다를 수도 있음을 자각하면서 그것이 문학 능력과 이어져 창의력을 자극하는 데까지 나아갈 수도 있으리라고. 그것이 진정한 고전 문학 교육의 목표라고 말이다.

이러한 문제 제기도 일리가 있음이 분명하다. 필자도 이를 고전 문학 교육 일반론의 차원에서는 부정하지 않는다. 그러나 판소리 문학의 경우는 오늘날 문학과 거리를 느끼게 할 경우 가져다 줄 부정적인 영향도 만만치 않을 것임을 고려해야 하리라 본다. 오늘날 소설과 다른, 판소리 문학의 이러한 서사적 특성을 강조하면 할수록, 학습자의 입장에서는, 그것이 흥미롭기는 하지만, 결국에는 그것이 판소리 문학과 오늘날의 문학 간의 거리감을 재확인하게 하는 데 그칠 수 있다는 것이다. 그렇게 된다면 오늘날의 학습자에게 판소리는 과거의 것으로 남을 뿐이다. 판소리 고유의 서사적 특성을 강조하면서 판소리류의 전통 문화를 계승하고 오늘날에도 우리 주변에 살아 있게 해야 한다는 주장은, 최소한 판소리 문학에서만큼은 모순이다. 판소리계 작품들에서 도달한 인간론은 오늘날에도 여전히 살아 있는 담론으로서의 의미를 지니고 있기 때문이다.

필자는 여기에 더하여 그러한 서사적 특성에 초점을 맞추어 판소리계 작품을 가르칠 경우 판소리계 작품이 지닌 본래적이고 진정한 모습을 오히려 훼손할 수도 있다고 생각한다.[16] 문제는 지식을 지식에 머무르게 하지 않고 그것을 활용하여 어떻게 의미 있는 목표에 도달하게 하는가 하는 점이며, 어떻게 해야 판소리 문학의 문학다움을 제대로 전달하면서 판소리계 작품을 과거에 머물게 하지 않고 오늘날 학습자의 주변에 살아 있는 생동감 넘치는 인물과 사건으로 받아들이게 할 수 있는가 하는 점이다. 그것을 필자는 판소리계 작품을 인간 본질 탐구의 제재로 수용하는 것이라 본다.[17]

3. 인간 탐구 제재로서의 접근

필자는 앞서 판소리 문학 교육이 알게 모르게 전제해 온 두 가지 사항이 긍정적인 면이 있지만 결국 自繩自縛의 논리에 함몰될 수도 있음을 살폈다. 문학 교육 현장에서, 그리고 일반 대중의 모임에서 판소리가 외면 받고 있는 이유의 일단이 여기에도 없지 않다고 보았다. 이에 필자는

16 물론, 판소리 고유의 서사적 특성을 통해 더욱 깊이 있는 문학 작품 감상을 하는 데까지 이를 수도 있다. 다만 이 글에서 되새기고 싶은 것은 판소리의 서사적 특성을 인지시키는 것이 판소리 문학 교육의 궁극적인 목표가 되어서는 안 된다는 점과, 그것을 제대로 하기 위해서라도 판소리계 작품에 대한 공감적 이해, 판소리계 작품의 인간론에 대한 감상이 선행되어야 한다는 점일 뿐이다.

17 판소리의 서사적 특성에 대한 지식을 지식에 머무르게 하지 않고 오늘날에도 의미 있는 어떤 것을 이끌어낼 수 있는 지식으로 활용하는 문학교육 방법으로는 이 외에도 더 있을 수 있다. 판소리로부터 우리의 전통적인 사고 방식 혹은 사고의 기본 유형을 찾아내어 그것을 통해 민족 문화의 형식을 깨닫게 하는 방법을 그 하나로 들 수 있겠다. 예컨대 비장과 골계가 뒤섞여 있는 상황을 근거로 하여 그것이 판소리 연행의 한 효과임을 아는 데서 그치지 않고 그것에서 웃음을 통해 눈물을 닦고 마음을 치료해 온 전통적인 민족 정서를 찾아내고 일반화하여 우리 문화의 형식, 삶의 의미에까지 연결짓는 일(김대행, 『웃음으로 눈물 닦기』, 서울대 출판부, 2005)이 그러한 류이다. 여기까지 나아갈 때 그러한 지식의 앎은 그 나름대로의 의의를 지닌다. 이때 그 지식을 안다는 것은 새로운 앎과 깨달음을 위한 과정이 된다.

판소리계 작품을 제대로 읽어내고 나아가 오늘날 문학 교육 현장에서 그리고 우리 주변에 살아 있게 하는 한 방법은, 판소리계 작품을 통한 인간 탐구, 곧 판소리계 작품에 나타난 인간론에 주목하는 일이라 생각한다.

오늘날 학습자는 춘향과 이도령의 사랑에 대해 잘 알지 못한다. 춘향이 사랑을 이루기까지의 내면적 고뇌에도 무심하다. 고어와 한문구가 있음을 변명으로 삼아 스스로 작품과 거리감을 부여하기까지 한다. 그러면서도 로미오와 줄리엣의 사랑, 햄릿의 고뇌에 대해서는 공감한다. 왜일까?

이에 대해 필자는 다음 질문들을 던져 보고자 한다. 암행어사 출도 대목에 나타난 서술, 풍자의 양상에는 주목했으면서 여기에 이르기까지, 사랑을 지켜 내려는 춘향의 내면에는 공감한 적이 있는가, 홍부가 어수룩한 복색을 하고 양식 구걸을 나설 때의 나열식 표현에는 주목했으면서 홍부와 홍부처가 나눈 눈물 어린 대화에는 관심을 보인 적이 있는가, 심청의 효는 높이 평가하면서도 인당수로 길 떠나는 심청의 아픔에는 관심을 가져 본 적이 있는가 하는 것들 말이다.

등장 인물의 이러한 처지에 한번도 공감한 적이 없으면서 판소리계 작품을 수용했다고 할 수는 없을 것이다. 공감적 이해가 선행되지 않은 작품 이해는 교육적 의의도 그리 높지 않을 것임은 명약관화하다. 필자는 로미오와 줄리엣의 사랑이 세계인들에게 공감을 불러 일으킨 것은 학습자와 일반인을 향한 공감화의 과정이 끊임없이 이루어져 왔기 때문이라 생각한다. 그와 달리 그 간 판소리계 작품은 공감보다는 지식의 교육 쪽에 치우쳐 왔다. 그 결과 판소리계 작품과 오늘날 학습자와의 거리도 더 벌어질 수밖에 없었다. 필자는 그 거리를 좁힐 수 있는 한 방법이 판소리 문학에 담긴 '인간론'에 주목하는 것이라는 생각이다.

그렇다면 어떻게 할 것인가. 이와 관련하여 그 간 가장 많이 해 온 학습은 오늘날의 관점에서 등장 인물을 비평해 보는 것이었다. 예컨대 선하고 도덕적이며 학식도 어느 정도 있는 편이지만 경제적 감각과 생활 능력이 뒤떨어지는 홍부와, 비도덕적이며 인간적 면모를 찾을 수는 없지만 경제적 감각과 능력만큼은 뛰어난 놀부의 삶의 방식과 가치관을 비교해 보고 오늘날 산업사회의 시각에서 비평해 보는 류의 것이 대표적이다. 이러한 학습은 등장 인물의 성격을 파악하면서도 그 성격에 대한 문제적 시각을 통해 비판적 사고력을 키울 수 있다는 점에서 의미 있는 활동이라 할 수 있다. 이런 식의 거리 좁히기도 반드시 필요하리라 본다. 그리고 이러한 아이디어는 이미 신재효본 〈박타령〉에서 제공한 바 있기도 하다.

그런데 이런 식의 학습보다 선행되어야 할 것이 있다. 등장 인물의 행위에 대해 비평하는 읽기에 앞서 먼저 공감하는 읽기가 이루어져야 한다는 것이다. 비평이란 이미 작품 속 인물과 거리를 둠을 전제한다. 그러한 거리 두기는 때로는 필요할 경우도 있겠으나 결국 알게 모르게 작품 속 인물들을 오늘날 우리와는 다른 시공간에 생존했던 인물로 머물게 할 것이다. 애초에 작품 속 등장 인물이 왜 그러한 행동을 했는지 알지 못하고서, 비평하는 일부터 할 수는 없을 것이다.

판소리계 작품에는 다양한 캐릭터를 지닌 인물들이 현실 속에서 저마다의 욕망을 드러내며 고뇌하고 좌절하는 한편 즐거워하고 환호한다. 그러한 인물들에 공감해 보고 그들의 내면 속으로 깊이 들어갈 필요가 있다. 그것은 궁극적으로 인간이란 어떤 존재인가 하는 물음에 답하는 과정일 터이고, 판소리계 작품은 그런 물음에 대한 답을 그 나름대로의 시각에서 충분히 갖추고 있다고 생각한다. 그 예를 한두 곳만 들어 살펴보기로 한다. 예컨대 다음 장면에 담긴 심청의 내면을 들여다 보기로 하자.[18]

(중몰이) "못 가지야, 못 가지야, 날 버리고 못 가지야. 아이고, 이놈의 신세 보소. 마누라도 죽고 자식까지 마저 잃네." 엎더져서 기절을 하니 동네 사람들은 심봉사를 붙들고, 그때여 심청이는 선인들을 따라를 간다. 끌리난 치맛자락 거듬거듬이 걷어 안고, 흐트러진 머리채는 두 귀 밑에 와 늘었구나. 비와 같이 흐르난 눈물, 옷깃에 모두다 사무친다. 엎더지며 자빠지며 천방지축 따러간다. 건넌말 바라를 보며, "이진사 댁 작은 아가, 작년 오월 단오날에 앵도 따고 노던 일을 니가 행여 잊었느냐? 너희들은 팔자 좋아 부모 모시고 잘 있거라. 나는 오날 우리 부친 이별허고 죽으러 가는 길이로다." 동네 남녀노소 없이 눈이 붓게 모도 울어, 하나님이 아신 배라, 백일은 어디 가고 음운(陰雲)이 자욱헌데, 천상도 찡그난 듯, 간수(澗水)는 어열허여, 휘늘어져 곱던 꽃이 이울고저 빛을 잃고, 요요(嫋嫋)한 버들가지 졸듯이 늘였구나. 춘조난 슬피 울어 백반제송(百般啼送)허는 중에, "묻노라, 저 꾀꼬리, 어느 뉘를 이별허고 환우성(喚友聲)을 게서 울고, 뜻밖의 두견이 소리, 피를 내여 운다마는, 야월공산 어디 두고 진정제성(盡情啼聲) 단장성(斷腸聲)은 네 아무리 불여귀(不如歸)라 가지 우에 앉어 운다마는, 값을 받고 팔린 몸이 어느 년 어느 때나 돌아오리?" 바람에 날린 꽃이 얼굴에 와 부딪치니, 꽃을 쥐어 손에 들고, "약도춘풍불해의(若道春風不解意)면 하인취송(何因吹送)으 낙화래(落花來)라. 한무제 수양 공주 매화장(梅花粧)에 있건마는, 죽으러 가는 몸이 수원수구를 어이하리?" 한 걸음에 눈물을 짓고, 두 걸음에 한숨 쉬어, 울며불며 끌리어 강두로만 나려간다. (한애순 창본 〈심청가〉)[19]

심청이가 몸이 팔려 선인들에게 끌려가며 부친과 이별하는 장면이다.

---

18 이 논의는 이 책 제Ⅱ부 「이별」에서 더 자세히 하게 될 것이다. 본 논의와 관련하여 필요하다고 보아 여기서 먼저 다루게 됨을 양해 바란다.

19 뿌리깊은 나무, 『판소리 다섯 마당』, 한국브리태니커회사, 1982, 100~101쪽.

소리조차 내지 못하고 흐느끼다 뜬눈으로 밤을 지샌 심청이었다. 부친을 속였음을 고하고 장승상 부인의 호의까지 선인과의 신의로써 거절한 심청은, 통곡하다 기절하는 부친을 뒤에 두고 이제는 영별하려 한다. 이미 부친이 입을 사철 의복은 다 손을 보았으며 헤어진 버선까지 바느질을 해 둔 상태였다.

심청이 걸어지지 않는 걸음을 내딛으며 가장 먼저 떠올린 것은 앵두 따고 함께 놀던 친구들이었다. 그렇다고 해서 떠나는 자신과 달리, 부모와 함께 지낼 그들이 부러웠기 때문만도 아닐 것이다. 지난 날 심청은 부모들의 사랑을 받으며 지내던 그들을 보며 한 없이 부러워했었을 것이다. 자신은 모친의 사랑 한번 받지 못했음은 물론 눈 먼 부친은 오히려 보살펴야 했던 터였다. 심청은 그들을 떠올리며 그들을 부러워하며 자신의 운명을 탓하던 지난 날이 떠올랐던 것이다. 더구나 자신이 몸을 팔림으로써 부친이 눈을 뜬다는 보장도 없었던 상황이었다.

심청은 이어서 자신이 돌아 오지 못할 것임을 직감했다. 하늘은 흐려 검은 구름만 가득했다. 꾀꼬리도 울고 두견도 울었다. 여기서 심청의 내면이 자연물 속에 투영되어 있다든지, 심청의 시점과 서술자의 시점이 혼효 양상을 보인다든지 하는 지적은 불필요한 말이다. 심청은 걸어가다 꽃잎이 얼굴에 와 부딪침을 느꼈다. 봄바람도 심청의 심정을 알고 꽃잎을 날려 보내었던 것이다. 심청은 이때 단장을 떠올린다. 꽃은 그 자체가 화려한 꾸밈을 연상케 한다. 그리고 단장은 여성으로서, 문화를 매개로 한 본능적 행위라 할 수 있다. 죽음을 앞에 둔 심청은 새삼 여성으로서의 삶을 제대로 살아 보지 못한 자신을 떠올렸던 것이다. 그러나 심청은 한 걸음에 눈물 짓고 두 걸음에 한숨 쉬며 떠날 수밖에 없었다.

〈심청전〉의 작자는 이토록 섬세하게 심청의 내면을 그려 놓고 있다. 이러한 식이다. 이와 같은 사례들은 굳이 애써 찾으려 하지 않더라도 판소리계 작품들에서 얼마든지 발견할 수 있다. 5마당의 어느 사설본(소설본)을 펼쳐 보든 그러한 대목들은 쉽게 눈에 띈다.

> (중모리) (…) 저그 집으로 들어가며, "여보게 마누라, 집안 어른이 어디 갔다가 집안이라고 들어오면, 우루루루루루루 쫓아나와 영접하는 게 도리 옳제. 계집이 이 사람아, 당돌히 앉어서 좌이부동(坐而不動)이 웬 일인가? 예라, 이 사람아, 몹쓸 사람."
>
> (중중모리) 흥보 마누래 나온다. 흥보 마누래가 나오며, "아이고, 여보 영감, 영감 오신 줄 내 몰랐소. 내 잘못 되얏소. 이리 오시오. 이리 오라면 이리와." "놓아주게, 이 사람아. 이 돈 근본을 자네 아나. 돈의 근본을 자네 알어. 못난 사람은 잘난 돈. 잘난 사람은 더 잘난 돈. 맹상군에 수레바쿠처럼 둥굴둥굴이 생긴 돈. 생살지권(生殺之權)을 가진 돈, 부귀공명이 붙은 돈, 이놈의 돈아, 아나 돈아, 어디를 갔다가 이제야 오느냐, 알씨구나, 돈 봐라." 흥보 마누래가 달려들며, "돈이라니 웬 말이오? 어디 돈, 어디 돈, 돈 봅시다, 돈 보아. 일수변을 얻어왔소. 월수 체겨 파수변(波收邊)을 얻어왔소. 오푼 달변을 얻어왔소." "아니로세, 아니로세. 변전(邊錢) 일수 왜 얻겄나. 오늘 재수 대통하야 공돈 닷 냥이 들어왔어." (강도근 창본 〈흥보가〉)[20]

흥부는 매품을 팔기로 약속하고 교통비조로 닷냥을 받아 떡국부터 두 그릇 먹고 막걸리도 두 잔 걸치고 집으로 왔다. 평소 흥부 아내는 힘없이 집에 앉아 남편이 오는 둥 마는 둥 했을 것이고 흥부도 처자식을 제대로 못 먹이고 못 입혀 와 가장 역할도 제대로 못하던 자신을 한스러워하며 집으로 돌아오곤 했을 것이다. 그러나 이 날만큼은 달랐다. 모처럼 돈을 번 흥부는 아내 앞에서 의기양양했던 것이다. 〈흥부전〉 작가의 표현에 따르면 흥부는 '숫한' 사람이었다. 닷냥에 불과했지만 흥부는 이

---

20 김기형 역주, 『강도근 5가 전집』, 박이정, 1998, 230~231쪽.

때만큼은 자신이 가장 노릇을 했으며 그에 걸맞는 대접을 받기를 원했던 것이다. 이어서 나오는 '돈타령'은 빈민 가장이 모처럼 가장 노릇을 제대로 하고 있는 데 대한 자부심의 표현일 것이다. 돈이란 사람을 일시에 변하게 하는 무서운 위력을 지니고 있었던 것이다.

그러나 흥부 아내도 모를 리 없었다. 돈이 어디서 갑자기 떨어질 리 없다는 것, 그 댓가가 분명히 있으리라는 것 말이다. 흥부가 형 놀부로부터 양식을 얻어 오다 도적들에게 빼앗겼다는 거짓말도 그의 아내에게는 통하지 않았던 터다. 간난한 삶을 살아가는 동지로서, 눈빛만 보더라도 그들은 서로의 심중을 꿰뚫어 볼 수 있었던 것이다. 그리고 그 배경에는 그들을 짓누르던 사회적 모순이 자리잡고 있었다.

이러한 장면 장면들에는 일상 생활을 세심하게 일구어가던 그들의 삶이 배어 있으며 인간에 대한 깊은 애정과 관심이 깔려 있다. 판소리계 작품의 생동감은 바로 이러한 데 근원을 두고 있다. 그것이 인간 탐구와 이어지는 것은 당연하다 할 것이다.

이러한 장면들의 연장선상에서 보면, 모순된 듯한 인물의 언행도 실은 그렇게 표현하지 않으면 삶의 진실로부터 멀어질 수 있으리라는 인식의 소산이라 볼 수 있다. 그렇게 보면 딸을 팔아먹은 심봉사가 뺑덕어미와 그렇게 희희낙락하며 살아가게 되는 것도 충분히 납득할 수 있다. 심봉사 인물 형상이 전후반에 걸쳐 모순된다고 보는 것은 심봉사의 삶을 왜곡해서 이해하는 것인지도 모른다. 심봉사뿐이 아니다. 이별을 통보받은 춘향도 이도령 앞에서 간단치 않은 반응을 보인다. 처음에는 이도령집 주변에 자신도 집을 마련해서 함께 지낼 수 있을 것이라며 기뻐한다. 하지만 곧, 이별할 수밖에 없다는 이도령의 말을 듣고는 세간살이를 부수며 괴로워하다가 결국에는 이도령을 사랑하고 있으며 그렇기 때문에 놓아 줄 수밖에 없음을 깨닫는다. 이 한 장면에서도 춘향은 한편으로는 세속적인 욕망을 지닌, 본능에 충실한 인물 형상과, 사랑을 위해 이별할 줄 아는 신의 있는 인물 형상을 아울러 보여준다. 서로 모순되는 듯한 두 형상이 한 인물을 통해 한 자리에서 구현되고 있는 것이다. 사실 인간이란 애초에 이처럼 대립적인 속성을 함께 갖추고 있는 존재이다. 그러한 모습은 판소리 작자나 향유자가 일상 속에서 늘상 부딪치는 모습들이기도 했을 것이다.

인간에 대한 이러한 입체적 조망이 판소리계 작품에 나타난다는 것은 굳이 서사적 당착이나 모순, 장면 극대화나 부분의 독자성, 주제의 이중성의 개념을 들이대지 않더라도 충분히 파악할 수 있는 일이다. 어쩔 수 없이 모순된 행태를 드러내는 인간살이, 그러한 인간살이에서 우러나는 감정과 의식의 깊이, 인간을 보는 다면적 시각, 욕망은 욕망대로 드러내면서 인간적 가치를 소홀히 하지 않는 점 등이야말로 판소리 문학을 조선 후기 서사문학의 최고봉이라 일컫게 되는 이유이기도 할 것이다.[21]

혹 이러한 식의 감상과 수용에 대해, 여기에는 또 다른 문학적 귀족주의가 배면에 깔려 있는 것이 아니냐는 비판도 있을 수 있다. 하지만 그렇지 않다. 앞서 제시한 사례들은 특정 이본을 중심으로 주요 인물 형상을 거론한 것일 뿐이다. 실은 이본에 따라 인물 형상이 서로 다른 경우도 적지 않다. 춘향만 하더라도 발랄한 기생의 면모가 두드러진 이본이 있는가 하면 정숙한 여염집 여인으로서의 면모가 더 두드러진 이본이 있다. 그것은 개작에 참여한 작가—독자들이 서로 다른 인간관을 지닌 데 따른 편차라 할 수 있다. 판소리계 작품은 이본을 통해 그러한 다양성까지 포괄하고 있다는 점에서 오히려 민주적이기까지 하다. 판소리는 이본을 통해 서로 소통하며 새로운 인간상을 제시하고 탐구해 나가고

21 여기서 상세히 거론하지는 않았지만 문학교육 현장에서의 판소리계 작품 수용이 골계 편향으로 이루어져 있음은 주의를 요한다.

있다고 말할 수도 있는 것이다. 판소리계 작품 수용의 핵심은 인간론에 있다는 우리의 가설이 이본을 통해 오히려 입증된다고 보아야 한다.

조선 후기 근대로의 이행기, 판소리의 부상은 새로운 인간론의 부상과 동궤의 현상일 것이다. 그것은 중하층의 부상과도 맥을 같이 한다. 그들의 인간론은 더 이상, 고아하고 도덕적인 삶이 인간 삶의 궁극적인 지향점이 아닐 수도 있다는 것, 인간다움의 가치를 일상의 삶에서 찾아야 한다는 것을 기본으로 하고 있었다. 판소리계 작품에 이르러 우리는 인간을 인간 그 자체로 볼 수 있는 시각을 획득하게 되었던 것이다.[22] 판소리계 작품에서 도달한 인간론은 오늘날 고루하거나 식상하기는커녕 여전히 새롭게 다가온다. 그것은 오늘날에도 그 가치를 잃지 않는 인간다움 추구의 시발점이 그 속에 있기 때문일 것이다. 다시 한번 강조하지만 판소리계 작품은 인간 탐구 제재로 활용될 때 그 속살을 드러낼 것이고 또한 우리 주변에 친숙한 모습으로 함께 있게 될 것이다. 너무 새삼스러운가.

4. 맺음말

본고에서는 판소리계 작품을 가르칠 때 알게 모르게 전제했던 두 가지 사항을 비판적으로 검토한 후, 판소리계 작품을 통한 문학교육에 있어 가장 중점을 두어야 할 것 한 가지를 제안해 보고자 하였다. 곧, 전통문화라는 선인식을 학습자로 하여금 갖게 하고 오늘날과 다른 서사 원리, 소설과는 다른 장면 제시 방식을 지나치게 강조하는 것은 양날의 칼로 작용할 수 있음을 지적한 후, 작품 제대로 읽기를 통한 판소리의

22 정병헌, 앞의 글, 685쪽.

문학다움에 대한 깨달음, 판소리의 입체적 인간론 인식이 향후 판소리 문학교육의 핵심적 위상을 차지해야 한다는 의견을 개진해 보았다. 결과적으로 문학 작품 이해에 있어 가장 기본적인 것을 새삼스럽게 역설한 셈이 되었다. 논의가 여기에 이르게 된 데 대한 변명을 마무리삼아 몇 자 적어 두어야 할 것 같다.

문학교육에 있어 판소리계 작품을 포함한 고전문학이 필요한 이유는 무엇일까. 문학교육의 요체가 오늘날 우리들이 접하는 문학 텍스트를 읽고 감상하는 방법과 능력을 계발하는 데 있다면 이를 위해서는 현대문학만으로 충분하다고 볼 수 있다. 그러나 그럼에도 불구하고 고전문학 작품이 필요하다고 보는 것은 현대문학 작품으로는 감당하기 쉽지 않은 어떤 교육 목표를 고전문학 작품을 통해 이룰 수 있다고 생각하기 때문일 것이다. 때로는 전통 문화이기도 한 고전으로서의 가치 발견, 오늘날과 다른 방식으로 존재한 문학의 수용을 통한 문학 능력의 폭 넓히기 등이 그 주요 목표 중 한둘이 될 것이다. 문학교육에 있어 고전 작품이 감당해야 할 몫이 이러한 사항들일 수 있음은 부정할 수 없다.

그러나 고전으로서의 가치가 어설프게 추구될 때, 혹은 고전문학 작품의 독특성만이 강조될 때 그 작품은 그저 옛것으로 남게 될 뿐임을 유념할 필요가 있다. 이 글에서는 바로 이 점을 비판적으로 드러내 보고자 하였다. 판소리계 작품이 공연예술물로써의 판소리와 함께 학습자들에게 옛 것으로만 인식되고 있는 현 상황도 이에 연유한다고 생각했기 때문이다. 그리고 고전으로서의 가치가 그저 옛 것으로서의 그것을 말하는 것이 아니라면, 판소리계 작품의 문학교육적 효용은, 어떻게 보면 새삼스럽다고 할 수 있겠지만, 인간다움의 가치를 찾는 일 곧 인간론을 중심에 놓을 때 핵심국면에 이를 수 있으리라 생각했기 때문이다. 판소리 문학의 본질적 특성 자체가 창자와 청중의 직접적 소통을 통해 등장인물의 작중 진실을 '체험적으로' 공유함으로써 인간 삶의 문제를 탐구하는 데 있음을 유념해야 할 것이다.

물론 인물이나 사건의 당착, 주제의 이중성, 부분의 독자성 등이 판소리계 작품의 주요 특성이며 이러한 특성을 학습하는 것이 문학교육의 훌륭한 활동일 수 있음을 필자가 모르는 것은 아니다. 하지만 이것이 의식의 흐름 같은 오늘날의 서사 기법에 해당하는 당대의 버전이라는 상대적 시각이 거의 고려되지 않은 채 판소리 장르 전체를 대표하는 어떤 것으로 인식되면서 오히려 판소리계 작품 속 인물들의 삶을 압도하는 형국에 이르러 있는 것은 문제라 생각된다는 것이다.

판소리를 대상으로 한 국어교육 차원의 것으로는, 또 다른 차원의 논의가 가능할 것임을 인정한다. 그리고 본 논의의 연장선상에서 구체적인 교육 목표 설정과 그 교수 방법과 관련된 대안 제시도 있었어야 했다. 이러한 논의는 새 교육과정에 입각한 새 교과서들을 대상으로 한 분석을 요하므로 다음 과제로 미룰 수밖에 없다.

제 Ⅱ 부

판소리 문학의 인간론적 감상

이별*

1. 판소리 작품의 인간론적 이해를 위해

주지하다시피 판소리는 2003년 유네스코 '인류구전 및 세계무형유산 걸작'으로 선정됨으로써 그 가치를 세계적으로 인정받은 바 있다. 하지만 정작 우리나라에서는 사정이 나아지지 않고 있다. 여전히 일반인들은 판소리를 전통 시대의 유산 정도로만 인식하고 있으며 판소리로부터 파생된 근대극인 창극도 뮤지컬이나 영화에 비해 그리 높은 호응을 받고 있지 않기 때문이다.

그 이유는 여러 가지가 있을 것이다. 우리의 근대화가 서구화에 대응되는 것이어서 그 과정상 전통과의 단절을 필수적으로 요청받았다는 점, 그와 더불어 추진된 전통 계승이 오히려 전통문화를 박제화하는 일이기도 했다는 점, 판소리 내부적으로도, 100년여 되는 기간 동안 傳承 5歌에 버금가는 새로운 레퍼터리를 창작해내지 못했으며 그나마도 전승에 급급할 정도로 장르적 위상이 하락해 갔다는 점, 학교에서 서양 음계를 우선적으로 학습함으로써 국악의 음계를 오히려 낯설게 느끼게 되었다

* 이 글은 『개신어문연구』 26(개신어문학회, 2007)에 실린 「판소리 이별 대목들의 문학적 감상」을 부분 수정한 것이다.

는 점 등, 차라리 핑계에 가까운, 그 이유들을 들자면 끝이 없을 것이다. 하지만 전통 판소리를 연구의 대상으로 보기만 하고 오늘날 우리 주변에 살아 있는 그 어떤 것으로 수용하려는 노력을 기울이지 않은 연구자들의 잘못도 적다고는 할 수 없다.

이러한 진단을 근거로 하여 이 글에서는 판소리 작품들 중 특정 대목들만을 모아, 이 대목들에 대해, '연구'라기보다는 '감상'에 가까운 논의를 펴 보고자 한다. 판소리 작품 속 인물들의 말과 행위를, 오늘날 우리와는 다른 전통 시대의 인간 형상을 담은, 연구의 대상으로 보기보다는, 오늘날 우리들에게까지 정서의 핏줄이 이어지고 있고 우리 주변에서 흔히 접할 수 있을 법한 인간 형상을 담은, 감상의 대상으로 보는 것이, 일단은 판소리 작품을 우리들 곁으로 가져 올 수 있는 한 방법이 아닌가 생각했기 때문이다. 그리고 그렇게 볼 때 판소리 작품 속 인물들의 사랑, 이별, 그리움, 고통, 시련 등을 제대로 읽어낼 수 있으리라 생각했기 때문이다. 삶을 일구어 가는 인간인 한, 그때나 오늘이나 변치 않는 그 무엇인가가 있을 터이다. 이러한 감상 행위를 통해 우리는 판소리 작품들이 당시 인간에 대한 얼마나 깊이 있는 이해·탐구의 소산이었는가 하는 점도 알 수 있으리라 기대한다. 이러한 시도를 굳이 명명해 본다면 판소리 작품의 人間論的 감상이 될 것이다.

우선, 이 글에서 감상하고자 하는 대목은 이별 대목이다. 이별이란 '한동안 만나지 못할 것을 전제로 하거나 남녀 관계 따위를 끊기 위해서 서로 갈려 떨어지는 것'을 말한다. 곧, 인간 관계에 있어 가장 소중한 상대와 다시 만날 기약 없이 헤어지는 일을 말하는 것이다. 대체로 이때 인간은 정서적으로 가장 취약한 상태에 놓이게 된다. 貧富貴賤을 막론하고 그 누구든 자신의 감정을 주체하지 못하게 되는 것이다. 하지만 이별의 당사자들은 이때 비로소 상대가 자신에게 진정으로 어떤 존재였던가 하는 것을 깨닫기도 한다. 나아가 이별은 인간 삶의 의미를 되돌아보고 한층 성숙해지는 계기가 되기도 한다.[1] 인간이 그 어느때보다 자신에게 진솔해지고 스스로 인간임을 느끼게 되는 사건, 그것이 바로 이별이 아닌가 한다.

따라서 판소리 작품들에서 이별 장면이 어떻게 그려져 있는가 하는 것을 한번쯤 살펴 보는 것도 의미 있는 일이라고 생각되었다. 그리고 이별 장면이 다소 밋밋하게 그려지는 여타 고소설 유형 작품과 달리, 평범한 인간의 삶에 깊은 관심을 둔 판소리 작품들에서는 이별을 인간사의 중요한 사건 중 하나로서 실감 나고 의미 있게 다루고 있으리라는 점도 고려하였다.

본고에서는 특히 전승 5가를 대상으로, 춘향과 이도령 이별, 심청과 심봉사 이별, 자라와 자라가족 이별 등 세 대목만을 택하여 논하기로 한다. 이 외에도 이별 대목이 더 있기는 하나 작중 위상이 낮다고 보아 제외했다. 그리고 失唱 판소리 작품들에까지 범위를 넓히면 애랑과 정비장 간, 옹고집과 그의 가족 간 이별을 더 거론할 수 있기는 하지만 이에 대해서는 다른 자리에서 다루어야 할 것 같다.

당연한 말이겠지만, 판소리 대목들을 제대로 감상하기 위해서는 문학, 음악, 공연의 제측면을 종합한 포괄적인 시야가 필요하다. 그러나 여기서는 문학적 측면에 초점을 맞추고자 한다. 그것은 필자가 판소리의 음악적·공연적 측면에 대해 깊이 알지는 못하기 때문임을 실토해 둔다. 이에 이어지는 글들에서 역시 마찬가지이다.

---

1 朴趾源은 〈鐘北小選 自序〉에서 "사람이 이별을 겪지 못하고 그림에 고원한 意趣가 없다면 글의 情과 境을 함께 논할 수 없다(人無別離 畫無遠意 不可與論乎文章之情境矣)."고 한 바 있다. 박지원(신호열·김명호 옮김), 『연암집(하)』, 돌베개, 2007, 395쪽.

2. 판소리 작품 속의 이별들

1) 춘향과 이도령 이별

사람들은 이별을 슬프지만 아름답다고 생각한다. 너무나도 사랑하기 때문에 오히려 떠날 수밖에 없고, 임을 붙잡고 싶지만 사랑하기 때문에 떠나보낼 수밖에 없는, 그러한 이별을 사람들은 문학 예술 작품을 통해 교육 받았기 때문일 것이다. 하지만 정말 현실 속의 이별이 아름답기만 한가. 물론 그렇다고 해야 할 경우도 있을 것이다. 인간으로서 도저히 이겨낼 수 없는 세계의 폭력에 맞서 그것을 극복하려는 행위가 이별이 될 수도 있는 것이다. 이때의 이별은 아름다울 수 있다.

그러나 현실 속 대부분의 이별은, 특히 남녀 간 이별은 그렇지 않은 경우가 많은 것 같다. 인간 만사가 다 그러하듯 당사자들의 욕망이 그들의 관계를 이별의 파국으로 몰아가는 경우를 흔히 볼 수 있기 때문이다.[2] 이러한 이별은 결코 아름다울 수 없다. 춘향과 이도령의 이별[3]은 바로 이러한 이별에 속한다.

춘향과 행복한 나날을 보내던 이도령은 부친의 陞差 소식을 듣고 춘

2 여기서 욕망은 그 정체나 대상이 모호한 경우도 있음을 인정해야 겠다. 두 사람의 욕망의 성격이나 질이 달라 그것으로 인해 이별을 해야 할 경우나, 한 쪽의 욕망이 서로 간의 관계를 부정하는 쪽으로 나아가는 경우는 비교적 그 정체가 분명한 경우일 것이다. 그러나 서로 이유조차 알 수 없는 이별을 해야 하는 경우도 있게 마련이다. 이때의 당사자들의 욕망은 그 정체나 대상이 모호한 경우이다.

3 〈춘향가〉 이별 대목의 변모에 대해서는 김석배, 「춘향전의 이별대목에 나타난 변모양상」, 『판소리연구』 2, 판소리학회, 1991 참조. 이에 따르면 초기 〈춘향전〉 시대에는 짧은 형태로 존재했다가 후대에 확장되었다고 하며, 춘향의 설움을 노래한 다양한 삽입가요 수용과 월매의 발악 장면 첨가를 통해 최대한의 비장을 연출하는 방향으로 변모했다고 한다. 특기할 만한 변이는 이별시 춘향이 발악하는 행위를 점잖은 행동으로 바꾼 경우가 있는 점과, 이별시 주고받는 물건이 행하나 정표로부터 신물로 변모해 갔다는 점 등을 들 수 있다.

향과 헤어질 수밖에 없다는 것을 직감하며 춘향집으로 찾아와 통곡한다. 다음은 그 후의 상황이다.[4]

(말노) 춘향이 화를 내어, "여보, 우는 아가리 보기 싫소. 그만 울고 내력 말이나 좀 하시오.", "에라 에라, 놓아 두어라. 어느 시러베 아들이 부모한테 꾸중 듣고, 중복(重服) 당하였기로 이리 복통하며 정신이 없으랴. 사또께서 동부승지(同副承旨) 하셨단다.", 춘향이 '허허' 웃고, "애고, 야릇하여라. 댁풍속은 경사가 나면 한번씩 울어보요?", "경사가 났다마는 올라간다기에 운다.", "하면, 여기서 생전 살아요? 도련님은 먼저 올라가시면, 나는 약간 살림 매매하여 가지고 새달 보름경쯤 올라갈 터이니 도련님은 올라가서 큰댁에서 멀지 않은 집 한 채를 홍정하여 두면, 어머니는 모주(母酒)잔이나 해서 팔고, 나는 바느질품이나 팔아 그렁저렁 지내다가 서방님 귀히 되어 청운에 오르시면 그때는 춘향 일신 드러내놓고 호사시켜도 무슨 걱정이 있으리까? 향단아, 남문 밖에 가 삯사람 둘만 사오너라. 가산방매할란다. 내 평생 소원이 한양 살기 원이더니 이제야 맞췄으니 한양 구경 어서 가자.", 도련님 기가 막혀, "에라 에라, 너의 아씨가 날 죽이는 말이로다.", "그러면 어떤 말씀이요?", "원수로다, 원수로다, 양반 근본 원수로다. 미장전 아이가 부형 계신 고을에 내려와 기생작첩 데려왔단 말이 조정에 편론(偏論)하면 사당차 말도 못하게 하고, 벼슬도 하나도 못하고 백수로 늙혀 죽인다니 아마도 몇해간 이별이 될 밖에 수가 없다.", 춘향이가 이별 말을 막 듣더니 바로 변색되어 요두전목(搖頭轉目)에 얼굴이 붉으락 푸르락 눈썹이 꼿꼿하며 온 몸을 꿩 챌려는 매 몸 짜듯 꽉 짜고 앉더니 도련님을 물끄러미 보더니,

(진양조) "허허 이게 웬 말이요?", 와락 뛰어서 일어나며 걷어 올린 치마자

---

4 다소 길게 느껴질지 모르겠으나 이별 대목의 전모를 파악하기 위해 어쩔 수 없이 핵심 부분을 위주로 하여 길게 인용하였음을 양해 바란다. 이하 마찬가지이다.

락도 짝짝 찢어서 후리쳐 버리고, 머리끄덩이도 아드득 쥐어뜯어서 도련님 앞에다 던지면서, "이것도 모두 다 쓸 데가 없구나.", 면경 체경도 두리쳐 안아다가 문방사우에다 후닥딱 와르르탕탕 부딪치며, 손벽을 치고 돌아앉으며, "서방 없을 춘향이가 세간 살아 무엇하며, 단장하여서 누구를 보일꺼나. 몹쓸 년의 팔자로다. 이팔청춘 젊은 계집아이가 서방 없이 어이를 살꺼나.", 천연히 돌아앉으며, "여보시오, 도련님. 천한 춘향이는 함부로 버리셔도 아무 탈이 없나이까? 우리 당초 언약할 제, 대부인 사또님이 시키시던 일이이까? 빙자하기 웬 일이요? 작년 오월 단오일에 광한루에서 처음 보고 내 집을 나와 계셔 도련님은 저기 앉고 춘향 나는 여기 앉아 무엇이라고 말하셨소? 구맹(口盟)이 불여심맹(不如心盟)이요, 심맹(心盟)이 불여천맹(不如天盟)이라고, 나의 손길 부여잡고 우둥퉁퉁 밖에 나와 당중에 내려서서 경경히 맑은 하늘을 천 번이나 가르키고 만 번이나 맹세키로 내가 정녕히 믿었던지마는 말경에 가실 적에는 뚝 떼어서 버리시니 저러한 독하고 모진 양반 고금천지 어디가 있더란 말이냐. 애고 애고, 내 신세야." (장자백 창본 〈춘향가〉)[5]

예기치 않은 이별의 통보는 일종의 폭력이다. 위 장면은 이도령의 춘향에 대한 감정과 춘향의 이도령에 대한 감정이 서로 다름을 극명히 보여 주고 있다. 아무리 사랑하는 남녀라 하더라도 애초에 그 감정이 같을 수는 없을 것이다. 하지만 순진을 가장한 이도령의 태도는, 다르다는 것 정도로 설명할 수 있는 차원을 넘어서 있다. 이미 이도령은 무엇을 선택해야 할지 분명한 답을 내린 상태였기 때문이다. 양반 근본이 원수임을 변명 삼아 하고 있지만 누구도 그것이 진실되다고 믿지 않을 것이다. 하층 민중은 이도령의 그러한 점을 공략하며 이도령 끌어내리기[6]에 성

5 김진영 · 김현주 역주, 『춘향가(명창 장자백 창본)』, 박이정, 1996, 99~103쪽.

6 정양, 「닮아가기와 끌어내리기」, 『판소리 더늠의 시학』, 문학동네, 2001, 162쪽 참조.

공한다. 그들은 이도령의 변명에 분노할 것이고 그의 어쩔 줄 몰라하는 모습을 즐겼을 것이다.

그러나 춘향에게 있어 이 이별은 도저히 받아들일 수 없는 이별이다. 아예 처음에는 상황조차 제대로 파악하지 못한 것으로 설정된다. 춘향은 이도령 부친의 승진은 경사이기에 이도령의 울음을 감격의 울음으로 여겼고, 이도령이 서울로 가더라도 자신이 따라 올라가 그럭저럭 생계를 유지하며 지금과 같은 관계를 유지할 수 있을 것이라 생각했던 것이다. 이때 이별을 염두에 둔 이도령과, 이별해야 할 것임을 알고 있는 청중과 독자, 이별이 닥쳐 왔음을 알지 못하는 춘향 간에는 극적 아이러니 관계가 성립한다. 그러나 춘향의 말에서 제시된 것처럼 이러한 상황을 현실적으로 극복할 수 있는 방안도 없지 않기 때문에 위의 아이러니는 웃음의 유발과는 거리가 있다. 그 대상인 춘향이 희화화되지 않음은 물론이다. 이 장면은 전적으로 춘향의 편에서 그려지고 있는 것이다.

실은, 춘향은 이도령의 울음을 보며 이미 눈치를 채었을 것이다. 그 모습을 보는 순간 이별을 직감했을 지도 모른다. 비언어적 요소에는 언어를 통해 담을 수 없는 진실까지 묻어날 때가 많기 때문이다. 그러나 춘향은 설마 그렇게 하랴 하고 생각했을 것이다. 그래서 서둘러 자신의 계획을 떠올려 말했던 것이다. 어쩌면 그 전부터 이런 일이 생길 때를 대비해 생각해 둔 계획이었을 수도 있다.

하지만, 곧 이도령이 서울로 갈 것임을 알고 오히려 좋아했던 춘향은, 이별 통보를 받고 울분을 터뜨린다. 이별 자체가 문제가 아니었다. 이렇게 쉽게 사랑을 저버리는 이도령이 원망스러웠던 것이다. 그 간의 둘의 사랑이 고작 이 정도였다는 것도 인정할 수 없었다. 이때문에 춘향은 심리적으로나 정서적으로 민감한 상황에 놓인다. 변명이랍시고 한 말은, 춘향의 신분 문제를 새삼 환기시킨, 일종의 책임 회피에 다름 아니었다.[7] 이에 춘향은 치맛자락도 찢고 머리도 쥐어뜯으며 거울도 집어던지고 예전 일을 거론하며 철저히 따진다.

이별을 일방적으로 통보받고도 고이 보내 주는 것은 비인간적이다. 정신 건강에도 좋지 않을 뿐더러 그것을 사랑이라 하기에는 불공평하기만 하다. 그러나 떠나야 할 사람을 계속 붙잡는 것 역시 사랑이 아니다. 떠날 사람은 언젠가는 떠나게 마련이기 때문이다. 춘향도 이 점을 잘 알고 있었다.

(말뇨) 도련님이 딱 질리어, "여보소 장모, 춘향만 데려갔으면 그만 아닌가? 아니 데려가고 견디어 낼까. 이 답답한 중이라도 신통한 꾀 하나를 생각하였으나 이 말을 만일 입 밖에 내어서는 내 양반만 망신되는 말이 아니라 팔도양반이 모두 망신될 말이로세. 춘향을 가마를 태워 가도 말이 날 것이요, 쌍교를 태워가도 필경에 말이 날 것이니, 내일 내행 나오실 때 가묘배행(家廟陪行)은 내가 할 것이니 신주(神主)는 모셔내어 내 소매 속에 모시고 춘향을 요여(腰輿)를 태워 가면 어느 귀신의 아들이 알것나.", 춘향이 그 말 듣고, "아소, 어머니. 도련님인들 오죽 답답하여야 저 같이 망언을 하겠소. 내 팔자 기박하여 아무 때라도 공방살이 하라는 팔자가 되어 이리 되는 일이니 인력으로 어찌 하오리까. 어머니는 건넌방으로 건너 가시면 나는 오늘 밤새도록 이야기나 실컷 하고 울음이나 실컷 울고 내일 이별하겠소.", 춘향 어미는 건넌방으로 건너 가고 춘향이는 도련님과 영이별 하려 할 제,

(중머리) 일절통곡 애원성에 단장곡(斷腸曲)을 섞어 내어 운다. "애고, 여보 도련님. 날 볼 날이 몇 날이며 날 볼 밤이 몇 밤이요. 애달프고 느낀

7 결국 이도령과 춘향의 이별은 춘향을 피해자로 한 일방적인 이별인 것이다. 그러나 이도령이 거론한 이유가 춘향에게 설득력이 없었던 만큼(이는 이도령도 잘 알고 있었을 것이다), 이 이별은 춘향 이상으로 이도령에게도 고통스러운 일이었을 것이다. 둘의 재회가 이루어지지 않았다면 이도령은 그로 인한 아픔, 자책감을 평생 안고 살아야 했을지도 모른다. 이것이 이별의 역설이다.

수작 오늘밤이 망종이요. 낙양천리낭군거(洛陽千里郎君去)에 보낼 송자(送字) 어이 하며, 성우분(城隅分)의 쌍수(雙手)할 제 떠날 이자(離字) 가이 없다. (…) (장자백 창본 〈춘향가〉)[8]

위에 인용하지는 않았지만 춘향모도 이도령의 경우 없음을 장황히 따진다. 이 애기를 들은 후 이도령은 엉뚱한 제안을 한다. 조상의 위패를 모시는 腰輿에 춘향을 태워가면 되지 않느냐는 것이다. 치기 어린 발상이라 해야 할는지, 이렇게 말하면 자신을 떠나보내 주리라는 계산에 따른 제안인지, 〈춘향가〉 작자의 이도령 끌어내리기에 따른 의도적 산물인지 모르겠으나, 아무튼 이 말을 듣고 춘향은 이도령을 떠나보내 줄 결심을 한다. 아니, 이미 춘향은 화를 내면서 그런 생각을 했을 가능성이 높다. 춘향은 이별을 이제서야 현실로 받아들인다. 이별마저도 사랑이 가져다 주는 고통의 한 부분임을 춘향은 비로소 깨달은 것이다. 위에 이어지는 이별노래는 춘향의 이러한 절절한 심사를 담은 노래이다.

이처럼 〈춘향가〉의 이별 대목은 춘향과 이도령 간의 이별 대목이라기보다는 이도령을 떠나보내는 '춘향의' 이별 대목이다. 따라서 이 대목은 이별을 앞에 둔 춘향 내면의 변화에 초점을 두어 감상해야 할 대목이다. 앞서 살핀 것처럼 처음에 춘향은 별 것 아니라며 함께 따라가면 된다고 했다가, 곧 치맛자락을 찢으며 강하게 따진 바 있었다. 하지만 결국에는 이별이라는 엄연한 현실을 인정하고 그리움을 품은 채 이별을 준비함을 볼 수 있었다. 춘향 내면의 이러한 변화를 실감 나게 포착했다는 점에서 이 대목은 뛰어난 대목이라 할만하다.[9]

그런데 그뿐만이 아니다. 이러한 춘향의 세 가지 면모는 〈춘향가〉 전

---

8 김진영·김현주 역주, 앞의 책, 107~109쪽.

9 〈춘향가〉 이별 대목은 〈춘향가〉의 '눈' 대목이라 할 만큼 당시 호응을 받았던 대목이다.

반에 걸쳐 드러나는 춘향의 면모들이기도 하다. 광한루와 자신의 집에서 이도령과 만날 때의 발랄한 모습, 부당한 억압에 항거하는 기개 있는 모습, 한 남성을 몹시도 사랑하고 그리워하는 평범한 여인네의 모습 등이 각각 이 세 면모에 그대로 대응되고 있기 때문이다. 그 어느 하나의 모습만으로 춘향을 재단해 버릴 수는 없는 것이다.

2) 심청과 심봉사 이별

이별에는 사랑하는 남녀의 이별만 있는 것은 아니다. 부모 자식 간의 이별도 있고 형제 자매 간의 이별도 있으며 친구 간의 이별도 있다. 이 중 대체로 부녀 간의 이별은 남녀 이별에 비해 제재적 긴장도가 떨어진다. 하지만 심청과 심봉사의 이별[10]만큼은 그렇지 않다. 오히려 남녀 이별 못지 않은, 처절하다시피 한 애틋함을 자아낸다. 그 이유는 무엇 때문일까. 마지막 남은 혈육 간의 이별이면서 그것이 永別임을 의식했었기 때문일까. 아마 그것 때문만은 아닐 것이다. 이 점까지 파악해야 이 대목을 제대로 감상하는 것이 될 것이다.

심청은 남경 선인들에게 몸을 팔아 공양미 삼백석을 마련하여 시주한 후 '그 날'을 기다리며 한 가지씩 이별을 준비한다. 다음은 바로 그 대목의 앞부분인데, 이별의 슬픔을 이토록 실감나게, 그리고 애절하게 묘사한 대목은 그리 많이 보지 못하였다.[11]

---

10 초기 〈심청가〉의 형태를 가장 잘 간직한 이본으로 평가받는(유영대, 『심청전 연구』, 문학아카데미, 1991, 140쪽) 박순호19장본 〈심쳥전이라〉에서도 오늘날 전승되는 〈심청가〉 이별 대목과, 장승상 부인을 만나는 대목을 제외하고는, 크게 다르지 않은 것으로 보아, 〈심청가〉 이별 대목은 그 전승이 오래며 또한 높은 호응을 받아 왔음도 알 수 있다.

11 여기서 한 가지 분명히 해 둘 것이 있다. 심청과 심봉사의 이별은 인신제의 풍속을 배경으로 한 것이므로 현실감이 떨어진다는 지적이 있을 수 있다. 하지만 이는 문학

(중모리) 곰곰 앉어 생각하니 공양미 삼백 석은 부처님께 올렸으나 사람이 세상에 나서 십오세에 죽을 일과 앞 못 보는 우리 부친 영별하고 죽을 일이 정신이 암암하야 일에두 뜻이 없고 저리 하여두 뜻이 없어, '이리하여 못 쓰겄다 내가 살었을 제 부친 의복 빨래나 히리라.' 하고, 춘추의복 고의 상침 겹것 하절의복 한삼 고의 겨울의복 솜 두어 보에 싸서 농에 넣고 갓 망까지 새로 지어 끈을 달어 벽의 걸고 그렁저렁 일삭이 지나 날이 임의 가까와서 하루밤이 격한지라. 밤은 적적 삼경인데 인적은 고요하고 촛불만 대하야 두 무릎 마주 꿇고 아미를 수그리고 한숨을 길게 쉬니 아무리 효녀인들 마음이야 온전하랴. '부친의 신던 버선볼이나 망종 받으리라.', 바늘 실 꿰어 드니 가슴이 답답 두 눈이 침침 하염없이 울음이 간장을 좇아 나니 부친 깰까 저어하야 크게 울던 못하고 속으로 우난 말이, "아고 아버지 날 볼 날이 몇 날이며 날 볼 밤이 몇 밤이요. 내가 한번 죽어지면 눈 어두운 우리 부친 사고무친 혈혈단신 의탁할 곳 바이 없어 지팡막대를 걸터짚고 때 찾어 나가다가 구렁에도 떨어지고 돌에 채여 엎더져서 신세자탄 우는 양을 눈으로 본 듯하고 가가문전 다달아서 밥 달라 하는 소리 귀에 쟁쟁 들리는 듯 명산대천 신공 드려 삼십 후에 낳은 자식 귀염 한번 못 보시고 이 모양이 된단 말가. 돌아가신 우리 모친 지부에로 돌아가고 나는 이제 죽거드면 수국으로 갈 것이니 수궁에서 지부 가기 몇 천리나 멀도던가. 만일 모친 보는 날에 부친 소식 묻거드면 무엇으로 대답하리. 오늘밤 오경시를 함지에 머무르고 내일 아침 돋는 해를 부상지에 매량이면 어여뿔사 우리 부친 더 보시고 가련만은 일거월래를 뉘라서 막을소냐.", 천지가 사정이 없어 이윽고 닭이 우니, 심청이 기가 막혀, "닭아 닭아 우지 마라. 반야진관에 맹상군이 아니로

작품 속의 사건을 실제의 사건과 대응시켜 이해하려는 사유의 소산이다. 문학 작품 속의 현실은 실제의 현실을 토대로 하기는 하되 새롭게 창조된 현실이므로 문학적 관습을 독자가 준수하는 한 그것 역시 생생한 현실일 수 있다.

다. 네가 울면 날이 새고 날이 새면 내가 죽겠다. 내 죽기는 쉽지 않으나 의지 없는 우리 부친 어이 잊고 가잔 말고." (이선유 창본 〈심청가〉)[12]

판소리 작품 속 인물들은 대체로 양면성을 띤다. 요녀인가 하면 정숙한 여인이기도 하고, 착하지만 또한 무능한 인물로 그려지기도 한다. 그리고 아무리 긍정적인 주인공이라 할지라도 상황에 따라 희화화되는 과정을 한번 이상은 겪는다. 그러나 그 중에도 예외가 있으니 그녀가 바로 심청이다. 판소리 작자군은 심청만은 흠 잡을 데 없는 '고운' 인물로 그리고 있는 것이다.

심청은 부친 영별하고 죽을 일 때문에 아무 일도 손에 잡히지 않았다. 그 와중에도 심청은 자신이 떠난 후 부친이 입을 사철 의복을 챙기는 일은 빠뜨리지 않았다. 오직 이 일만이 중요했던 것이다. 그럭저럭 열 달이 지나고 약속한 날짜가 내일로 다가왔다. 심청은 마지막날까지도 부친의 버선볼을 손보려고 했다. 그때였다. 바늘에 실을 꿰려는 순간 눈이 침침해지더니 참고 참았던 눈물이 쏟아졌고 그것을 주체할 수도 없게 되어버리고 말았던 것이다.

이 대목을 보면 판소리 작자들이 얼마나 뛰어난 삶의 감각을 지니고 있었는지, 심청 내면의 진실을 그리기 위해 얼마나 심사숙고했는지를 알 수 있다. 심청은 울음을 삼키며 열 달을 보냈었다. 변화된 기미를 보였다가는 부친이 눈치를 챌 것이기 때문이었다. 그러나 아무리 효녀라지만 하루 전 버선볼을 손보기 위해 바늘에 실을 꿰는 순간만은 북받쳐 오르는 눈물을 주체할 수 없었다. 바늘에 실을 꿰기 위해서는 눈에 온 신경을 집중해야 한다. 더구나 몸을 팔기로 한 하루 전이었다. 이때

---

12 김진영 외, 『심청전 전집』 1, 박이정, 1997, 67~68쪽. 필자가 현대어로 고쳤으며 띄어쓰기도 적절히 하였다.

에는 출천대효 심청도 더 이상 평정을 유지할 수 없었던 것이다. 심청으로 하여금 이때에야 비로소 마음의 평정을 잃고 울음을 터뜨리게 한 것, 그것은 아마 심청을 순정한 여인으로 그리고자 한 판소리 작자의 치밀한 사려의 소산이었을 것이다.[13]

하지만 심청은 소리내어 울지는 못했다. 부친이 깰 수도 있었기 때문이다. 그 이후 긴 자탄사설이 이어진다. 심청은 이때 온갖 생각을 한다. 자신이 죽는 것은 서럽지 않으나 의지할 데 없고 눈 먼 부친이 홀로 어떻게 살아갈지 걱정이 되었다. 자신의 몸을 팔아 공양미 삼백석을 시주했지만 그것을 통해 부친이 눈을 뜨리라는 확신을 가졌던 것은 아니었기 때문이다. 그렇지만 부친을 위해 삼백석을 마련하지 않을 수도 없었다. 눈을 떠서 사람 답게 살고자 하는, 부친의 최소한의 희망을 자식으로서 저버릴 수 없었던 것이다. 만약 그것만이 부친에게 희망을 가져다 줄 수 있다면 자신의 몸이라도 팔아야 했던 것이다. 결과적으로 그것은 불효가 되는 일이기도 했기에 심청은 이처럼 비통해할 수밖에 없었다. 이것이 심청의 진실이다.

> (아니리) 어느새 동방이 밝아오니 벌써 선인들이 사립 밖에 서 있으며, "오늘이 행선날이오니 수이 가게 하옵소서.", 심청이 하는 말이, "몸 팔려 가는 줄은 우리 부친이 모르오니 우리 부친 진지나 망종 지어 잡순 후에 떠나게 하옵소서.", 선인들이 "그리하오.", 이때의 심청이는 눈물로 밥을 지어 부친 앞에 상 드리고 자반도 떼어 수저에 놓고 쌈도 싸서 입에 넣으며, "진지를 많이 잡수시요.", 이때에 심봉사는 심청 보고 하는 말이, "이 애 오늘 아침은 반찬이 너무 좋다. 누 집에 제사 지냈더냐?", 이때에 심청이 가대 담배 한 대 담어 부친게 드린 후에

13 이 부분이 현재 전승되는 〈심청가〉에서는 모호하게 처리되어 있어 유감이다.

(진양조) 사당에 하직차로 사당문을 가만히 열고 분향재배하야 울며 고하는 말이, "불효여식 심청은 아비 눈 뜨기를 위로하여 인당수로 가오되 조종향화를 끊게 되니 불승영모하옵네다.", 하직하고 문을 닫고 부친 앞에 나오더니, "아이고 아버지.", 말 못하고 기절하니 심봉사는 짬도 모르고 깜작 놀래여 하는 말이, "아가 이게 웬일이냐? 어대 배 아프냐? 급체를 하였나냐?"

(아니리) 심청이 여짜오되, "내가 불효여식으로 아버지를 속이었소. 공양미 삼백석을 뉘라서 주겠소. 남경선인 상고들게 삼백석에 몸이 팔리어 오늘 죽으러 가난 날이오니 날을 망종 보옵소서."

(자진모리) 심봉사 그 말 듣고 먼 눈이 번적번적 한참 동안 말 못하고 팔각질만 달각달각 하더니, "아이고 큰일 났네. 네가 이게 웬말이냐. 안 될 말이지야. 못하리라. 네 내게 묻도 않고 네 마음대로 한단 말이냐. 못하리라. 눈을 팔어 너를 살데 너를 팔어 눈을 뜬들 무엇 보자 눈을 뜨랴. 네 이놈 선인들아 장사도 좋거니와 사람 죽여 제하는 데 일천하에 어데 있느냐. 눈 먼 놈에 무남독녀 철 모르는 어린 아해 날 모르게 유인하여 값을 주고 사단 말가. 돈도 싫고 쌀도 싫다. 네 이놈 상놈들아 이 글을 모르느냐. 칠년대한 가물음에 사람으로 비랴 하니 탕임금의 어진 말씀 사람으로 빌 양이면 내 몸으로 대하리라 신영백모 전조단발 상님 뜰에 빌었더니 대우 방수천리라. 이런 일도 있나니라. 차라리 내 몸으로 대신 가자. 여보시요 동네 사람들 저런 놈들 그저 두오.", 내리궁글 치궁글 엎더지며 자빠지며 죽기로만 드는구나.

(…)

(중모리) 선인들을 따라갈 제 슬히 울며 따러간다. 허트러진 머리털을 두귀 밑에 내리우고 비가치 흐르는 눈물 옷깃이 모두 사무친다. 엎더지며 자빠지며 붙들리어 나갈 적에 건너 말을 바라보며, "이진사댁 큰아가 작년 오월 단오날에 앵도따고 노던 일을 네가 행여 생각느냐. 너희들은 팔자 좋아 모시고 잘 있거라.", 동인 남녀노소 없이 눈이 붓게 모도 울 제, 하누님이

아옵신지 백일은 어데 가고 음운이 자옥하며 청산도 찡그린 듯 간수는 오열하고 요요한 버들빛은 조을 듯이 느러지고 춘조는 다정하여 백반지하는 중에, 묻노라 저 꾀고리 누구를 이별하였기에 환우성 을켜 울고 뜻밖에 두견이는 피를 내어 울음 우니, 야월공산 어데두고 진정 제송단장이냐, 네 아모리 가지 우에 불여귀라 울건마는 값을 받고 팔린 몸이 다시 어이 도라오리. 춘만의 지는 꽃이 지고싶어 지랴만은 사세가 부득이라. 수원수구를 어이하리. 한 걸음에 눈물 씻고 두 거름에 돌아보니 바람에 날린 꽃이 낯에 와 부딪치니 꽃을 들고 바라보며 약도춘풍불해의(若道春風不解意)하면 하인취송락화래(何因吹送落花來)라, 한무제 수양공주 매화장[14]은 있것만은, 죽으러 가는 몸이 누구를 위하여 단장하리. 한 걸음에 눈물 짓고 두 걸음에 돌아보며 선두에 당도하니 (이선유 창본 〈심청가〉)[15]

시간(세월)은 사람을 기다리지 않는다고 했던가. 어느 새 날은 밝고 심청은 마지막 진지를 부친께 올린다. 이제 초점은 심봉사가 이 이별을 어떻게 받아들이는가 하는 데로 넘어간다. 심봉사는 심청이 차려준 아침 반찬이 좋다고 하며 누구 집에 제사가 있었냐고 묻는다. 그리고 위 이본에는 나오지 않지만 지난 밤 꿈 속에 심청이 큰 수레를 타고 끝없이 가는 모습을 보았다며 귀히 될 것이라고 오히려 좋아한다. 심청과 청중은 영별이 다가오고 있음을 알지만 심봉사만은 알지 못하고 있는 것이다. 여기서 심봉사를 돌려세우는 극적 아이러니가 성립한다. 이런 경우의 극적 아이러니는 대체로 이별의 정감을 더욱 고조시키는 역할을 하는 것이 일반적이다. 하지만 위 장면에서는 오히려 이별을 앞둔 심봉사

14 보통, 매화장은 이마에 붙이는 매화 장식을 말한다. 위는 송나라 무제의 딸인 수양공주가 처마 밑에 누워 있을 때 매화 꽃잎이 떨어져 내려앉아 마치 매화 꽃잎으로 화장을 한 듯이 그윽한 향기를 풍겼던 일을 끌어들인 부분이다.

15 김진영 외, 앞의 책, 68~71쪽.

가 느낄 고통을 즐기고 있는 듯한 작자(서술자)의 어조를 느낄 수 있다. 지나치다고 할 정도는 아니지만 가학적인 태도도 없다고 할 수는 없는 것이다. 상황을 파악한 심봉사가 선인들을 욕하며 차라리 내 몸으로 대신하라고 하면서 발악할 때 굳이 "내리궁글 치궁글 엎더지며 자빠지며 죽기로만 드는구나."[16]라고 다소 희화화하여 묘사한 것도 그 연장선상에 놓인다.

심봉사에게 있어 심청과의 이별은 단순히 딸과 헤어지는 일에 그치지 않았다. 그에게 있어 그것은 자신의 눈을, 수족을 잃는 일이기도 했다. 따라서 심청뿐 아니라 심봉사에게 있어서도 역시 이별은 크나큰 고통이었음이 분명하다. 하지만 실제로는 위와 같이 심봉사를 약간은 가학적 시선으로 바라보고 있는 이유는 무엇일까?

앞서 이별은 그 누군가의 욕망이 초래한 파국이라 한 바 있다. 〈춘향가〉에서는 그 누군가에 해당하는 인물이 이도령이었다면 여기서는 심봉사가 그러한 인물일 것이다. 애초에 심봉사는 공양미 삼백석을 시주할 만큼의 경제적 능력이 자신에게 없음을 잘 알고 있었다. 그럼에도 불구하고 시주를 하마고 한 것은 그 '잘난' 자존심 때문이었다.[17] 만약 이때 냉정히 자신을 돌아 보았었다면 심청과 이별하는 일은 없었을 터

---

16 이 부분에서 심봉사를 가장 우스꽝스럽게 그려 놓은 이본은 신재효본 〈심청가〉이다. 신재효본에서는 "심청이 숀을 노코 치궁굴 너려궁굴 마른 짱의 싀우 쒸듯 아죠 ᄌᆞ반 뒤씨기를 ᄒᆞ는구나"(강한영 교주, 『신재효 판소리 사설집(全)』, 보성문화사, 1978, 190쪽)라 표현하고 있다. 필사본 〈심청전〉들을 검토한 김영수, 『필사본 심청전 연구』, 민속원, 2001, 272~273쪽에 따르면, 심봉사의 태도가 후대본으로 올수록 이처럼 "그 표현이 강렬해지면서 행동화로 전이되는 정도가 심해진다"고 한다. 그리고 이는 후대 이본들에서 심봉사의 비중이 강화되는 것과 관계가 있다고 본다.

17 이선유 창본 〈심청가〉의 해당 부분은 다음과 같다.
"심봉사가 눈뜬다는 말에 웃지 반갑던지 삼백석 적으시요 화주중 하는 말이 댁의 가세를 보니 고양미 삼백석을 무슨 수로 하겟소 심봉사 하는 말이 일을 내가 모르고 누가 알 거시요 잔말 말고 적으시요 화주중이 허허 웃고 제일층 불근 지에 심학규 백미 삼백석이라 저거 가지고 하직하고 갓것다"(김진영 외, 앞의 책, 65쪽).

이다. 심봉사가 여기서 괴로워하는 것은 이런 자책감에 기인하는 바 클 것이다. 하지만 여전히 심봉사는 선인들 앞에서 殷 湯王의 七年大旱 고사를 들먹이며 호통을 치고 있음을 볼 수 있다.

그러나 〈심청가〉의 작자가, 그리고 청중이 이런 심봉사를 드러내 놓고 비난할 수는 없었다. 심봉사 역시 간고한 삶을 살아 왔고 더구나 하나뿐인 혈육과도 영별할 상황에 놓여 있었다. 눈을 뜨고 싶은 욕망은 봉사라면 당연히 품을 만한 일이었기도 했다. 하지만 이 모든 상황을 초래한 심봉사이므로, 드러내어 비난할 수는 없었지만 그렇다고 그냥 넘어갈 수도 없었던 것이다.[18]

중략한 부분에는 마침 이 소식을 듣고 무릉촌 장승상 부인이 심청을 불러 자신이 삼백석을 내어주겠다고 하나 심청은 이미 선인들과 언약을 했고 또 공을 빌려 하는데 남의 재물을 바란다는 것은 있을 수 없다며 거절하는 대목이 있다. 장승상 부인은 본래 심청이 늦게까지 돌아오지 못하는 상황을 만들기 위해 설정한 인물이다. 이때 심봉사는 심청을 기다리다 밖으로 나와 물에 빠지기 때문이다. 따라서 이 대목은 장승상 부인 같은 고귀한 인물이, 떠나가는 심청을 그냥 두지는 않았으리라는 일반적인 인식으로 인해 끼워넣은 대목이다.[19] 하지만 여기서도 심청의 곧은 마음은 여전히 빛을 발한다.

이미 사태는 돌이킬 수 없는 상황에 이르렀다. 장면의 초점은 다시

---

18 이와 관련하여 심청이 떠난 후 심봉사는 어떤 삶을 살았는가 하는 점도 생각해 볼 점이다. 심봉사는 심청과 이별한 뒤 한 동안 비탄에 젖어 있었을 것이다. 하지만 곧 뺑덕어미를 만나면서부터는 그럭저럭 행복하게 지낸 것으로 되어 있다. 혹 어떤 이는 부인 잃고 딸 팔아먹은 심봉사가 이런 삶을 살 자격이 있는가 하는 의문을 던질 수도 있을 것이다. 〈심청가〉의 작자가 있다면 아마 이렇게 대답했을 것이다. "떠난 사람은 떠난 사람이고 인생이란 즐거워하며 살기에도 짧은 것"이라고.

19 장승상 부인 대목의 첨가 문제에 대해서는 김종철, 「〈심청가〉와 〈심청전〉의 '장승상 부인 대목'의 첨가 양상과 그 역할」, 『고소설연구』 35, 한국고소설학회, 2013 참조할 것.

심청에게 맞추어진다. 부친과 영별하는 마당에 심청은 무슨 생각을 했을까? 〈심청가〉의 작자는 이때의 심청의 내면을 이렇게 그려놓고 있다. 심청은 선인들에게 붙들려 가며 건너 마을에 사는 친구들을 떠올린다. 친구들과 정겹게 놀던 일이 생각났던 것이다. 하지만 그것 때문에 친구들을 떠올린 것은 아니다. 친구들이 부러웠던 것이다. 그렇지 않아도 평소에 부모와 함께 정답게 살던 친구들이 부러웠을 터인데 부친과 영별하는 마당에 오죽했으랴. 심청이 울 때는 꾀꼬리도 울었고 두견새도 울었다. 걸어지지 않는 걸음을 어쩔 수 없이 옮겨 가는데 꽃잎이 얼굴에 와 닿음을 느꼈다. 이때 심청은 삶의 존재감을 느낀다. 꽃은 단장을 연상케 한다. 여성에게 있어 단장은, 문화적 차이는 있겠으나 대체로 본능적인 행위에 해당한다. 심청은 죽음을 앞에 두고 새삼 여성으로서의 삶을 제대로 살아보지 못한 자신을 되돌아보고 있는 것이다. 〈심청가〉의 작자는 죽음을 앞에 둔 심청의 내면을 이처럼 섬세하게 빚어 놓았던 것이다.

심청과 심봉사의 이별이 이처럼 애처로운 것은, 그것이 서로 간에 하나뿐인 혈육과의 영별이었기 때문만은 아니다. 이 이별에는 심청의 고뇌와 회한, 심봉사의 욕망과 자책감이 복합적으로 얽혀 있다. 거기에다 청중도 가만히 앉아 들을 수만은 없었으리라. 그렇기에 이 대목은 처절하면서 애틋하게 다가온다.

3) 자라와 자라가족 이별

그러나 어디 인간사에 이처럼 비통하고 애절하기만 한 이별만 있으랴. 재회를 기약할 수 있는, 그래서 조금은 덜 슬픈 이별도 있고, 그리 친하지 않은 사이의 가벼운 이별도 있을 것이다. 판소리 작품들 중에도 조금은 색다른 이별이 있다. 〈수궁가·토끼전〉의 자라·자라가족 이별,

〈배비장전〉의 애랑·비장의 바로 그것인데, 이 경우는 당사자에게는 어떨지 모르나 보는 사람에게는 재미있는 이별이라 할 수 있을 것이다. 그 중 자라와 자라가족 이별을 살펴 보기로 한다.

토끼의 간이 약이 된다는 말에 수궁회의에서는 토끼를 잡아올 자로서 누가 적격자인지를 놓고 격론 중이었다. 이때 과감히 나선 자가 있었으니, 그가 바로 자라였다. 앞서 이별은, 천재지변에 의한 것이 아니라면, 그 누군가의 욕망이 초래한 결과적 현상이라 한 바 있다. 자라와 자라가족 간 이별은 충성스런 신하로서의 본분을 다하기 위해서였든, 나라에 공을 세워 입신양명하고 가문을 빛내 보려 했든, 아니면 그외의 어떤 것이었든, 자라의 욕망이 초래한 결과였다. 그 결과로서의 이별은 다음과 같이 이어진다.

자기 집으로 돌아와서 자라 모친 앞에 하직하니, 자라 모친 내달으며, "여봐라, 주부야! 내 말 듣거라. 내 나이 칠십인데 삼대 독자 너를 두고 사후종신(死後終身) 믿었더니, 험한 세상 너 나가니 이 아니 민망하냐? 너의 조부 시아버님 세상에 나가 밥 탐욕을 과히 하다 쇠낚시에 목 꿰어 속절없이 죽었고, 너의 부친 서방님도 세상에 천렵(川獵) 차 나가더니 푸른 물결 높이 떠서 이리저리 다닐 적에 창수꾼(槍手)을 보고 네 아버지 빠른 눈치 날쌔게 숨었으나 창수꾼의 날랜 솜씨 창을 한번 휘두르니 기어이 쇠꼬챙이에 등을 꿰어 속절없이 죽었으니, 내력이 그러한지 너도 세상에 나가려 하니, 이 아니 민망하냐. 제발 가지 마라."

별주부 대답하되, "어머님, 염려마옵소서. 임금 섬기는 도리 분명하고, 하늘과 땅의 신령 밝게 빛나거늘, 하물며 객사하오리까?"

별주부 앞으로 또 암자라 나오면서, "어와 저 낭군님, 물결치는 강 깊은 물에 우리 둘이 마주 떠서 큰 고기 작은 고기 잡아 먹던 그런 재미 다 버리고 만리타국 나가면 어느날 돌아올 수 있으리오? 어느 때나 돌아오시려오?

독수공방 이내 신세 맘 부칠 곳 전혀 없네. 제발 가지마오."

이렇듯 만류하니, 별주부 화를 내어 하는 말이, "에잇, 요망하도다. 여편네가 국사(國事)를 모르고 사정(私情)만 내세우니 무엇을 알겠느냐? 왕명 받든 사신으로 만리타국에 연장도 없이 산짐승 잡으러 가는데 방정스럽게 우는고? 울지 마라!"

일견 꾸짖더니 별주부 제가 울것다. "못잊겠네. 못잊겠네, 아무래도 못잊겠네."

암자라 묻는 말이, "그 무엇을 못잊겠나? 못잊을 것 없건마는, 도원화중(桃園花中) 벽방중(碧房中)에 노친부모 못잊겠나?"

"아니, 그건 팔□(八□)일세."

"옥창앵화(玉窓櫻花) 규방중에 절대가인 못잊겠나?"

"아니, 그도 천리(天理)로세."

'그러면 눈앞의 난초같은 어린 자식 못잊겠나?"

"아니, 그도 딴판일세."

"그러면 부모처자 외에, 그 무엇을 못잊겠나?"

별주부 대답하되, "이것 저것 다 버리고, 다만 자네 두 다리 가운데 가죽송편 못잊겠네. 근래 눈에 걸리적거리는 놈 많이 보이네."

"누가 눈에 걸리적거리기에 그 말이요?"

"그 흉악한 놈, 남생이란 놈, 명색없이 나더러 외사촌이라 하고, 형이니 아우니 하며 아주 너털웃음 지며 집 걱정 아주 말고 다녀오라 하되, 내 본시 눈에 걸리적거리네. 어슴프레한 밤이면 내 집에 무엇하러 그리 자주 다니는고? 나 나가도 문단속 단단히 하고 잠자리를 가려 자오. 잘못된 소문이 나기 쉬우니."

이렇듯 말을 하니 암자라 화를 내어, "에잇, 자라 중에 잡(雜)자라로다."

이렇듯 하직하고 수정문(水晶門) 밖 썩 나서니 경개도 매우 좋다. (가람본 〈별토가〉)[20]

이 속에도 앞서 살핀 심청과 심봉사 이별, 춘향과 이도령 이별들이 있다. 아들이 위험천만한 육지로 가는 것을 만류하는 자라모친의 이별은 심봉사의 이별에 대응되며, 언제 돌아올지 모르는 길을 떠나는 남편을 지켜보기만 해야 하는 자라아내의 이별은 춘향의 이별에 대응될 터이다. 자라모친이 말한 '死後終身'과 자라아내가 말한 '큰 고기 작은 고기 잡아 먹던 그런 재미'는 그들 내면의 진실로부터 우러나온 말일 것이다. 따라서 그들에게 초점을 맞출 때 이 이별 역시 애처로운 이별이어야 한다. 그러나 위 장면은 애처로운 이별이라기보다는 오히려 우스꽝스러운 이별에 가까워져 있다. 그 이유는 무엇일까? 여기서 우리는 자라에게 가해진 풍자적 시선에 유의하지 않을 수 없다.

이도령이나 심봉사처럼 자라 역시 그 나름대로의 욕망에 사로잡혀 있었고 그것이 이별을 초래한 원인이 되고 있다. 다만 이도령이나 심봉사의 경우는 자신의 욕망으로 인해 연인, 딸과 헤어지게 되었고 또한 그것이 상대를 얼마나 힘들게 하고 있는지를 잘 알고 있었다. 그러나 자라는 전혀 그것을 깨닫지 못하고 있음을 볼 수 있다. 풍자적 시선이 그 추를 내리고 있는 지점은 바로 여기이다.

용왕의 병을, 몰락하는 중세 국가의 위기라 볼 때, 말단관리로서의 자라가 공을 세워 뭔가를 이루고자 하는 것은 우둔한 집착이다. 그러한 자라가 國事로써 모친을 설득하고, 私情만 내세운다며 아내를 타이르는 것 역시 경직된 이념의 소산이다. 더구나 자라는 자신이 초래한 이별이 아내에게 가할 정신적 고통에는 아랑곳하지 않고 엉뚱하게도 자신이 떠난 후 아내의 외도를 걱정하고 있기도 하다. 작자(서술자)는 이러한 자라를 비웃고 있다. 자라부인을 통해 제시되는 '잡자라'라는 말은 거의 작자의 말일 것이라 해도 과언이 아니다. 자기 집안 단속도 제대로 하지 못

---

20 인권환 역주, 『토끼전』, 고려대 민족문화연구소, 1993, 281~285쪽.

하는 자가 국가적 대사를 이루고자 하는 사명감에 차 있음을 마음껏 조롱하며 비웃고 있는 것이다.[21]

그러나 한번 더 생각해 보면 國事와 私情의 비교는 자라의 내면적 갈등의 표출이기도 하다. 국가적 대사가 중요한가 사사로운 정이 중요한가. 판소리의 작자는 겉으로는 전자를 지지하지만 속으로는 후자의 손을 든다. 주지하다시피 〈적벽가〉 군사점고대목에는 싸움에는 아랑곳하지 않고 창날을 돈으로 바꿔 아내를 주기 위해 바늘 한 쌈을 산 군사 얘기가 나온다. 개인의 일상을 파괴하는 국가 간의 명분 없는 전쟁, 몰락해 가는 국가의 한 말단관리의 忠은, 아내에게 줄 바늘 한 쌈이나 아내와의 정다운 나날보다 훨씬 덜 중요할 수 있다는 것이다. 위 이별 대목에서의 풍자적 시선은 여기에까지 나아가고 있는 것이다.

3. 맺음말

이 글은 세계무형유산걸작으로까지 인정받은 판소리가 정작 우리나라에서는 저평가되고 있는 현실을 절감하고 그리 멀지 않은 시대에 살았던, 판소리 속 인물 전형을 오늘날 우리들의 삶 속에 위치시킴으로써 판소리 작품들을 새롭게 감상하는 것을 목적으로 하였다. 특히 판소리 나름의 인간론 및 세계 인식을 읽어내어 판소리 문학의 현대적 이해에 도움이 되고자 하였다. 이를 위해 이별 대목을 선택한 것은, 이별이 인

21 그러나 자라의 맹목적인 忠이 완전히 부정되는 것은 아니다. 판소리 〈수궁가〉는 후대로 올수록 용왕에 대한 풍자가 약화되고 자라의 충성을 찬양하며 그를 옹호하는 쪽으로 변모하기 때문이다. 위 인용한 내용 중 출육에 앞서 자라가 부인에게 남생이를 조심하라고 이르는 부분과 가죽 송편을 못 잊겠다고 하는 부분이 점차 축소되거나 탈락되고 있는 것도 이와 관계가 있다. 민찬, 「조선후기 우화소설의 다층적 의미구현양상」, 서울대 박사논문, 1994, 201쪽 참조.

간 삶에 있어 본질적인 문제 중 하나라 보았기 때문이다.

사랑하는 연인 간의 이별인 춘향과 이도령 이별에서는 어쩔 수 없이 이별을 받아들여야 하는 춘향의 내면적 고뇌가 섬세하게 포착되어 있었으며, 부녀 간 이별인 심청과 심봉사 이별에서는 이별을 준비하고 결국 부친 곁을 떠나가는 심청의 애처로운 모습이 아름답게 그려져 있었다. 반면 자라와 자라가족 이별에서는 이별의 슬픔쪽보다는 말단관리로서 국가적 대사를 가정적 소사에 앞세우는 자라의 맹목적 忠을 풍자적으로 바라보고 있었다. 이러한 이별 장면들은 인간 삶에 대한 깊은 이해를 동반한 판소리 나름의 인간론이라 할 수 있었다.

사랑이 그렇듯, 이별 역시 순수한 이별이란 없다. 앞서 살핀 바와 같이 유한한 존재로서의 인간의 어줍잖은 욕망이 초래한 결과일 뿐인 것이다. 그리고 인간의 욕망이 존재하는 한 이별은 영원히 우리 주변에 있을 것이다. 어떻게 보면 인간의 삶은 그 자체가 본질적으로 이별의 연속이라 볼 수도 있다.

하지만 실제로 이별을 맞닥뜨릴 때 그것이 삶의 한 과정임을 받아들이는 것은 쉽지 않다. 특히 이별을 당해야 하는 쪽에서는 이루 말할 수 없는 고통에 휩싸이게 된다. 이는 반드시 극복되어야 한다. 그렇게 하지 못할 때에는 심각한 정신적 장애까지 동반할 수 있다. 조선후기의 우리 선조들은 판소리의 이러한 이별을 간접 경험하면서 현실 속에서의 이별로 말미암을 수 있는 상처를 치유하고 상황을 극복하는 힘을 기르지 않았을까? 한편으로는 공동체의 차원에서[22] 다른 한편으로는 개체 내면 속

22 판소리에서 이렇게 이별을, 어떻게 보면 호들갑스럽게까지 그려 놓은 것은, 개인의 이별을 사적인 이별로 묶어놓지 않고 공동체의 차원에서 함께 해소하려던 당대 관습의 반영이 아닐까 한다. 인간의 본질에 깊은 관심을 갖고 있는 인류학자 세클라는, 예외가 있기는 하지만, 원시적 삶을 살고 있는 부족들의 경우 이별을 사적이거나 비극적인 사실로 받아들이지 않는데 그것은 이별이라는 개인적 사건을 공동체 전체가 관여하는 공적인 변화로 인식하기 때문이라 한다(프랑코 라 세클라(임왕준 옮김),

에서.

이별을 잘못할 경우 자신은 물론 상대에게도 한 동안 상처로 남을 수 있다. 어떤 경우 자신은 평생 회한과 자책감에 사로잡힐 수 있다. 이별이란 제대로 해야 하는 것이다. 하지만 그게 생각만큼 쉽지 않은 것이 또한 인간사이기도 하다.

『이별의 기술』, 기파랑, 2005, 114쪽).

誘惑*

1. 판소리 작품을 읽는 시각

판소리 작품 속 주요 인물들인 춘향, 심청, 흥보, 놀보 등은 오늘날 우리들에게 매우 친숙한 인물들이다. 그것은, 우리가 전계층적 호응을 받은 바 있는 전통 판소리 향유자들의 후손이기 때문이기도 하며, 또한 오늘날 민족 문화 교육의 일환으로서 판소리 작품이 교육 현장에서 지속적으로 가르쳐져 왔기 때문이기도 할 것이다. 그 결과 이들 인물은 한국인이라면 반드시 알아야 할 문화적 표상이 되었다.

그런데, 우리는 그들을 얼마나 잘 알고 있는가. 아마 긍정적인 답변을 내리기는 어려울 것이다. 필자는 그 이유 중 하나가, 판소리 문학에 이르러 갖게 된, 인간을 인간 그 자체로 보는 시각[1]을 그 간 알게 모르게 간과해 왔기 때문이라 생각한다. 우리는 우리의 구미에 맞게 그들을 이용함으로써 정작 그들의 진실된 모습은 본의 아니게 외면해 왔을 수 있다는 것이다. 이도령을 향한 춘향의 사랑이 지닌 항거의 의미는 알맞게

---

* 이 글은 『개신어문연구』 29(개신어문학회, 2009)에 실린 「판소리 작품에 나타난 유혹」을 부분 수정한 것이다.

1 정병헌, 「「춘향전」 교육의 몇 가지 전제」, 『고전문학 어떻게 가르칠 것인가』(운정이상익박사 회갑기념논문집), 집문당, 1994, 685쪽.

드러내면서도 그 사랑을 쟁취하기 위한 춘향의 내면적 고뇌에는 관심을 기울이지 않았으며, 판소리 작품의 주제적 양면성은 중요시하면서도 흥보가 서민 혹은 몰락양반이기에 앞서 '숫한' 사람이었음은 놓쳐 왔다. 굳이 말하지 않아도 알 수 있었던 흥보와 흥보처의 눈물 어린 교감은 아예 거론되지조차 않았다.

아마 이에는 판소리 작품을 민족·민중이라는 거대 담론의 구현태로 규정하려는 의도와, 판소리로부터 그 구성 원리와 관련된 이론적 지식을 추출하는 것을 더 의미 있다고 보아 온 그 간의 연구 경향이 어떻게든 관련되어 있을 것이다. 이제 우리는 그들의 삶의 진실과 그 인간적 면모에 귀를 기울여, 편향적으로 몰아 간 제반 속박으로부터 그들을 풀어 줄 필요가 있다. 그들이 우리에게 다가와 준 만큼 우리도 그들에게 가까이 다가가려 해야 한다는 것이다. 그렇게 하는 것이 그들을 우리 곁에 진정으로 친숙하게 자리잡게 하는 길이며 판소리를 다시 우리 곁으로 불러 올 수 있는 길일 것이다.

이 글은 이러한 문제를 염두에 두고 판소리 작품 속 등장 인물들의 내밀한 마음의 결을 읽어내어 그 인간적 면모를 드러내는 것을 목표로 한다. 필자는, '이별' 대목을 읽으며 이러한 작업을 이미 시도해 본 바 있다. 여기서는 그 연장선상에서 판소리 작품에 나타난 '誘惑'의 문제를 다루어보고자 한다. 왜 하필 '유혹'에 주목하고자 하는가. 여기 잠깐 해명해 두고 넘어가기로 한다.

주지하다시피 판소리 작품 세계는 조선 후기 하층이 처한 현실이 그 배경을 이룬다. 그런데 그들이 처한 현실적 질곡은 당대의 구조적 모순에 근원을 둔 것이어서 쉽게 극복할 수 있는 대상이 아니었다. 작품 여기저기서 드러내 보이는 예각화된 인식은 그러한 현실에 대한 부정적 사유의 소산이라 보아야 한다. 그리고 그 현실 부정의 기본 동인은 인간답게 살고자 하는 당대 하층의 '욕망'에 있다 할 것이다. 문학의 본질적 특성이 그렇기도 하겠지만, 특히 판소리는 인간을 인간 그 자체로 보는 시선에 터한 '욕망'의 문학인 것이다.

그런데 인간에게 있어 욕망은 다양한 모습을 띠고, 우리가 전혀 예상하지 못하는 사이에 우리 곁으로 다가오는 것이어서 쉽게 그 실체를 파악하기 어려운 현상이자 개념이다.[2] 더구나 욕망 주체와 그 대상 간의 관계는 언어적 표현을 통해 온전히 포착하기도 어렵다. 어떠한 언술을 동원한다 하더라도 욕망은 어느샌가 그 틀을 벗어나 버리기 때문이다. 또한 잠재적 욕망은 그것이 외현되지 않는 이상 파악하는 것 자체가 어렵다.

따라서 욕망을 가시적인 범주 안으로 포괄할 수 있는 또다른 틀이 필요한데, 그것을 필자는 '유혹'이라 생각한다. 유혹이란 다름아닌 '욕망의 부추김 행위'이다. 그리고 유혹은 인간과 인간, 혹은 인간과 사물 간의 '관계' 속에서 성립한다. 따라서 행위이자 관계로서의 속성을 지니고 있는, 유혹이라는 가시적 의미망을 통해, 그 전모를 드러낼 수는 없다 하더라도, 판소리 작품에 나타난 욕망의 큰 줄기들은 어느 정도는 포착할 수 있으리라 본다. 이를 논의의 단서로 삼아 본고에서는 판소리 작품 속 인물들에 투영된, 근대로 접어들 무렵 인간들의 욕망과 그들을 사로잡았던 유혹에 대해 알아 봄으로써 궁극적으로는 판소리 작품 속 인물들을 우리 주변으로 더 가까이 끌어오고자 한다.

---

2 여기서 '욕망'은 정신분석학적 혹은 진화심리학적 관점에서의 엄밀한 개념 규정에 따른 것은 아니다. 그저, 유사한 조건에 처한 인간이라면 누구나 품는 간절하게 바라는 마음 정도의 뜻으로부터 출발하고자 한다.

2. 판소리 작품에 나타난 유혹의 세 양상

1) 性的 유혹

판소리의 여러 장면들 중 미적 감각이 가장 출중한 장면을 하나 고르라고 한다면 필자는 주저없이 광한루에서 춘향이 그네뛰는 장면을 들겠다. 그런데 실은 이 장면은 판소리 장면들 중에서 가장 유혹적인 장면이기도 하다. 그 간 판소리 작품들에 가해진 민중적 시각을 벗겨 놓고 보면 이런 장면이야말로 흥미롭고도 의미 있는 장면일 수 있다고 생각한다.

(즁머리) 빅빅홍홍난만즁의 엇쩌한 일미인 나오난듸 ᄒᆡ도 갓고 별도 갓ᄯᅡ져와 갓튼 게집죵과 함기 츄쳔을 ᄒᆞ랴 ᄒᆞ고 난쵸갓치 푸린 머리 두 귀 눌너고이 ᄯᅡᆺ고 금ᄎᆡ를 졍지ᄒᆞ고 나군의 두룬 허리 아립답ᄭᅩ 고흔 ᄐᆡ도 아장거리고 흐늘거려 가만가만 나오던이 장님 슙속의 드러가셔 장장ᄎᆡ싱 근의쥴을 휘느러진 벽도가지 휘휘친친 가마 ᄆᆡ고 셤셤옥슈를 번듯 드러셔 양 근의쥴을 갈나 잡고 션뜻 올나 미러갈 졔 한 번 굴너 압피 놉고 두 번 굴너 뒤가 놉파 압뒤 졈졈 놉파갈 졔 머리 우의 푸른 입은 몸을 ᄯᅡ라셔 흔들흔들 난만도화 놉푼 가지 쇼쇼리쳐 툭툭 찬이 슝이슝이 ᄆᆡ친 꼿시 츄풍낙엽 젹의로 뚝뚝 ᄯᅥ러져 ᄂᆞ리친이 풍무취엽녹엽이라 낙포션여 구름 타고 옥경의로 상ᄒᆞ는듯 무산션여 학을 타고 요지연의로 ᄂᆞ리난 듯 그 얼골 그 ᄐᆡ도난 셰상인물리 안이로다

(말노) 도련님이 그 거동을 보시던이 마음이 월젹ᄒᆞ여 두 눈이 캉캄ᄒᆞ고 슝즁이 답답 일신슈족을 벌넝벌넝 ᄯᅥᆯ며 숨을 유월 장마 둑겁이 숨쉬듯 헐쩍헐쩍ᄒᆞ며 방ᄌᆞ를 부루난듸 웃턱은 가만이 두고 아리턱만 달달 ᄯᅥᆯ어 (장자백 창본 〈춘향가〉)[3]

〈춘향전〉의 작가가 이 장면을 통해 의도한 것은 이도령이 한눈에 유혹을 당할 만큼 춘향이 아름다운 여인임을 납득할만하게 제시하는 것이었다. 곧 미인 춘향을 洛浦 仙女와 巫山 神女 급의 여인으로까지 격상시켜 신분상의 한계에도 불구하고 이도령의 짝이 될 만한 여인임을 독자로 하여금 수긍하게 하는 것이었다. 이를 위해 작가는 화려한 시각적 이미지와 상징을 동원한다. 춘향이 흰 꽃과 붉은 꽃을 배경으로 하여 등장하는 모습, 난초 같이 푸르며 또한 곱게 땋은 머리, 벽도 가지에 줄을 감아 그네를 뛸 때는 푸른 잎도 함께 흔들리고 꽃잎도 떨어져 자연의 일부가 된 듯한 모습 등은, 작자가 이 장면을 아름답게 꾸미기 위해 얼마나 심혈을 기울였는가를 알게 한다. 이때 춘향은 더 이상 이 세상 인물일 수 없었고, 여기에 여성적인 아름다움과 신선 세계를 상징하는 도화도 한 몫을 담당한다.

그런데 이 장면에서 〈춘향전〉의 작가가 춘향을 아름다우면서도 기품있는 여인 형상으로 꾸미는 데만 치중하고 있는 것은 아니다. 그에 앞서 이도령이 먼저 광한루에 도착했을 때부터 위 장면에 이르기까지 상황설정 자체에 이도령이 유혹당할 만한 여러 가지 요소들을 함께 구비해두고 있었다.

우선 위 장면이 이도령의 눈을 통해 보여지고 있음에 주목해야 한다. 이도령은 이미 방자에게 경처를 물어 광한루로 나들이온 후 이곳을 玉京에 비기고 月宮 姮娥를 떠올리는 등, 잔뜩 홍에 겨워 있던 터였다. 이러한 상태에서 이 세상 사람이 아닌 듯한 춘향의 모습이 눈에 들어왔던 것이다.

또한 자연히 그렇게 되었지만, 이도령이 춘향의 그네뛰는 모습을 '엿보고' 있는 것으로 설정된 것도 흥미롭다. 엿본다는 것은 그러한 행위만

---

3 김진영 · 김현주 역주, 『춘향가(명창 장자백 창본)』, 박이정, 1996, 32~34쪽.

으로도 욕망을 자극하는 일이다. 추측컨대 이도령의 이 시선에는 그런 장면을 엿보곤 하던 당대 남성들의 시선도 함께 자리잡고 있을 터이다. 당시 단오의 그네뛰기는 여성들의 놀이였기도 했지만, 그와 함께 남성들에게는 욕망을 부추기곤 하던 행위였을 가능성이 높다.

그리고 이도령이 본 춘향의 모습은 이 세상 사람이라고 여길 수 없을 만큼의 아름다운 모습이었다. 아름다움이란 그것 자체로도 충분히 유혹적이다. 그러나 그 누군가의 욕망을 유발하기 위해서는 그것만으로는 부족할 수 있다. 그때문에 〈춘향전〉의 작가는 춘향에게 새로운 형상을 부여한다. 춘향은 나뭇가지에 줄을 매고 "한 번 굴너 압피 놉고 두 번 굴너 뒤가 놉파 압뒤 졈졈 놉파" 가도록 그네를 뛴다. 그때 옥비녀가 떨어져 '쟁쟁' 하는 소리가 들리고 비녀를 찾는 춘향의 '비녀비녀' 하는 소리가 멀리 이도령에게까지 들린다(완판 84장본 〈열녀춘향수절가〉). 이로써 광한루는 순식간에 역동적인 이미지로 가득 찬다. 그와 함께 춘향은 아름답기만 한 여성이 아니라, 그 내면 속에 열정을 담은 매력적인 여성의 형상도 갖추게 되었다. 이도령의 잠재되었던 욕망은 이에 의해 작동하기 시작한 것이다.

그것은 강렬한 유혹이었다. 강렬한 유혹이었기에 이도령은 두 눈이 캄캄해지고 가슴이 답답해오며 일신수족이 떨리면서 숨을 헐떡였다. 이본에 따라 정신이 어질하며 眼界가 희미해지기도 하고(완판33장본 〈열녀춘향수절가〉), 몸이 오슬오슬하고 소름이 끼치기도 하여(〈옥중화〉), 표현이 달리 나타나기도 하지만 그 반응이 눈의 변화[4]와 온 몸의 떨림으로

---

4 성적인 유혹은 이처럼 시각에 호소하는 것으로부터 시작하는 것이 일반적이지만 반드시 그런 것은 아니다. 〈구운몽〉에서 성진이 여덟 선녀를 처음 접한 감각은 후각이었다. 〈홍루몽〉을 주도적으로 이끄는 이미지도 후각 이미지라 한다(김지선, 「≪홍루몽≫에 구현된 후각 이미지와 그 미학」, 『중국소설논총』 26, 한국중국소설학회, 2007 참조). 이러한 사항들과 관련하여, 고전문학에 나타난 감각적 이미지에 대한 연구도 필요하다고 생각한다.

설정된 것은 비슷하다. 동공이 팽창하거나 앞이 보이지 않고 온 몸이 떨려 소름이 끼칠 정도의 순간, 그것은 바로 육체가 그 무엇인가를 욕망하는 순간인 것이다.

물론 혹자는 이를 방자에 의한 이도령 격하를 위한 준비 단계, 곧 과장을 동반한 해학적 표현이라 여길 수도 있을 것이다. 하지만 다음 장면을 보면 그렇게 볼 수 만은 없음을 알 수 있을 것이다.

> 츄쳔을 다 ᄒᆞᆫ 후의 □□을 못이기여 목욕을 ᄒᆞ랴 하고 물가으로 나려갈 제 구름 갓튼 헛튼 며리 즌반 갓치 널게 짜아 오□□□□□□당긔 슨만 물여 입셰 잇게 드리치고 셤셤 玉手 변 듯 더려 □상ᄌᆞ락 부여쥽고 물가으로 나려갈 제 양지짝마당 씨암탁 거름으로 듸명젼 듸들보의 명믝의 거름으로 시ᄂᆡ 강변의 금ᄌᆞ라 갓치 힝동졉붓 간은 양은 봉ᄂᆡ션여 거름인야 창히의 잉어갓치 굼실굼실 ᄂᆞ려가셔 물가의 졉붓 셔며 슨을 글너 초마 버셔 졉쳠졉쳠 넌짓 긔여 암상ᄋᆡ 집어 언고 고름 글너 조고리 벼셔 벽도지의 졉어 글고 슨을 씰어 허리씌 벼셔 돌돌 마라 한편의 노코 쇽것 벼셔 암상의 졉어 언고 바룸의 옷 날일ᄀᆞ 됴약돌도 덤벅 집어 가만이 지지너 녹코 四面을 살펴보다가 물의 풍덩 쑤여드려 물 한쥼 덤벅 집어 양쥬질도 하여 보며 물 한쥼 덤벅 집어 도화갓튼 두 귀 밋틀 홀낭홀낭 씨셔 보며 물 한쥼 덤벅 집어 연젹 갓튼 졋통이을 왕시미 마누라 풋나물 쥬무루듯 쥬물넝 쥬물넝 씨셔 보며 물 한쥼 덤벅 지버 玉갓튼 목안지을 七八月의 가지 씃덧 셛도독 셛도독 모릐 한쥼 덤벅 쥽어 양숀의 갈어 쥐고 ᄋᆡ비밥이 만흔야 어미밥이 만흔야 씃 ᄒᆞᆫ숑이 직근 썩거 입의도 덤셕 물려 보며 버들입도 쥴루룩 훌터 물의도 풍덩 드리치고 물글림ᄌᆞ 드러ᄃᆞ 보고 네가 곤야 ᄂᆡ가 곳지 한참 일리 노넌 양을 도련임이 보시던이 (고대도서관 54장본 〈춘향전〉)[5]

5 김진영 외, 『춘향전 전집』 12, 박이정, 2004, 14~15쪽. 이러한 묘사는 이본에 따라

추천을 마친 후의 모습이다. 앞서 살핀 장면에서 묘사된 춘향이 기품 있는 女神 같은 춘향이라면 위 경우는 천진난만하면서도 관능적인 춘향이다. 이도령이 춘향의 모습을 보고 앞서와 같은 반응을 보일 정도라면 그때의 춘향은 원래 이런 형상이 아니었을까. 추측컨대 위 장면은 초기 〈춘향가(전)〉에는 포함되어 있었을 것이며 앞서 살핀 바와 같은 추천 장면만 남은 것은 춘향 형상의 후대적 변화와 함께 나타난 변모의 소산일 가능성이 높다.

여러 가지 유혹 중 가장 강력한 것은 성적인 것이고 그것은 육체를 매개로 하는 경우가 많다. 인간의 육체는, 특히 여성의 육체는 남성에게 있어 가장 원초적인 욕망의 발원지인 것이다. 이로 인해 추동되는 남성의 욕망은 합리적·이성적인 것과 무관하며 때로는 통제의 범주를 넘어선다. 이때는 인간이 욕망을 느낀다기보다는 차라리 욕망이 인간에게 다가온다고 해야 옳을 것이다.[6] 그 유혹은 바로 운명이었다.

이러한 장면에서 우리는 이성과 윤리에 의해 억압받아 왔던 性의 감성적 표출을 본다. 그리고 후사를 잇기 위한 행위였을 뿐, 혼인 이전의 행위여서는 안 되었던 성적 유혹이 여기서는 그 진면목을 드러낸다. 다만 당시 관습을 넘어설 수는 없는 것이어서 그 대상이 기생이어야 했을 뿐이다.

물론 여기서도 짚고 넘어가야 할 문제는 있다. 이러한 장면에서 실은 춘향의 육체가 이도령의 시각에서 대상화되어 있지 않은가 하는 것이다. 다시 말해 남성의 주체적 시선 하에서 여성은 결국 타자화되어 있을 뿐이 아닌가 하는 것이다. 그러나 그렇게만 보기에는 그 유혹이 너무나

나타나기도 하고 나타나지 않기도 한다. 이와 유사한 묘사는 홍윤표 소장 154장본 〈춘향전〉에서도 찾을 수 있다.

6 욕망이 추동된 남성은 정신적으로 퇴행하기도 한다. 이도령 서책풀이 대목이 경전 학습의 순서를 거슬러 가는 것으로 설정된 이유도 이와 관련된다.

강렬하다.

흥미롭게도 이 장면은 〈배비장전〉에서 애랑이 배비장을 유혹하는 장면과 매우 흡사하다.[7] 초기 〈춘향가〉가 불렸던 시기인 18세기 초중엽에 판소리 〈배비장타령〉도 불리었다면 이 두 장면은 상호텍스트성의 시각에서 조명 가능하다. 춘향과 달리 애랑은 애초에 유혹을 의도했다. 그때의 애랑은 저항할 수 없는 매력으로 남성을 극한적인 상황으로 몰아가는 치명적인 여인의 형상으로 등장한다.

애랑의 모습에 배비장이 현혹되는 장면은, 위 장면과 함께, 성적 본능과 유혹이 그 강도를 높여 서서히 남성의 영역을 위협하고 중세에 균열을 가하는 장면이라고 의미 부여를 할 수도 있을 것이다. 다만, 그렇다 하더라도 〈배비장타령〉의 경우는 어디까지나 내기와 공모가 개입된 남성적 시선이 배면에 자리잡고 있으며, 또한 그러한 여성 형상 자체가 남성의 성적 정체성 유지를 위한 방어 기제일 수 있다는 비판도 충분히 고려되기는 해야 할 것이다.

2) 강압으로서의 유혹

판소리 작품에는 여성에 대한 남성의 유혹도 발견된다. 그러나 그것은 차라리 소유욕에 가까운 욕망의 표출이며, 유혹이라기보다는 강압이다. 그 배면에 신분, 계층, 富의 우열 관계가 깔려 있기 때문이다. 그 대표적인 예가 춘향에 대한 변사또의 유혹이다.

> ᄉᆞ또 우셔 왈 네가 진정 열여로다 네의 정절 구든 마음 엇지 그르다 할까.

---

7 〈신뎡슈샹 비비쟝젼〉, 473~474쪽(『구활자본 고소설전집』 3, 인천대 민족문화연구 자료총서간행위원회, 1983) 참조.

분야만은 이슈지난 경화 ᄉᆞ대부 ᄌᆞ제로 일입낙즁ᄒᆞ여 명문귀턱 사외가 되얏거던 일시풍정의로 잠시 히유ᄒᆞ든 너를 일분니나 ᄉᆡᆼ각ᄒᆞ깃는야 네 어린 마음의 산뜻한 첫 정을 잇지 못ᄒᆞ여 그리 ᄒᆞ건니와 이도령 장ᄂᆡ지심을 네 엇지 아는이 헛ᄯᅩ이 밋ᄭᅩ 잇다 만일 찻지 안이ᄒᆞ면 셰월의 홍안을 인도ᄒᆞ고 ᄇᆡᆨ발이 난슈ᄒᆞ여 ᄇᆡᆨ두음을 찻써드면 불쌍코 가련한 게 너박ᄭᅩ ᄯᅩ 잇는야 ᄯᅩ한 네가 날를 셤게도 네 절향이 업는 ᄇᆡ 안일ᄶᅡ 옛글의 잇난이라 식국부인은 쵸왕의 쳡이 되고 범신 예양은 지ᄇᆡᆨ을 셤겨씨되 쳔츄의 일러 왓ᄭᅮ나 너도 이도령 ᄉᆡᆼ각는 마음의로 날를 셤겨씨면 열여정부가 안이 되깃는야 ᄯᅩ한 천ᄌᆞ난 삼천궁여가 잇고 공후난 슈ᄇᆡᆨ 시쳡이 잇ᄭᅩ 방ᄇᆡᆨ 슈령은 ᄀᆡᄉᆡᆼ 슈십 명이 져져마닥 다 잇난듸 너난 이 골 ᄀᆡᄉᆡᆼ의로 관장의게 ᄆᆡ여야 오른야 한 아히게 ᄆᆡ여야 오른야 (장자백 창본 〈춘향가〉)[8]

변사또는 춘향의 약점을 교묘하게 파고 든다. 이도령을 향한 정절은 충분히 인정하겠으나 이미 이도령은 명문대가의 사위가 되었을 것이며, 이도령은 일시풍정으로 춘향을 만났을 뿐이니 만약 이도령이 돌아오기를 기다리다간 백발이 될 것이라 한다. 이러한 것들은 바로 춘향이 애써 억누르면서도 혹시나 하던 상념들에 다름 아니었다. 또한 변사또는, 어쩔 수 없는 상황 하에 변절은 하였으나 그 나름대로의 지조를 지킨 息國夫人과 豫讓을 거론하며 유혹의 강도를 더욱 높인다. 여기에다 이본에 따라 "몸단장 정이 ᄒᆞ고 오날부텀 수청ᄒᆞ라 수청ᄒᆞ거드면 관청고이 네 반찬이 될 거시오 관수미가 네 곳집이 될 거시오 관고돈이 다 네 돈이 될 거시니 잔말 말고 수청들나"(완판33장본 〈열녀춘향수절가〉)[9]고 하며 물질적 유혹까지 동원하기도 한다. 여성에게 안락한 삶의 환상을 심어주

---

8 김진영 · 김현주 역주, 앞의 책, 142~144쪽.

9 김진영 외, 『춘향전 전집』 4, 박이정, 1997, 273쪽.

는 것은 어제나 오늘이나 여성을 유혹하기 위한 상대 남성의 수법으로 상용되는 바다.

하지만 변사또는 그와 춘향의 관계를 어디까지나 고을 관장과 기생의 그것으로 못 박는다. 따라서 변사또의 유혹은 진정성이 결여된 유혹이며 차라리 억압이자 탐욕이다. 권력으로써 영혼을 유혹하는 일은 자신의 영혼을 더럽히는 일이다. 여기서 우리는 소유욕이 강한 집착형의 인물 변사또를 본다. 그러한 인물은 끝없이 그 어떤 대상을 찾아 갈 것이다. 그에게 있어 여성은 물질, 권력, 명예 등의 대체물일 뿐이기 때문이다.

그러나 따지고 보면 그것 역시 유혹이다. 상념 많은 여인에게 있어 어떻게 보면 안온한 삶이야말로 달콤한 유혹이었을 수도 있는 것이다. 춘향이 위대한 것은, 변사또의 유혹 뒤에 도사리고 있는 권력의 음험한 속성을 알아챘기 때문이기도 하지만, 은근하면서도 달콤한 유혹을 뿌리칠 수 있었던 냉철함 때문이기도 하리라 말한다면 지나친 것일까.

〈장끼전〉에서 남편이 죽은 후 까투리가 처한 현실도 위 춘향의 경우와 크게 다르지 않다. 가마귀, 부엉이, 기러기, 오리 등 뭇새들이 공략한 부분도 삶의 의지처를 상실했다는 바로 그 약점이었던 것이다. 다만 장끼까지 포함하여, 뭇새들이 내세운 것은 가문, 가세, 재력, 동질성 등으로 저마다 차이가 있는데, 그 중 가장 강력한 유혹으로 다가 온 것은 오리의 재력[10]이라 생각된다. 그것은 변사또의 권력에 맞먹는 강한 흡인력을 지닌 것이었다. 〈장끼전〉 이본들 대부분이 오리 유혹 부분을 가장 비중 있게 다루고 있는 것으로 설정된 것도 이 때문일 것이다.

가마귀 써는 후에 압련당 오리란 놈 열두 번 상처하고 남녀 간 자식 업서

10 오리가 당대의 요호부민 형상을 담고 있다는 점에 대해서는 기존 연구자들이 거의 같은 견해를 보인다.

후취를 구하던이 싸토리 과부 된 말 풍편에 반겨듯고 이도 쏘한 연분이라 쟝가 밧비 ᄎ려셔라 옹〃명안 기려기는 혼슈례쟝 함을 지고 관〃저구 증경이는 사모관디 판을 지고 뱝새도령 증시 셔고 황새디감 비힝하고 길재비는 왜거리오 구비지기 검새로다 싸토리 신부 게 닛ᄂ야 오리신랑 드러가오 싸토리 반만 웃고 교틱하야 이론 말이 아모리 미물인들 결혼을 하엿던가 궁합도 안이 보고 비필을 정할숀가 오리란 놈 이론 말이 아물하면 후실랑 남의 과부 다려갈제 례모 보며 졀차 보랴 신랑 신부 한테 자면 궁합이야 졀로 맛지 날이나 엇더ᄒ고 손ㅅ금이나 집허보소 릐일은 주당이오 모릐는 희살이오 오날밤이 읏듬이라 잡말 마고 자고 보세 싸토리 이론 말이 다른 말 다 버리고 싱이나 엇더ᄒ고 동정소상 너른 물에 홍료빅빈 집을 삼아 십이무산 병풍 치고 만텬명월 등을 달아 샹텬하텬 가즌 세계 성시홍진 멀이하고 오나락 익은 피를 임의로 훌터다가 은인옥쳑 죠흔 싱선 식량디로 장복하고 바람이 부는디로 물겨리 치는디로 지덩실둥덩실 어르렁 썰〃 나려갈제 텬하에 죠흔 풍류 슈국박게 쏘 잇스랴 (김광순 소장 〈자치가권단〉)[11]

〈춘향전〉의 변사또는 춘향을 일개 기생으로 대할 뿐인 반면, 위 오리는 강압적이기는 하나 까투리를 신부로 대하고 있다. 그 나름대로는 상처한 상황에서 온전한 가정을 꾸리려는 소망을 표현하고 있는 것이다. 더구나 오리가 내세운 財力은 새로운 삶을 지향하게 하는 강력한 유혹 수단이기도 하다. 실은 오리에 앞서 등장한 새들이 다툼을 벌이는 이유

11 『김광순소장 필사본 한국고소설전집』 20, 경인문화사, 1994, 378~381쪽. 이 이본에서는 현전 〈장끼전〉 이본들 중 유일하게 오리와 결혼하기로 하는 것으로 끝난다. 그리고 뭇새들의 어른다툼 단락은 없다. 〈장끼전〉 이본들에 대한 검토와 장끼 및 까투리의 인물 형상에 대한 논의는 정출헌, 「조선후기 우화소설의 사회적 성격」, 고려대 박사학위논문, 1992 ; 민찬, 「조선후기 우화소설의 다층적 의미구현양상」, 서울대 박사학위논문, 1994 ; 김종철, 「「장끼전」과 뒤틀림의 미학」, 『판소리의 정서와 미학』, 역사비평사, 1996 등 참조.

도 그 다툼이 유혹 수단의 우위 다툼인 데 있었다. 물론 이 모든 일이 정작 까투리 본인의 의사와 무관하게 진행되고 있는 일이지만 어차피 유혹이란 그렇게 다가오는 법이다.

그러나 대부분의 이본에서 까투리는 오리의 구혼을 거절한다. 이 점에 대해 기존 연구자들은 "광폭한 세계의 侵奪과 譏弄으로부터, 자신을 하나의 인격체로 지키기 위한 단호한 결단"[12] 혹은 "미미한 존재이지만 자신의 삶을 포기하지 않았으며, 주체적인 삶을 추구"[13]한 것이라며 높이 평가한다. 까투리는 그에 앞서 콩이 미끼임을 정확히 알아채어 장끼에게 애절한 경고를 한 바 있었다. 까투리는 평소에도 삶의 긴장을 늦추지 않던 현명한 인물이었던 것이다. 그러한 인물이었기에 아무리 간고한 삶이 그녀의 앞에 기다리고 있다 하더라도 섣부른 결정을 내리지는 않았던 것이다. 앞서 살핀 춘향과 함께, 우리는 까투리의 이러한 결정을 통해 조선 후기 하층 여성의 건강함을 목도할 수 있다.

하지만 유혹이란, 그 성공 여부와 무관하게 본질적으로 강렬한 충동성을 내재한다. 위의 까투리도 다른 한편으로는 오리의 구혼에 마음이 흔들렸다고 보아야 한다. 그리하여 까투리가 오리의 구혼을 받아들였더라도 큰 문제는 없었다. 어차피 잦은 상부살에 간고한 삶을 산 까투리가 이런 결정을 하더라도 그녀를 비난할 자격을 갖춘 자는 있을 수 없다. 윤리나 진정성으로 인간의 삶을 재단하는 것은 최소한 당사자에게는 또 다른 속박일 수 있는 것이다. 실제로도 고대본 〈자치가〉에서는 오리의 유혹에 잠시나마 흔들리는 것으로 되어 있고, 위 김광순본 〈자치가권단〉에서는, 이 이본에서만 나타나기는 하지만, "너와 닉와 둘이 맛나 슈륙풍류 가젓스니 빅자천손이 계〃승〃하야 이셰 삼셰로 지우만셰하오

---

12 정출헌, 앞의 글, 204쪽.

13 김종철, 앞의 글, 107쪽.

리다"며 오리의 구혼을 받아들이는 것으로 끝이 난다. 이처럼 오리의 유혹은 인간 보편의 욕망과 관련된 문제를 제기한다. 인간의 욕망은, 그리고 유혹은 불순할 경우에도 더러는 인간 냄새가 날 때가 있다.

〈춘향전〉 후대 이본들 중 변사또의 유혹이 강도를 높여가고 있는 경우가 발견되는 것도 이와 관련하여 이해할 수 있다. 기존 이본에서의 권력과 재물 외에, 〈옥중화〉, 〈도상 옥중화〉, 〈증상연예 옥중가인〉 등 구활자본 〈춘향전〉에서는 변사또에게 '잘난 얼굴'과 '풍채'를 더한다. 풍채는 유혹하는 남성이 갖추어야 할 한 요소로서 그 이전 이본에서의 변사또가 갖추지 못했던 것이다. 또한 〈오작교〉에서 변사또에 해당하는 인물은 춘향모를 먼저 잡아 가두고 있고, 홍윤표본 154장본 〈춘향전〉에서 나이 마흔의 변사또는 "발암벅을 쑬다 너 슬음 안니 식키마 ᄒᆞᆫ 달의도 두셰너ᄃᆡ 여슷 일곱 번식 시험ᄒᆞ마 큰 ᄃᆡᄉᆞᆼ고 글ᄋᆡᄒᆞ듯시 도공ᄉᆞ라도 너 긔슉 보아 가면 할 거시요 너가 나달여 죽으라면 죽으마"[14] 라며 애걸하기도 한다. 이러한 부분의 첨가는, 물론 변사또를 부정적인 인물로 만들거나 희화화의 대상으로 전락시키는 효과를 유발하기도 하지만, 그 유혹에 힘을 더해주는 것도 사실이다. 이때 유혹자는 권력과 재력에다 '인물 · 풍채'와 '전략'까지 보유하게 되기 때문이다.

3) 보다 나은 삶에 대한 유혹

욕망에 대한 전통적인 관점은 욕망이 결핍에서 시작된다고 보는 관점이다. 그 무엇인가가 결핍되어 있지 않은 사람은 그것을 욕망하지 않게 마련일 것이기 때문이다. 하지만 그렇다고 해서 결핍이 곧 욕망인 것은 아니다. 결핍은 그것이 주체에 의해 자각될 때 욕망으로 치닫는다. 이때

---

14 김진영 외, 『춘향전 전집』 14, 박이정, 2004, 96쪽.

욕망의 주체로 하여금 결핍을 의식하게 하고 그 무엇인가를 욕망하도록 하는 행위, 그것을 우리는 유혹이라 부를 수 있다.

그런데 욕망의 대상이 무엇인가에 따라 유혹도 다른 모습을 띨 수 있다. 이번에 살피고자 하는 것은 생존을 위한, 그리고 보다 나은 삶을 향한 욕망과 유혹이다. 이 경우는 앞서 살핀 남녀 관계에서의 그것에 비해, 그 욕망의 정체가 더 분명히 드러난다. 개체의 결핍이 그 사회의 문제적 현상과 긴밀한 관련을 지니고 있기 때문이다. 〈흥보가〉의 한 장면을 먼저 보기로 한다.

(아니리) (…) "그러실 것이요. 박 생원, 그러지 말고 품 하나 팔아 보실랴오?", "아, 돈 생길 품이면 팔고말고.", "박 생원 곤장 여나뭇 맞어 보실랴오?" 흥보가 곤장 말을 듣더니마는 셧바닥이 빼돌이채 돌아 닫듯 하것다. "아, 여보, 고을이라 찾어오니깐 별안간 곤장 말이 웬말이요?", "아니 그런 것이 아니라, 우리 고을 좌수가 병영 영문에 잡혔는듸, 좌수 대신으로 곤장 열만 맞으면 매삯은 한 개에 석냥씩, 열개면 서른냥이요, 여그 누구든지 말 타고 다녀오라는 마삯 닷냥까지 제직해 놨으니, 그 일 한번 해 보실랴오?", 흥보가 곰곰 생각을 해 보니 돈 삼십냥을 가졌으면 일년 용이 풍족하고, 돈 또 닷냥을 가졌으면 우선 호기가 될 듯하야, "여보시오, 그 일 어긋나잖게 하여 주시오. 내가 말 타고 다녀올 것 없고 정갱이말로 가 다녀올 것이니 그 돈 닷냥 날 내 주시오.", "아 글랑 그리 하오."

(중몰이) 저 아전 거동을 보아라. 궤문을 덜컥 열고 돈 닷냥을 내여 주니 흥보가 받아들고, "나, 다녀오리다.", "예, 평안히 다녀오시오, 잉." 박 흥보 좋아라고 질청 밖으를 썩 나서며, "얼씨고나, 얼씨고나, 돈 봐라, 도돈돈돈 돈, 돈 봐라 돈. 이 돈을 눈에 대고 보면 삼강 오륜이 다 보여도, 조끔 있다가 떼고 보면 보이난 게 돈 밖으는 또 있느냐? 얼씨구나 돈 봐라!" 저으 집으로 올라오며, 떡국집으로 들어가서 떡국 돈반어치를 사서 먹고, 막걸리 집으로

들어가서 막걸리 두돈어치를 사서 먹고, 비지집으로 들어간다. "여보, 비지 장수. 비지를 돈반어치만 주시오." 구지러헌 음식을 사서 먹고, "대장부 한 번 걸음에 엽전 서른닷냥이 떠들어를 간다." 저으 집으로 들어오며, "여보소, 마누라. 집안 가군이 어디 갔다가 집안이라고서 들어오면, 우루루루루 쫓아 나와서 영접허는 게 도리 옳제. 계집이 이 사람아, 당돌히 앉어서 좌이부동이 어디 웬일인가? 에라, 이 사람, 몹쓸 사람." (박봉술 창본 〈흥보가〉)[15]

형으로부터 쫓겨난 흥보는 한 집안의 가장으로서 식구들의 생계를 책임져야 했다. 어떻게 해도 굶주림으로부터 벗어나지 못하자 흥보는 할 수 없이 환자를 빌러 관청으로 간다. 그런데 뜻밖에 아전으로부터 매품을 팔아 보지 않겠느냐는 제안을 받는다. 위 인용 부분이 바로 그 장면이다.

서른닷냥은 흥보에게는 거금이다. 그 중 닷냥만으로도 흥보는 떡국을 먹고 막걸리를 먹을 수 있으며 거기에다 비지까지 사서 당당하게 집으로 들어갈 수 있었다. 이러한 행위는 아전의 제안을 받는 순간 흥보가 떠올린 욕망의 구체적인 내역들이기도 했을 것이다. 그러므로 매품을 팔아 돈을 벌어보겠느냐는 아전의 제안은 그러한 욕망을 충족시킬 수 있었던 달콤한 유혹이다. 욕망이란 외부의 유혹에 의해 자각된 결핍의 외현인 것이다. 흥보는 별다른 선택의 여지가 없었다. 욕망이란 단 한번 사로잡히기만 하더라도 쉽게 떨쳐버리기는 어려운 것이기 때문이다.

그런데 따지고 보면 흥보가 느낀 욕망이란 인간 생존을 위한 기본적인 욕망들일 뿐이다. 평소에 그것조차 결핍되어 있었다는 것은 흥보가 극단적인 빈민이었음을 말한다. 이는 흥보만의 문제가 아니었다. 연경도서관본 〈흥보젼〉에 따르면 매품을 팔려는 자들이 줄을 서고 있을 정

15 뿌리깊은 나무, 『판소리 다섯 마당』, 한국브리태니커회사, 1982, 126~127쪽.

도였고 위 인용 대목의 흥보도 결국 다른 사람에 의해 가로챔을 당한다. 주지하다시피 조선 후기 빈민층의 등장은 조선 후기 농민층 분해 현상과 사회 전반에 걸친 구조적 모순에 기인한다. 당대의 빈민이 구조적 틀을 뚫고 현실적 고통을 헤쳐 나가기란 쉽지 않은 상황이었던 것이다. 그들 중 하나인 흥보가 쉽게 유혹에 빠져들 수밖에 없었던 것도 이러한 당대 역사적 배경에 바탕을 둔다. 이 점은 아래에 살필 장끼의 경우도 마찬가지이다.

위 흥보의 경우를 통해 우리는 욕망의 속성 두 가지를 알 수 있다. 하나는 대상의 어떠함과 무관하게 욕망이란 대체로 타인으로부터의 인정 욕망을 내포한다는 점이다. 위 흥보는 모처럼 돈을 벌고 집에 돌아와 의기양양해 하며 아내에게 호통을 친다. 여기서 우리는 평소 흥보의 쓸쓸했던 귀가를 떠올릴 수 있으며 또한 그 간 가장으로서의 흥보가 자책감에 얼마나 심하게 사로잡혀 있었는지를 알 수 있다. 그 무엇인가를 욕망한다는 것은 타인을 의식하는 행위인 것이다.

또 하나는, 욕망의 충족은 또다른 욕망을 낳는다는 점이다. 흥보는 결국 제비를 매개로 하여 자신에게 결핍된 것을 충족시킨다. 그러나 흥보는 여기서 멈추지 않는다. 흥보박사설 대목에서 잘 나타나듯 흥보의 욕망은 그럴듯한 의복과 집 마련에까지 이어진다. 이본에 따라서는 자식들 교육까지도 생각하는 것으로 나온다. 경판본 〈흥부전〉 박사설 대목에서 등장하는 양귀비도 흥보의 욕망의 산물이다. 결핍의 충족은 또다른 결핍을 낳고 또다른 욕망을 낳는 법이다. 인간에게 있어 욕망의 완전한 충족은 거의 불가능하다고 해도 과언이 아닐 것이다.

물론 흥보의 욕망은 당대 빈민이 실제 현실 속에서는 쉽게 성취할 수 없는 것들이다. 어디까지나 〈흥보가〉는 그 문제를 허구 속에서 낭만적으로 해결한 작품인 것이다. 그렇다면 그런 것들에 대한 욕망이 실제로 당대 현실 속에서는 어떻게 귀결되었겠는가. 바로 다음 장끼의 경우가 이를 잘 보여 준다.

> 까틀리 말리 믹켜 경황읍시 물너셔〃 눈물을 쌜닐 젹의 장씨란 놈 거동 보소 콩을 보고 들어갈 제 열두 장목 아홉 살깃 쏼을으 펼덜리며 꼬박〃〃 고기 조며 일리절리 살펴 보며 두세 거름 물너셧다가 푸드득 뛰여들며 밋날 갓튼 쇠불리로 들럽더 쫙 찍은니 고픠지는 쇼릐는 창ᄒᆡ역ᄉᆞ 철퇴 들고 방랑 사듕 버금슈릐 벽역 갓치 쌀리난듯 와직근 쑥짝 쵸여 변통 읍시 치여고ᄂᆞ
>
> (정문연본 〈자치가전〉)[16]

장끼가 콩 한 낱의 유혹을 뿌리치지 못하고 그것을 먹으려다 덫에 치이는 장면이다. 까투리가 거듭해서 간곡히 만류했지만 장끼의 결심을 돌이킬 수는 없었다. 콩을 향한 장끼의 욕망, 그리고 그 유혹은 너무나 강렬했던 것이다. 여기서 콩은 단순히 콩일 수만은 없다. 그저 한 때의 배고픔을 달래기 위해서 콩이 필요했다면 이렇게까지 그것에 사로잡혔을 리 없겠기 때문이다. 차라리 장끼에게 있어 콩이란 인간 생존을 위한 기본적인 요소 전반을 뜻한다고 보아야 한다. 곧 장끼에게 있어 콩이란 인간적인 삶을 살아가기 위한 최소한의 그 무엇이라 보아야 한다.

하지만 앞서 흥보의 경우에서 보듯 세상은 그 최소한의 무엇조차 허용하지 않았다. 장끼는 그것을 먹으려다가 죽으나 그것을 먹지 못해서 죽으나 마찬가지라는 극단적인 심리 상태에 이르렀을 수도 있다. 곁에서 까투리가 만류하지만 오히려 그것은 장끼에게 인정 욕망까지도 부추겼을 가능성이 있다. 유혹으로 인해 정체를 드러낸 욕망은 그것을 내 것으로 만드는 것이 불가능하다고 판단되면 될수록 오히려 더욱 강렬하게 다가오게 마련이다. 그리고 그러한 욕망은 무서운 결과를 초래할 수

16 정문연 소장 〈자치가전〉, 13~14쪽.

도 있었다. 장끼가 비정상적인 모습을 보이게 된 까닭은 가부장적 사고 때문도 아니요 성격상의 결함 때문도 아니었다. 잠재되었던 욕망이 콩을 매개로 하여 그 정체를 드러내자마자 단번에 한 개체를 사로잡아 버렸기 때문이다. 그 결과는 참담했다. 어디에서든 삶에의 유혹이 죽음에의 유혹이 될 수 있었던 현실, 이것이 바로 당대 홍보와 장끼가 처한 실제적 현실이었다.

이와 더불어 한 개체의 욕망은 또다른 한 개체의 욕망과 얽혀 있다는 점 역시 중요시되어야 한다. 위 장끼의 욕망은 덫을 설치한 탁첨지의 욕망과 사슬의 연쇄 관계에 놓여 있다. 유혹이란 욕망의 부추김이면서 또한 타인의 욕망의 욕망이기도 한 것이다. 이 점은 다음 토끼와 자라 간의 관계에서 뚜렷한 모습을 보인다.

> (잦은몰이) "일개 한퇴 그대 신세, 삼춘 구추 다 지내고, 대한 엄동 설한풍 만학에 눈 쌓이고 천봉의 바람 칠 제, 화초 목실 바이 없어 앵무 원앙이 끊쳤다. 어둑한 바우 틈, 발바닥 할짝할짝, 터진 듯이 앉은 모냥, 초운 편월의 무관수 초 회왕의 원혼이요, 일월 고초 북해상 소호 무호 기생이로다. 벽도홍행 춘이월 주린 구복을 채우려고 이리저리 히댈 적에, 골골이 묻은 것은 목다래 엄착귀요, 봉봉이 섰난 것은 매 받은 응주라. 목다래 채거드면 결항치사가 대랑대랑, 제수 괴기가 될 것이요. 몰이꾼, 사냥개, 반중송, 떡갈잎, 포기포기 뛰어갈 적에 토끼 놀래 호도독 호도독. "추월자 매 놓아라." 해동청 보라매, 북두루미, 빼지, 공작이, 망월 도리당사 끈꾸리 비쳐갈 적에, 방울을 떨쳐 주먹을 박차고 펄펄 수루루 달려들어, 그대 귓전 양 발로 당그랗게 추여들고, 고부레한 주둥이로 양미간 골치 대목을 그저 콱콱.", "허허, 그 분이 그 방정맞은 소리 말래도. 그러기에 뉘가 거 있간듸, 산중등으로 돌지.", "중등으로 닫난 토끼, 풀감투 푸삼 입고 방패 꿔미를 앞세워, 오는 토끼를 놓으랴, 상사 밤을, 왜물 조총, 월귀약, 덮사실, 반달 같은 방아쇠,

고초 같은 불을 연적, 한 눈 찡그리고 반만 일어서 괴약불 번쩍 지끈 탕, 토끼 때그르르르르르.", "어따, 그 분네가 그 방정맞인 소리 말래도 그리 점점 허는듸? 그러기에 뉘가 거 있간듸? 너른 들로 다니제.", "들로 닫난 토끼, 초동 목수 아이놈들이 몽둥이 들어메고 '들토끼 잡으러 가자', 없는 개 부르며 워리 두둑 쫓아갈 제, 그대 간장 생각허니 백등 칠일 곤곤 한 태조 간장이요, 적벽강 전패하던 조 맹덕 정신이라. 짜른 꽁지 샅에다 찌고 적은 눈 부릅떠 죽기 망상 올라갈 제, 무슨 정으로 유산, 무슨 정의 완월. 아까 안기생, 적송자 종아리 때렸단 그런 거짓부렝이를 어느 뉘 앞에다가 헐라고? 에이 여보슈, 그런 소리 마슈."

(아니리) 가만히 토끼란 놈이 듣더니마는, "대체 주부, 상은 잘 보요. 내 팔자가 하기는 영락없이 그렇게 생기기는 생겼소. 그래면 어디 수궁 경개 얘기나 한번 해 보시오.", "에이, 또 수궁 경개 얘기허면 따라올라고?", "아니, 안 따라갈 테니 어디 얘기나 한번 해 보시오.", "수궁 경개 얘기하면 대번 당신 환장할 것이요. 우리 수국 장허지요. 천양지간의 해위최대하고 인물지내에 신위최영이라. 무변대해에다가 천여간 집을 짓고, 유리 기둥, 호박 주추, 주란화각이 반공에가 번듯 솟았난듸,

(진양) 우리 용왕 즉위허사 만족이 귀시헌듸 백년이 앙덕이로구나. 왕모 금병 천일주와 천빈옥반 담은 안주, 불로초 불사약 취토록 먹은 후에, 일홍이 도도허면 미색, 세악, 갖은 풍악을 대홍선에다 가득하니 실고 요지로 돌아들 적에, 칠백리 군산은 물 속에가 그려있고, 삼천 사장 해당화는 약수으 붉었구나. 해내 태평하야 월청명 추강 상으 어적 소리로 화답허고, 경수, 위수, 낙수, 회수, 양진, 포진, 평야, 소상, 혹거혹래 노닐 적으, 적벽강 소자첨, 채석강 이 태백이가 이런 홍미를 알았으면 세상으서 왜 있으리? 원컨대 퇴 서방도 나를 따라서 수궁을 가면 훈련대장은 헐 것이고, 미색게악을 맘대로 다리고 만세 동락을 허오리다."

(아니리) 토끼란 놈 듣더니, "대체 참 좋기는 좋은가부요. 꼭 그렇게만 될

테면 나 당신을 따라가겠소마는.", "아, 되고 말고.", "아, 그러면 나 따라갈 라요.", "그러면 우리 같이 갈끄라우?", "같이 내려갑시다.", "그럼 같이 갑시다." (박봉술 창본 〈수궁가〉)[17]

토끼가 육지 생애를 자랑하자 자라는 그것이 허상임을 지적한다. 토끼에게 있어 육지란 자라의 지적대로 굶주림, 쫓김, 죽음의 공간이었던 것이다. 그러나 토끼가 처음부터 그러한 결핍을 의식했던 것은 아니다. 평소에 토끼가 그런 대로 살아갈 수 있었던 것은 이곳이 그런 곳임에 대한 자각이 의식의 표면으로까지 부상하지는 않았기 때문이다. 따지고 보면 인간이 이 세상 속에서 한 평생 그럭저럭 살아갈 수 있는 것도 그 때문인지 모른다. 하지만 이곳이 결핍의 공간임을 의식하는 순간 토끼는 이전에 느껴보지 못했던 그 무엇인가를 느끼게 된다. 이때 자라가 배부름, 즐김, 萬歲 同樂의 공간으로 그린 수궁은 토끼에게는 새로운 욕망을 불러 일으키는 강렬한 유혹의 공간으로 다가올 수밖에 없었다. 자라는 토끼가 수궁을 욕망하기를 욕망한 것이고 그것을 우리는 유혹이라 부를 수 있다. 욕망들이란 이처럼 유혹을 매개로 하여 서로 얽혀 있게 마련이다.

이러한 류의 유혹은 앞서 흥보와 장끼의 예에서 보았듯, 조선 후기 하층이 처한 현실에 바탕을 둔다. 조선 후기 하층의 현실 인식을 다룬 〈장끼전〉이나 〈토끼전〉에 나타나는 유혹의 구조는 "이행기적 상황에 처해 현실적 고통 속에서 살아가는 대다수 당대인들의 삶을 형상화하는 데 더 없이 요긴"[18]한 형상화 방식이었던 것이다. 유혹은 특정 개체나 집단의 가장 취약한 곳으로 집중되게 마련인 바, 토끼가 자라의 유혹에

17 뿌리깊은 나무, 앞의 책, 174~175쪽.

18 민찬, 앞의 글, 45쪽.

쉽게 넘어갈 수 있었던 것도 당대의 사회적 맥락 하에서 설명이 가능하다.

그런데 토끼의 욕망도 따지고 보면 인간이 품을 수 있는 욕망 일반의 성격을 함께 지닌다는 점을 주목해야 한다. 토끼가 자라의 유혹에 넘어간 결정적인 계기는 수궁에 가면 훈련대장 정도는 하리라는 데 있었다. 하루의 안위가 불투명한 이곳의 삶과 훈련대장까지도 할 수 있는 그곳의 삶은 극과 극의 관계에 놓인다. 토끼로 하여금 그곳을 욕망하게 하는 자라의 전략은 적절했다. 토끼는 훈련대장이라는 직함 자체가 탐이 났던 것은 아니었다. 하지만 토끼에게 훈련대장으로 표상되는 쾌락은 결코 물리칠 수 없는 유혹이 되었던 것이다. 쾌락에의 유혹은 단 한번만 빠져들더라도 건잡을 수 없는 소용돌이에 빠진다. 물론 토끼는 망설이기도 하고 불안해하기도 한다. 그러나 이러한 감정은 욕망과 병존하는 부수적인 감정일 뿐이다.

자라의 유혹 전략은 의외로 치밀했다. 너무 길어질 것 같아 위에 인용하지는 않았지만 토끼가 자라를 따라갈 즈음 여우가 나타나 水國은 危邦이니 가지 말라고 하는 부분이 있다. 그 말을 듣고 토끼는 하마터면 죽을 뻔했다며 돌아서려 한다. 이때 자라는 여우가 수궁에 들어와 호조판서를 시켰으나 잘못한 일이 있어 곤장 삼십도에 문외 출송하였더니 남조차 못 가게 심술을 부린다고 한다. 토끼는 이 말을 듣고 다시 자라를 따라가기로 한다. 자라는 여우의 만류를 시기 때문임으로 치부해버림으로써 토끼의 욕망을 다시 북돋우고 있는 것이다.

욕망이란 이처럼 자신의, 그리고 타자의 시기심에 토대를 두고 있는 것인지도 모른다. 우리가 비싼 집을 사고 멋있는 옷을 입으려 하는 것은, 결코 그곳에서 살기 위한 것이거나 벗은 몸을 가리기 위한 것이 아니다. 차라리 남들에게 행복하게 보이려 하기 위함이라 보는 것이 옳을 것이다. 그리고 그러한 욕망은 끝을 모른다.

3. 판소리 작품 속 유혹과 욕망

앞서 우리는 춘향의 매력적인 유혹에서부터 토끼를 향한 자라의 보다 나은 삶을 향한 유혹에 이르기까지 판소리 작품에 나타난 유혹을, 그것이 추동하는 욕망의 성격과 함께 셋으로 나누어 살펴 보았다. 물론 이 정도로 판소리 작품에 나타난 유혹의 문제를 모두 포괄할 수 있었다고 생각하지는 않는다. 놀보나 심봉사 등 여타 인물들에게 다가온 유혹과 욕망은 앞서 살핀 바와는 또다른 성격을 지니고 있을 것이기 때문이다. 이에 대해서는 다른 자리에서 다른 방법으로 논해야 할 것이다.

하지만 앞서의 논의를 통해 어느 정도 일반화할 수 있는 사항들은 있었다고 본다. 판소리 작품에는 곳곳에 세계와의 대결에서, 그리고 타자와의 관계에서, 우위를 점하기 위한 인물들의 유혹과 욕망이 넘쳐 흐르고 있다는 점, 판소리 작품이 반영하고 있는 근대 이행기 인간의 욕망은, 그렇지 않은 경우도 없지는 않지만, 대체로 오늘날 우리들의 그것과 매우 닮아 있다는 점, 그것은 판소리 작품에 나타난 인간론이 오늘날에도 여전히 유효함을 뜻한다는 점 등이 바로 그러한 사항들이다. 이러한 논의를 가능하게 했던 것은, 하층으로부터 출발한 판소리가 전계층으로부터 호응을 받으면서 윤리나 이념에 앞서 인간을 인간으로 보는 시선의 타당성을 역시 전계층으로부터 인정받았던 데 있다. 유혹이나 욕망이 판소리 문학을 읽어내는 하나의 코드일 수 있다고 생각한 것도 이 때문이다.

물론 판소리 작품 속의 유혹이나 욕망, 그 속에서 갈등하는 인간상 모두에 긍정적인 가치를 부여할 수는 없다. 권력과 재력을 이용한 강압에 가까운 유혹의 경우는 인간을 수단화하는 부정적인 행위일 것이기 때문이다. 하지만 그러한 유혹은 작품 내에서도 이미 소망스럽지 않은 것으로 여겨진다. 또한 유혹이나 욕망은 그 함의 자체에 불온하다고 여겨질 수 있는 속성을 지니고 있다는 점도 고려해야 한다. 판소리에서는 허위의식을 부추기는 유혹이 결국에는 실패하는 것으로 설정된다. 하지만 그것으로 인해 야기된 욕망까지 부정되어야 할 것으로 처리되지는 않는다. 판소리 작품에서는 욕망은 그것대로 드러내면서 인간적 가치 역시 소홀히 하지는 않고 있는 것이다.

대개의 경우 욕망은 인간의 본능과 맞닿아 있으며 때로는 현실 부정과 맞물려 나타나 새로움을 지향하는 동력이 된다. 그러므로 욕망하는 인간은 건강하며 그에게는 미래가 있다. 정작 위험한 일은 욕망의 흐름을 차단하거나(욕망의 흐름이 차단되는 지점은 바로 오늘날 산업 사회에서 이익을 취하는 지점이기도 하다.) 욕망 자체에 대한 두려움이 작동하여 그것을 밖으로 내몰아버리는 일이다. 앞서 유혹과 욕망의 코드로 본 판소리 문학은 그렇지 않다는 점에서 건강하다고 볼 수 있다.

이 글에서 목표로 한 것은 판소리 작품 속 인물들의 삶의 진실과 그 인간적 면모에 귀를 기울여 그들을 기존 속박으로부터 풀어 주려는 것이었다. 그리고 판소리 작품에 나타난 인간론을 실상 그대로 읽어내어 등장인물들을 오늘날 우리 곁에 살아 있게 하고자 함이었다. 하지만 그것이 쉽지만은 않은 것 같다. 이 글의 논의에도 부족한 부분이 있음을 인정한다. 그 부분은 판소리 장면들을 읽는 다른 자리에서 보완하고자 한다.

분노와 설움*

1. 감정, 정서의 개념

이번 글에서는 판소리계 작품 속 인물의 감정·정서에 초점을 맞추어 읽기를 시도해 보고자 한다. 그 간 판소리에 있어 情緖에 대한 논의는 서사론, 작품론 및 공연·소통론과 관련하여 진행되어 왔다. 서사적 상황에 걸맞는 의미와 정서에 집중하는 것이 판소리 서사의 지향점이라는 논의[1], 민중 정서에 초점을 맞추어 판소리 작품들의 미적 특성을 드러낸 논의[2], 인물이 처한 객관적 상황과 이에 대한 정서적, 의지적 반응 사이의 관계에서 표출되는 미적 범주로서의 비장 및 골계에 주목한 논의[3] 등이 그것들이다. 판소리의 기저 정서로 恨을 거론한 논의[4]도 넓게 보아

* 이 글은 『고전문학과 교육』 23(한국고전문학교육학회, 2012)에 실린 「판소리 문학에 나타난 분노와 설움」을 부분 수정한 것이다.

1 김흥규, 「판소리의 서사적 구조」, 『판소리의 이해』(조동일·김흥규 편), 창작과비평사, 1978.

2 예컨대 김종철, 「「적벽가」의 민중정서와 미적 성격」, 『판소리연구』 6, 판소리학회, 1995 ; 정출헌, 「『심청전』의 민중정서와 그 형상화 방식」, 『민족문학사연구』 9, 민족문학사연구소, 1996 등을 들 수 있다.

3 김흥규, 「판소리에 있어서의 비장」, 『판소리』, 전북 애향운동본부, 1988 ; 조동일, 「심청전에 나타난 비장과 골계」, 『계명논총』 7, 계명대, 1971.

4 최길성, 『한국인의 한』, 예전사, 1991 ; 천이두, 『한의 구조 연구』, 문학과지성사, 1993.

이 부류에 포함될 것이다.

판소리의 소통이 청중의 정서적 체험을 통해 이루어진다고 할 때, 정서에 주목한 이 논의들은 판소리의 장르적 특성을 적절히 고려한 논의들이었다고 할 수 있다. 그리고 이들을 통해 판소리 작품들에 대한 이해도 더 깊어질 수 있었다. 이 글에서는 판소리의 장르적 본질이, 기존 논의들에서 전제한 것처럼, 창자에 의해 매개되는, 작중 인물과 청중(독자)의 정서 소통에 있음을 받아들이면서도, 상대적으로 미시적인 관점에서 작중 인물의 '감정'에 초점을 맞추어 더 실제적으로 이 문제에 집중하고자 한다. 그렇게 하기 위해 우선 고려해야 할 사항은 다음과 같다.

먼저 감정과 정서의 개념 문제부터 정리해 둘 필요가 있다. 정서를, 일반적으로, 질서화되고 유기적인 모습을 띤 감정이자 그 일차적 단계를 넘어선 정제의 단계를 거친 감정으로 규정할 수도 있으나[5], 이러한 개념 틀로는 작품 속 인물의 생동감 넘치는 모습을 실제적으로 담아내기 어렵다는 점을 고려할 필요가 있다.[6] 다듬어지지 않은, 인간 감정의 영역에 속하는 어떤 것을 질서화하여 객관화하기는 쉽지 않다. 특히 작중 인물의 다양한 감정, 의식이 공존·대립하는 서사 문학의 경우 더욱 그러하다. 이에, 여기서는 감정, 정서 등 용어를 특별히 구분하지 않기로 하되, '정서'는 소통의 시각에서 감정을 상대화하고 추상화하여 일컬을 때 주로 사용하기로 하고 전체적으로는 '감정'이라는 용어가 지닌 함의를 더 중시하고자 한다.

그리고 판소리 텍스트 안팎에서 유발되는 특정 정서를 특정 집단(계

5 김대행 외, 『문학교육원론』, 서울대학교출판부, 2000, 196~197쪽.

6 고정희, 「시의 정서(emotion)와 기분(Stimmung)에 대한 연구」, 『문학치료연구』 14, 한국문학치료학회, 2010, 255쪽에서도 이 글과는 다른 관점이기는 하지만 emotion이라는 용어가 폭이 넓은 개념인데도 '유기적인'이라는 한정어를 덧붙일 수 있는가 하는 문제를 제기한다.

층, 신분 등)의 것으로만 귀속시켜 버리고 마는 것도 문제가 있다고 본다. 물론 태생적 환경상 판소리가 하층에 터를 둔 것은 부정할 수 없다. 정서란 현실에 대한 주체의 대응 양상이자 문화적 산물이기도 하므로 계층이나 신분과 같은, 주체를 둘러싼 현실의 존재적 결정성을 무시할 수 없다. 하지만 오늘날 우리가 접하고 있는 판소리 텍스트는 19세기 이후의 소통 과정에서 전계층적 호응을 얻은 후의 결과물들임을 주목해야 한다. 하층 등장인물의 정서라 하더라도 계층을 넘나든 소통 과정 하에서 의미 영역이 확장되었을 가능성이 있다는 것이다.

본고는 이러한 점들을 유념하여 판소리 작품 속 인물들의 감정 그 자체에 주목하고자 한다. 앞서 언급했듯, 어떤 질서화나 의식화를 지향하기 이전의, 그리고 그것에 종속되지 않은, 감정 그 자체의 생동성에 주목할 때 인물 및 작품 세계에 더 가깝게 다가갈 수 있으리라 보아서이다. 이 자리에서는 그 중에서도 분노, 설움 곧 怒, 哀의 감정을 중심으로 살펴 보고자 한다. 이러한 감정들은 자존감에 상처를 입을 때 표출하는 유형의 것들로, 판소리 작품 속에서 주인공급의 인물들이 보여주는, 문제적 상황에 대한 가장 두드러진 감정 반응이라 판단되기 때문이다.

이러한 관점에서 본고에서는 일차적으로, 텍스트에 나타난 관련 발화나 행위들을 근거로 한 추론을 통해 인물들이 분노, 설움 등의 감정 반응을 보이는 것은 어떠한 서사적 상황 하에서이며 그 반응의 양상은 어떠하고 또한 그것이 인물들에게 어떠한 의미를 지니는지 살펴 볼 것이다.

그와 더불어 당대에 이러한 감정들의 소통이 지닌 의의도 함께 살펴보고자 한다. 청중, 독자는 인물들의 감정을, 공감하거나 거리를 유지하면서 자신들의 상식이나 특정 가치관에 비추어 추체험하게 될 것인데, 그 소통 과정은 인물을 매개로 한 창자—작자와 청중—독자의 상호주체적인 정서 교환의 과정에 해당한다. 이러한 과정의 공시적, 통시적 의의를 살피는 일은, 미시적 시각에서 판소리사를 더듬어 보는 작업으로서 그 시론적 의의를 지닌 것이면서, 문학 작품의 수용과 태도를 문제 삼는다는 점에서 문학교육적 논제를 제기하는 의의도 함께 지니는 것이 되리라 본다. 이상의 과제들을 여기서는 〈춘향가〉, 〈심청가〉, 〈흥보가〉, 〈적벽가〉 등 작품을 대상으로 하여 수행하고자 한다.

2. 판소리 문학과 감정, 정서

대체로 感情이란 "어떤 현상이나 일에 대하여 일어나는 마음이나, 느끼는 기분"(표준국어대사전)이라고 정의된다. 나아가, 理性에 대한 감정의 상대적 독립성을 인정하는 근대 학문의 흐름[7]을 참조할 때, 감정은 문제적 상황에 대한 그 나름대로의 대응 방식이자 가치 있다고 여겨지는 사항들과 관련하여 주체의 위상을 가늠하는 행위라 재규정해 볼 수 있다.

그런데 이에 대해 어떻게 정의하든 서사 문학의 경우 특정 감정, 정서에만 집중하여 논의하기는 쉽지 않다는 데 문제가 있다. 여러 등장 인물들이 각각의 서사적 상황 하에 저마다 다른, 때로는 상반된 감정을 드러낼 때도 있을 것이며, 등장 인물 외에 서술자, 작자, 독자 등이 작품 내외적 소통 과정에서 그 나름대로의 감정적 태도를 취할 수 있기 때문이다. 그리고 특정 서사 상황 하의 한 인물의 감정에만 초점을 맞춘다 하더라도 그것을 단일한 것으로 포착해 내기 위해서는 여러 가지 제한이 가해져야 할 것이다. 인간의 감정이란 복잡한 기제를 통해 표출되며 그것을 기표로 한 해석 역시 만만한 일이 아닌 까닭이다.

7 근대 철학에서는 이성으로는 접근할 수 없는 가치를 감정을 통해서만 포착할 수 있다고 보거나 아예 감정 자체가 인식 기능이 있다고 보기도 한다. 박순영, 「분노감정의 철학적 성찰」, 『寒碧文叢』 14, 동방예술연구회, 2005, 201~203쪽 참조.

서사 갈래 중에서도 판소리 문학의 경우는 공연적 소통까지 고려해야 하므로 감정, 정서를 대상화하여 논의하기가 더욱 어렵다. 앞서 언급한 요인들 외에, 창자들의 이면 해석 혹은 판짜기 전략 여하에 따라 정서의 질이 달라질 수 있다는 점을 고려해야 하기 때문이다. 예컨대 같은 대목이라 하더라도 창자에 따라 애절하게 할 수도 있지만 담담하게 할 수도 있는 것이다.[8] 여기에 청중의 취향이나 관점, 태도 등도 고려되어야 함은 물론이다. 판소리 기록본의 경우도 사정은 다르지 않다. 공연적 소통 맥락과 관련된 多聲的이고 입체적인 발화가 대부분 반영되어 있는 데다, 기록적 변개를 통해 인물, 사건에 대한 다른 해석이 가해지기도 하기 때문이다. 결국 판소리 문학에 있어 감정, 정서는, 서사적 상황 및 인물에 따라 다양한 모습을 드러내고 있으며, 유사한 범주에 포함되는 것들이라 하더라도 질적인 면에서 차이가 있으리라 볼 수밖에 없다. 따라서 이를 유형화하거나 대상화하기는 쉽지 않다.

그럼에도 불구하고 판소리 문학에 있어 감정, 정서를 논의의 대상으로 삼을 수 있다고 보는 것은 '장면' 단위로 향유되는 판소리의 서사적 특성을 고려해서이다. 판소리는 전체를 전제로 한 부분의 향유, 그리고 그 부분으로서의 장면에서 유발되는 정서 소통이 중시되는 장르이다. 서사적 일관성에 크게 구애받지는 않으면서 주어진 상황의 정서나 의미에 집중하는 서사 전략이 판짜기 전략의 핵심이라는 점은 이미 선학들에 의해 거듭 논의된 바 있다. 판소리 문학에 나타난 미의식을 '비장미'와 '골계미'로 나눌 수 있다는 논의 역시 판소리의 이러한 서사 전략에 근거한 성과인 것이다. 이 중 골계미와 관련된 장면들은 대체로 창자 — 서술자가 서사적 상황과 거리를 유지하는 장면들이어서 상대적으로

8 예컨대 김창환의 이별가는 애절한 반면 송만갑의 이별가는 단호하고 의연한 느낌을 준다(최동현, 『판소리 동편제와 서편제』, 민속원, 2010, 32~33쪽).

청중—독자의 의식에 호소하는 경우가 많은 반면, 비장미와 관련된 장면들은 창자—서술자가 등장 인물의 내면에 밀착하여 특정 정서로 집약시킴으로써 청중—독자의 공감[9]을 얻는 경우가 많다. 후자의 경우 청중은 상황 속 인물의 감정에 깊이 매료되어 거의 직접 체험에 가까운 정서적 감응을 느끼게 된다. 李健昌이 배희근의 〈심청가〉를 들을 때 청중이 모두 저절로 '어찌할꼬'라 부르짖었다고 한 상황[10]이나, 신재효 남창 〈춘향가〉에서 "굿 보는 사람들이 귀에서도 눈물난다"[11]고 표현했던 것, 이날치의 소리를 듣고 노재상이 부지불각 중 뒤로 돌아앉아 눈물을 씻었던 상황[12] 등이 그러한 공감의 순간인 것이다. 음악적으로도 이러한 장면에서는 계면조의 비교적 느린 장단에다(때로는 자진모리와 같은 장단으로도) 정교한 시김새의 구사가 이루어져 정서적 감응력을 높이고자 한다. 그러므로 이러한 장면들을 중심으로 할 때 감정, 정서도 가시화하여 논의할 수 있으리라 본다.[13] 이러한 장면들은 대부분 각 작품들의 눈대목이면서 전체 서사 속에서도 중요한 비중을 차지하는 장면들에 해당한다. 본고에서 살피고자 하는, 분노, 설움 등은 바로 이러한 장면들에서 주 인물들에 의해 집중적으로 표출되는 감정들이다. 통계를 통해 확인할 수는 없으나, 인물명을 제외할 경우 '서럽', '설움', '서러움' 등 어휘는 판소리 사설에서 가장 많이 발견되는 어휘 중 하나일 것이다. 분노, 설움 등 감정이 판소리 작품 속에 두드러짐은 판소리의 서사 세계가 그러

---

9 공감에 대해서는 〈심청전〉 이본 생산과 관련한 수용자의 주체적 수용 과정에 대해 서유경이 구안한 '공감적 자기화' 개념 참조(서유경, 『고전소설교육 탐구』, 박이정, 2002, 32~41쪽).

10 김종철, 『판소리사연구』, 역사비평사, 1996, 203쪽 재인용.

11 강한영 교주, 『신재효 판소리 사설집(全)』, 보성문화사, 1978, 145쪽.

12 정노식, 『조선창극사』, 조선일보사, 1940, 72쪽.

13 여기서는 창자(작자)와 청중(독자)의 정서적 공감이라는 이상적 상황을 전제하고 있는 셈이 되었다. 창자의 가창 능력, 청중의 성격, 연행 환경 등 변인에 따라 달라질 수 있음은 인정해야 할 것이다.

한 감정에 쉽게 휩싸일 수 있는 인물들의 삶을 바탕으로 하여 형성되었기 때문이다. 그들의 감정은 또한 하층이 주요 구성원이던 판소리 청중층이 쉽게 공감할 수 있었던 감정이기도 했다.

통상 이러한 감정들은 비장미 유발의 작중 근거가 된다. 판소리에 있어 비장은 "신분과 능력에서 작중인물이 정상적 생존이나 생활을 성취할 수 없도록 심각한 장애에 부딪쳐 좌절의 절대성에도 불구하고 그들이 바라는 바가 더 이상 물러설 수 없는, 생존의 최종적 자리로 인식될 경우"[14]에 형성된다고 한다. 그 대표적인 대목들로 거론된 〈춘향가〉의 이별대목, 십장가, 옥중가, 〈심청가〉의 곽씨부인 유언, 부녀 이별, 인당수 투신, 〈흥보가〉의 흥보 쫓겨나는 대목, 가난타령, 매품팔이 탄식 등등에서 인물들은 최소한의 삶조차 이어갈 수 없는 현실에 서러워하거나 정당하지 않은 강압에 분노한다. 이러한 대목 속 인물들의 분노·설움은 비장미를 유발하는 핵심적 요소일 것이다.

다만 분노와 설움의 감정이 비장미 유발의 작중 근거가 되기는 하나, 그 중 설움은 비장과는 조금 다른 성격의 미의식과 관련된다고 보아야 한다. 비장은 영웅적 인물 혹은 적어도 그에 버금가는 비중을 지닌 인물이 자신에게 닥친 외적 현실에 저항하거나 자신에게 닥친 운명의 무게를 스스로 감당하려 할 때 유발되는 미의식이다. 반면 판소리 속 등장인물은 대부분 평범한 삶을 살아가는 이들이며 그들에게 닥친 문제적 상황은 특수한 것이 아닌 인간으로서의 기본적인 삶과 관련된 고난들이다. 판소리에서의 비장을 '凡人的'이라는 수식어를 덧붙여서 재맥락화하려 한 것[15]도 그 때문일 것이다. 그러나 엄격한 기준에 입각할 때 범인적 비장이라 하더라도 그것은 항거하는 춘향이나 인당수 대목의 심청처럼

14 김흥규, 「판소리에 있어서의 비장」, 141쪽.
15 위의 글, 131쪽.

그 인물만이 감당해내야 하는 특별한 상황에 부딪쳤을 경우에만 해당된다고 보아야 할 것이다. 이별, 그리움, 가난 등은 누구나 놓일 수 있는 상황이며 또한 일회적인 것이 아닌 지속적인 것일 수 있으므로 비장이라는 범주로 포괄하기는 문제가 있다. 차라리 이 경우는 悲哀美라 규정하는 것이 적절할는지 모른다. 향후 비장미라고만 일컬어지던 미의식의 영역에 대해 그 작중 근거인 인물의 감정 및 서사적 상황과 관련한 더 섬세한 변별이 필요하리라 본다.

이상의 내용을 염두에 두고 다음 장에서는 판소리 텍스트에 근거하되 다소의 추론을 덧붙여 인물들이 표출해내는 분노, 설움에 대해 살펴 보고자 한다. 이를 위해 다음 두 가지 사항을 전제하고자 한다. 하나는 작품 전체로부터보다는 장면 단위를 중심으로, 그것도 주 인물의 감정에 초점을 맞추어 논의를 펴겠다는 것이다. 전자의 사항에 대해서는 앞서의 논의로도 충분할 것이나, 후자의 사항에 대해서는 약간의 해명이 필요할 것 같다. 판소리 작품 속에는 긍정적 인물, 주인공격의 인물만 분노하고 서러워하는 것은 아니다. 놀부도 분노하고, 변사또도 분노한다. 하지만 이들의 분노는 자신의 사욕을 채우기 위한 목적을 지닌 것이어서 특별히 사회적 문화적 의미가 있지 않는 한 주목할 만한 가치가 적다. 또한 〈춘향가〉의 남원 부민들도 춘향에게 심정적인 동조를 보이면서 분노하기도 하고 함께 서러워하기도 한다. 그러나 이들의 감정은 주 인물과의 정서적 동화라는, 또 다른 층위의 시각 하에 살펴야 할 것들이다.

다른 하나는 이 글에서 분노, 설움 등의 감정을 논의 대상으로 삼기는 했으나 실은 인간 감정의 영역을 선을 긋듯 명확히 나누기 어려우며 때로는 특정 감정이 다른 감정, 정서와 뒤얽힐 수 있다는 것도 고려해야 한다는 점이다. 특정 감정, 정서를 느낀다는 것은 그러한 것에 해당하는 사전적 의미의 어떤 것을 느끼는 것이 아니라 미정형의 감정, 정서를 그 어휘의 의미 범위 안으로 분류하는 행위라는 지적[16]을 유념해야 할 것이다. 그러므로 분노, 설움 등 유발 기제 분석은 심리학적, 생물학적 차원의 전문적, 미시적 논의까지 동반해야 할 것이다. 하지만 이는 필자의 능력을 벗어나는 일이므로, 일단 어느 정도는 이러한 감정, 정서에 대한 경험적 상식에 기대어 논의를 펼칠 수밖에 없음을 양해 바란다.

3. 판소리 문학 속 분노와 설움

1) 정당한 분노와, 그 부당함의 인지에서 오는 설움

경험적 상식에 기댈 때 판소리의 여러 장면들 중 인물의 분노가 가장 두드러진 장면을 꼽으라고 한다면 아마 다음 장면이 될 것이다.

> 사ᄯᅩ ᄃᆡ로하야 이 연 드려라 모반ᄃᆡ역ᄒᆞ난 죄는 능지쳐참ᄒᆞ여 잇고 조롱관장하는 죄난 겨셔율의 율 써 잇고 거역관장하난 죄는 엄형정비하는이라 죽노라 셔러마라 춘향이 포악하되 유부겁탈하난 거슨 죄 안이고 무어시요 사ᄯᅩ 기가 막켜 잇지 분하시던지 연상을 쑤달일졔 탕건이 버셔지고 상토고가 탁 풀리고 ᄃᆡ마듸여 목이 쉬여 이연 자바 ᄂᆡ리라 호령하니 (완판84장본 〈열여춘향슈절가〉)[17]

위 장면에서 변사또는 관권을 이용해 탐욕을 채우려는 자로 설정된다. 그는 기생에게 무슨 수절이 있을 수 있냐며 관장 조롱을 명목으로

---

16 김성룡, 「정서와 문학교육」, 『고전문학과 교육』 20, 한국고전문학교육학회, 2010, 15쪽.
17 김진영 외, 『춘향전 전집』 4, 박이정, 1997, 348~349쪽.

모반죄를 뒤집어 씌우려 하고 있는 것이다. 그러나 그것은 춘향이 이도령과 만나면서 깨닫게 되었고 또한 그 때문에 가슴 아파했던 신분 문제를 자극한 것이었다. 그러므로 춘향은 한 걸음도 물러설 수 없었다. 자신이 기생임을 인정한다는 것은 이도령과의 진실된 사랑을 부정하는 것이 되었기 때문이다. 춘향은 기생이기 이전에 한 인간으로 당당히 대우받고 싶었던 것이다. 급기야 춘향은 유부녀를 겁탈하려 하는 것은 죄가 아니고 무엇이냐고 한다.

약자가 강자를 상대할 때 자신의 의사를 제대로 전달하기는 쉽지 않다. 두려움 때문이다. 두려움은 그것을 극복할 수 있을 만한 장치가 없을 경우 그것을 표출할 수도 없고 그로부터 헤어나기도 쉽지 않다. 그러나 위 춘향은 그 어떠한 안전 장치도 없음에도 불구하고 목숨을 걸고 자신의 의사를 적극적으로 표출한다. 그것은 변사또의 말과 행동이 자신의 최소한의 자존감마저 허물어뜨리려 하고 있다고 판단했기 때문이다. 이때 춘향이 드러낸 것은 바로 분노이다. 분노는 적개심, 공격성에 비해 더 근본적인 감정이며,[18] 화보다 강한 감정이면서 화에 비해 쉽게 풀릴 수는 없는 감정이다.[19] 특히 그 유발 요인이 상대의 잘못에 있고 자신의 자존감에 도덕적 상처를 입을 때 표출되는 대표적인 감정인 것이다.[20] 위 장면에서 춘향이 드러낸 것은 그의 시각에서 볼 때 '정당한 분노'인 것이다.

---

18 김유신 · 고영인, 「분노경험 및 분노표현에 관한 연구」, 『경성교육연구』 창간호, 경성대 교육연구소, 1995, 38쪽.

19 화는 풀리다는 어구를 덧붙일 수 있지만 분노는 그렇지 않다. 삭인다는 어구가 적절하다.

20 분노에 대한 적잖은 연구들에서 이 감정이 자존감 및 자신의 기본적 권리 요구와 관련됨을 지적하고 있다. J.M.바바렛(박형신 · 정수남 옮김), 『감정의 거시사회학』, 일신사, 2007, 213~222쪽; 최재락, 「분노와 자기 성찰」, 『기독교사상』 40, 대한기독교서회, 1996, 244~245쪽; 김은희 · 강승호, 「자존감, 인지적 정서조절전략과 공격성 간의 관계」, 『矯正硏究』 47, 한국교정학회, 2010 등 참조.

춘향의 분노는 그 어떤 안전 장치 없이 이처럼 그 대상을 직접적으로 향한다. 타자에 대한 투사는 오히려 분노를 약화시키고 그 정당성까지도 훼손시킬 수 있으며 자신을 오히려 억압하는 방어적 측면에 머물 수 있었다.[21] 하지만 위 춘향은 유발 대상을 직접적으로 향하면서 분노를 통해 온몸으로 항거한다. 이에 이어 춘향의 목소리로 토로되는 십장가는 그 어떤 논리로도 허물어뜨릴 수 없는, 인간임의 절규이다.

분노는 표출할수록 그 강도가 증가한다. 그리고 전염된다. 정당한 분노일수록 그것을 지켜보는 자들을 정신적으로 고조시키고 연대감을 느끼게 하며,[22] 분노의 원인 제공자로 하여금 더욱 흥분하게 한다. 〈춘향전〉 후대 이본으로 가면서 남원 부민들의 반응이 고조되는 것, 변사또가 더욱 안절부절 못해 하는 것도 이와 관련된다. 결국 춘향의 정당한 분노는 변사또 개인과의 대결을 훨씬 넘어서게 된다.

옥에 갇힌 후에도 춘향의 분노는 한동안 식지 않은 것으로 그려진다. "국곡투식ᄒᆞ야던가 엄형즁슈 무ᄉᆞᆷ 일고 살인 죄인 안니여든 항ᄉᆡ 족ᄉᆡ 무ᄉᆞᆷ 일고" 라고 통곡하며 옥에 갇힌 춘향은 '옥방형상' 사설에서 자신을 향기로운 풀과 봉황에 비유하면서 "송ᄇᆡᆨ갓턴 구든 절ᄀᆡ 츄호나 변ᄒᆞᆯ소야", "(…) 정츙ᄃᆡ절 즁낭장도 흉노국 욕을 보고 도로 ᄂᆡ야 고국의 살아오니 일현 일노 볼작시면 무죄ᄒᆞᆫ ᄂᆡ의 목ᄉᆞᆷ 힝여나 살아나셔 셰상 구경 다시 볼가 ᄶᅡᆨ갑ᄒᆞ고 원통ᄒᆞ다 날 살이 리 뉘 잇스리"(완판29장본)[23] 라며 자신의 정당성을 하소연하고 있는 것이다. 하지만 시간이 지나면서 춘향은 다음과 같이 깊은 설움에 빠져든다.

---

21 고영건·안창일, 「분노-억압 집단의 방어적 투사」, 『한국심리학회지: 임상』 22, 한국심리학회, 2003, 642쪽에서는 잠재적 투사는 분노의 억압과 관련이 있다고 한다.

22 분노가 가져다 주는 연대감에 대해서는 정수남, 「계급분노와 저항의 감정적 동학」, 『민주주의와 인권』 제9권 3호, 전남대 5.18연구소, 2009 참조.

23 김진영 외, 『춘향전 전집』 4, 239~240쪽.

(진양) 천지(天地) 삼겨 사람나고 사람삼겨 글 만들 제 뜻 정(情)자 이별 별(別)자를 어이하여 내었는고, 뜻 정자를 내었거든 이별 별자를 없애거나 이 두 글자를 내든 사람은 날로 두고 준비헌가. 도련님 떠나실 제 지어주고 가신 가사 거문고에 올려타니 탈 제마다 한이 맺히어 눈물 먼저 떨어진다. 한창(恨漲)하니 가성열(歌聲咽)은 동창(東窓)의 슬픔이요, 수다(愁多)하니 몽불성(夢不成)은 정부사(征夫詞)의 서름이라. 완악(頑惡)한 게 목숨이요 굳은 것이 간장(肝腸)이로구나. 심화(心火) 다 타고 나머지 한 구비가 마저 끊어 없겠구나. (…) (김여란 창본 〈춘향가〉)[24]

춘향이 옥중에서 겪었던 것은 心火가 다 타고 나머지 한 구비마저 끊어질 듯한 고통이었다. 분노와 원통함은 어느덧 恨이 되어 설움으로 토로되고 있는 것이다.[25] 춘향의 분노는 변사또에 대한 설치 혹은 자존감의 회복으로 이어졌어야 했다. 그러나 그 어떤 것도 불가능한 상황 하에서 춘향은 마냥 이도령에 대한 그리움만을 되뇌일 수밖에 없었다. 하지만 이도령은 오지 않고 그리움과 원망이라는 모순된 감정에 휩싸이면서 춘향은 자신을 되돌아보게 된다. 그와 함께 분노의 공격성은 자신을 향한다. 죽음을 떠올린 것도 이 지점에서였다. 춘향이 꿈 속에서 二妃를

24 김진영 외, 『춘향전 전집』 2, 박이정, 1997, 263쪽.

25 감정 혹은 정서로서의 설움 자체에 대해서는 기존 연구에서 큰 관심을 기울이지 않았다. 대체로 恨과 관련된 부수적 감정 정도로 언급되어 왔을 뿐이다. 예컨대 천이두, 앞의 책, 28~29쪽에서는 한탄이 내면적 경향으로 기울어질 때 설움으로 나타나는 바, 한에 있어서 설움은 (한의) 대표적인 한 표상이라 규정했으며, 최상진, 『한국인의 심리학』, 학지사, 2011, 77, 84쪽에서도 한의 심리 상태 중 하나 정도로 보고 있을 뿐이다. 설움은 물론, 恨과 대등한 또 다른 범주에 속하는 감정은 아니다. 하지만 그렇다고 해서 설움을 한에 종속된 심리 상태 중 하나로만 보아서도 곤란할 것이다. 설움은 한의 계열에 속하는 감정, 정서를 지칭한 것이기는 하나, 그 중에서도 특히 표출 행위로서의 측면을 더 중요시한 감정, 정서이다. 설움은 자신 혹은 타자를 향한 의미 전달의 의도가 강한 감정, 정서인 것이다.

만난 것은 자신이 추구한 가치의 정당성에 대한 재확인의 의미가 있었다. 그럼에도 불구하고 어찌할 수 없는 절망의 상황, 춘향의 설움은 바로 이 절망적 상황 하에서의 자기 확인으로서의 설움[26]이었던 것이다.

그러므로 춘향의 설움은 무기력함의 표현이 아니다.[27] 외롭고도 처절한 내적 苦鬪였다. 또한 그것은 분노의 지속이었고, 이도령을 향한 그리움과 원망, 그리고 고뇌의 과정이었다. '쑥대머리' 사설에서 토로한, 자신이 고혼이 되더라도 알아주는 이는 없으리라는 춘향의 원통한 부르짖음은 홀로 서러워하며 내린 최종 결론이었다.

그런데 실은 춘향은 이미 변사또와 같은 계층의 일원인 이도령에게도 분노를 표출한 바 있었다. 다음은 이도령과 춘향의 사랑이 무르익어갈 즈음 춘향이 이도령으로부터 일방적으로 이별을 통보받았을 때의 상황이다.

> 츈향이가 이별 말를 막 듯던이 고닥의 변ᄉᆡᆨ되여 요두젼목의 얼골이 불그락 푸루락 눈셥이 ᄭᅩᆺᄭᅩᆺᄒᆞ며 왼 몸을 쌩 찰나는 ᄆᆡ 몸쓰듯 쫙 쓰고 안쩐이 도련님을 물그럼이 보던이 (진양죠) 허허 이게 웬말이요 와락 쒸여셔 이러나며 거듯치난 쵸ᄆᆡᄌᆞ락도 짝짝 찌져셔 후릿쳐 바리고 머리 ᄭᅳ덩이도 아드득 쥬여 ᄯᅳ더셔 도련님 압페다 더지면셔 이것ᄯᅩ 모도 다 씰씌가 업구나 면경 쳬경도 두릿쳐 안어다가 문방ᄉᆞ우여다 후닥딱 와르르탕탕 부드지며 숀벽을 치고 도란지며 셔방 업실 츈향이가 세간 ᄉᆞ라 무엇ᄒᆞ며 단장ᄒᆞ여셔 뉘긔를

26 한이 부당한 차별 대우에 대한 인지, 자신에게 필요한 것의 심각한 결핍, 지울 수 없는 실수에 의해 만들어진 욕구 좌절 및 불행 등으로부터 온다는 견해(최상진, 앞의 책, 74~76쪽)를 참조할 때, 설움 역시 그와 유사한 기제를 지니리라 본다. 춘향의 경우는 부당함의 인지에서 오는 설움에 해당한다.

27 천이두는 춘향의 분노와 원한이 옥에 갇힌 후 무력한 자신의 처지를 되돌아보면서 설움으로 표상된다(앞의 책, 30쪽)고 보았으나, 이는 이 과정에 대한 소극적 해석이라 생각된다.

보일써나 못실 연의 팔ᄌᆞ로다 이팔청춘 절문 게집아히가 셔방업시 어이을 살써나 쳔연이 도란지며 여보씨요 도련님 쳔ᄒᆞ온 츈향이난 한부로 바리셔도 아모 탈도 업난ᄃᆡ가 우리 당쵸 언약할 졔 ᄃᆡ부인 ᄉᆞ또님이 식키시던 일이ᄃᆡ가 빙ᄌᆞᄒᆞ기 웬일이요 작연 오월 단오일의 광한누셔 쳐음 보고 ᄂᆡ 집이를 나와 게셔 도련님언 져긔 안고 츈향 나는 여그 안져 무엇시라고 말ᄒᆞ엿쇼 구망이 부려신망이요 신망이 부려쳔망이라고 ᄂᆡ의 숀질 부어잡고 우둥퉁퉁 박그 나와 당즁의 나려셔셔 경경이 말근 ᄒᆞᆫ날를 쳔번이나 가릇치고 만번니나 ᄆᆡᆼ세키로 ᄂᆡ가 정영이 밋어쩐이만은 말경의 가실 젹의난 쑥 씌여셔 바리신이 져러한 독ᄒᆞ고 모진 양반 고금쳔지 어ᄃᆡ가 잇쓰란 말린야 (장자백 창본 〈춘향가〉)[28]

이별할 수밖에 없겠다는 말에 춘향은 격정적인 반응을 보인다. 치마자락을 찢고 머리끄덩이를 쥐어뜯어 던지며 면경 체경도 던져 버린다. 이도령 없는 단장은 아무런 의미가 없었기 때문이다.[29] 그리고 이도령의 신의 없음을 원망한다.

춘향의 이 격정적인 반응은 이별 때문만은 아니었다. 춘향 역시 그 정도는 각오하고 있었다. 문제는 믿었던 이도령에 의해 신분적 열등감이 자극된 것이었다. 그로 인해 여성으로서의 최소한의 자존감마저 손

---

28 김진영 외, 『춘향전 전집』 1, 박이정, 1997, 28~29쪽.

29 강미정에 따르면 분노 서사의 기준으로는 분노 유발 사건과 함께 비합리적 신념도 고려해야 한다고 한다(강미정, 「분노 관련 설화를 통한 우울증 극복 가능성의 탐색」, 『고전문학과 교육』 22, 한국고전문학교육학회, 2011, 40쪽). 하지만 판소리 문학 속 분노는 혹 위와 같은 춘향의 경우라 하더라도 '비합리적'이라고만 볼 수는 없을 것이다. 또한 정운채, 「분노에 대한 문학치료학적 접근과 서사지도」, 『문학치료연구』 14, 한국문학치료학회, 2010, 306쪽에서는 분노의 원인은 좌절이고 분노의 결과는 공격성이라고 보았다. 분노에 대한 이러한 관점은 그것을 이상 심리로 보는 관점이다. 하지만 이 자리에서는 분노를 이상 심리로 보기보다는 평범한 인간이 특정 상황을 맞이하여 표출하는 자연스러운 감정으로 보고자 한다.

상을 입게 되었던 것이다. 그 믿음이 깨어진 위 장면에서 춘향이 드러낸 것은 일시적인 화가 아닌 분노였다고 보아야 한다. 그것은 변사또를 향했을 때와는 또다른 성격의 정당한 분노였다.

다만, 분노는, 상대에게 강력한 의사 전달의 기능을 하는 것은 사실이나 흥분과 격정을 동반할 때에는 육체적, 정신적으로 위험한 상황에 이를 수 있다. 춘향은 발악에 가까운 반응을 보이는 모친을 보면서, 어찌할 바를 몰라 하는 이도령을 보면서 분노를 거둔다. 그저 타자일 뿐이었음이 확인된 이도령을 이해하고자 한다. 바로 그 자리에 춘향의 이별설움이 놓인다. 춘향의 이별설움은 이도령으로 인해 새삼 환기된 신분적 자의식에 기인한 자존감의 표현이었다.

2) 심각한 결핍으로 인한 절망에서 오는 설움

위의 경우는 부당하다고 생각하는 행위에 대한 강력한 의사 표현으로서의 분노와 그 후속 감정으로서의 설움이 결합된 경우라면, 이와 달리 보이지 않는 세계의 힘에 위압당해 분노나 증오 등 그 어떠한 의사 표현도 할 수 없는 상황에서 느낀 심각한 결핍과 좌절감이 설움의 형태로 토로되는 경우도 있다. 이러한 설움은 주로 약자에 의해 토로되는, 슬픔의 단계를 넘어 과도하다고 할 만큼의 심리적 저하 상태의 감정이다. 판소리에서는 〈적벽가〉의 군사설움대목, 〈흥부전〉의 가난타령, 〈심청전〉의 이별대목 등에서 이러한 유형의 설움을 발견할 수 있다.

이 중 먼저 군사설움대목[30]의 설움부터 살펴 보기로 한다. 군사설움대목은 창본의 경우 세 군사가 차례로 등장하여 자신들의 설움 사연을 토

---

30 군사들의 설움 표출은 이본에 따라 조조 군사들이 화용도로 들어갈 때도 나타난다(예컨대 정광수 창본). 여기서는 적벽대전 직전의 군사설움으로 한정하고자 한다.

로하는 형식으로 되어 있다. 각각 부모, 자식, 아내 생각이 간절하다는 것이다. 이 세 사연은 각각 다른 군사의 사연들인 것으로 설정되어 있으나 실은 전장 군사들이 누구나 지녔을 법한 사연들이다. 군사들은 개별적 존재들이 아닌 집단 전형[31]인 까닭이다. 그 중 첫째 군사의 설움에 이들의 사연은 포괄되어 있다.

> (진양) 고당상학발양친(高堂上鶴髮兩親) 배별(拜別)한 지가 몇 날이나 되며 부혜(父兮)여 생아(生我)하시고 모혜(母兮)여 육아(育我)하시니 욕보지은덕(欲報之恩德)인데 호천망극(昊天罔極)이로구나. 화목하던 전대권당(全大眷黨) 규중의 홍안처자(紅顔妻子) 천리전장 나를 보내고 오늘이나 소식을까 내일이나 기별이 올꺼나 기다리고 바라다가 서산에 해는 기울어지니 출문망(出門望)이 몇 번이며 바람불고 비 죽죽 오는데 의려지망(倚閭之望)이 몇 번이나 되며 서중(書中)의 홍안거래(鴻雁去來) 편지를 뉘 전하며 상사곡(相思曲) 단장해(斷腸解)는 주야수심에 맺혔구나. 조총(鳥銃) 환도(環刀)를 둘러메고 육전수전을 섞어 헐 제 생사가 조석이로구나. 만일 객사(客死)를 하게 되면 게 뉘라서 암사를 하며 골폭사장(骨曝沙場)에 흩어져서 오연(烏鳶)의 밥이 된들 뉘라 손뼉을 두다리며 후여쳐 날려줄 이 뉘 있드란 말이냐. 일일사친 십이시로구나. (박봉술 창본 〈적벽가〉)[32]

적벽대전을 앞두고 酒肉을 爭食하며 시끄럽게 떠들던 중 앞날을 예감한 한 군사가 토로한 설움의 사연이다. 이 군사의 설움은 극한의 절망체험에 기인한다.

농경 문화를 갖게 된 이후 인간은 가족을 기본 단위로 하여 삶을 일구

31 김종철, 앞의 글, 82쪽.

32 김진영 외, 『적벽가 전집』 1, 박이정, 1998, 461~462쪽.

어가게 되었다. 그럼으로써 가족은 인간 삶을 지속시키고 재생산하는 근원이자 토대가 되었다. 또한 가족의 구성원으로서 가족과 함께 하는 일상은 각자의 삶을 가치 있게 만드는 조건이기도 했다. 그것은 인간다운 삶의 최소한의 조건이다. 그러나 그러한 최소한의 조건마저 충족되지 못할 때, 그리고 다시는 회복 불가능한 결핍으로 인식될 때 사람들은 절망한다. 나아가, 위 군사의 더 큰 절망은 부모 혹은 자신이 객사하여, 부모의 장례도, 자신의 장례도 제대로 치르지 못할 수 있다는 것에 대한 인식에서도 온다. 문화권에 따라 차이는 있겠으나 대체로 인간은 살아서도 그러하지만 죽어서도 가족 속에서 자신의 존재 가치를 찾아야 하는 존재들이다. 장례란 죽은 이로 하여금 조상신이 되게 하여 흠향을 받을 수 있는 존재가 되게 하는 절차이다. 그것조차도 불가능하다고 여긴 것은 존재감의 극한적 상실에 이르렀음이다. 군사들의 설움이 처절하게 다가오는 이유도 여기에 있다.

물론 군사들의 설움에 이어 등장하는, 한 군사의 싸움타령은 그 처절함을 완화시키는 효과를 지닌다. 과도한 설움은 심각한 좌절감을 불러일으킬 수 있기 때문이다. 그러나 이미 설움 토로 자체가 심각한 절망감에 빠져들지 않으려는 자기적응 과정의 일환일 수 있다.[33] 이미 감정 주체는 세계와 극단적인 대립 관계에 놓여 있고 세계의 엄청난 힘 앞에서 절망한 상태이다. 이때 그 감정 주체가 세계를 왜곡하여 받아들이거나 극도의 공황 상태에 빠지지 않기 위해서는 자신을 추슬러야 한다. 설움은 바로 이러한 무의식적 자기적응 과정인 것이다. 세계는 변하지 않을 것이기 때문이다.

---

33 어떻게 보면 인간의 감정 행위 모두가 특정 상황 하의 자기 적응 과정의 한 부분이라 할 수 있다. 마이너스적인 감정, 정서 역시도 마찬가지이다. 오히려 이러한 감정들은 인간 생존에 있어, 그리고 인간적 관계 맺음에 있어 더 중요한 것들인지도 모른다. 이훈구 외 3인, 『정서심리학』, 법문사, 2002 참조.

군사들의 설움이 인간 다운 삶의 회복 불가능성에서 오는 절망감에 기인한 설움이라면, 〈흥부전〉의, 흥부 내외의 설움은 그 어떠한 노력에도 불구하고 가난으로부터 벗어나지 못하게 하는 세계의 냉혹함에 대한 인식에서 오는 설움이다. 〈흥부전〉 전반부는 거의 이러한 흥부 내외의 설움으로 가득차 있다고 해도 과언이 아니다.

흥부 내외는 자식들의 굶주림을 통해 그들에게 닥친 가난의 심각성을 인식한다. 그런데 그들을 더욱 괴롭게 하는 것은 어떤 사람들은 그렇지 않다는 인식에서 오는 상대적 박탈감이다. 흥부 내외는 끊임없이 자신들이 놓인 처지를 주변 사람들과 비교한다. 심정순 창본의 흥부는 다른 사람들의 가세를 자신과 비교해 보고 새암이 나서 그럴 듯한 집을 지어 보려 하기도 하고, 〈장흥보전〉의 흥부처는 아이들을 달래며 다른 부인들의 팔자를 부러워하기도 한다. "어떤 사람 팔자 좋아"라는 구는 습관처럼 흥부 내외에 의해 되뇌인다. 이러한 상대적 박탈감은 상실감을 낳고 그러한 감정이 지속될 경우 설움이 된다.

물론 자신의 삶을 반추하며 가슴 아파한다는 것은 그들이 자신의 삶을 사랑한다는 것을 뜻한다. 그러했기에 그들은 어떠한 험한 일도 마다하지 않고 하며 험한 세상 속에서도 사람답게 살기 위해 열심히 노력했다. 그러나 그 어떠한 노력에도 불구하고 가난으로부터 쉽사리 벗어날 기미는 보이지 않았다. 결국 그들 내외의 설움은 다음과 같이 북받쳐 오르고야 만다.[34]

34 이 중 앞부분이 가난설움사설이며 뒷부분은 흥부 내외가 서로 자결하려는 삽화가 덧붙여진 것이다. 〈흥부전〉에서 가난설움사설은 도승이 등장하기 직전에 나오기도 하고 박을 타기 직전에 나오기도 하며 두 군데 다 나오기도 한다. 이 차이는 흥부 내외의 설움이 언제 가장 고조되는가에 대한 각각의 해석에 말미암는다. 위 인용의 경우는 도승이 등장하기 직전의 것인 바, 이때 흥부 내외가 극단적인 가난상에 직면해 있다고 본 것이다.

(진양) (원계면) "가난이야 가난이야 웬수년의 가난이야. 복(福)이라 허는 것은 어찌허면 잘 타는고. 북두칠성(北斗七星)님이 복 마련을 허시는가, 삼신 제왕(帝王)님이 짚자리 떨어질 제 허시는가, 승금상수(乘金相水) 혈토인목(穴土印木) 묘(墓) 쓰기에 매였는가, 적선행인(積善行人) 인과응보(因果應報) 마음씨에 매였는가, 이목구비(耳目口鼻) 오악(五嶽)으로 생기기에 매였는가, 나는 세상(世上)에 삼겨나서 불의행사(不義行事) 아니 허고 밤낮으로 벌어도 삼순구식(三旬九食) 살 수 없고 내 몸은 고사(姑捨)하고 가장(家長)은 부황(浮黃)이 나고 자식(子息)들은 아사지경(餓死之境)이 되니 사람 차마 못 보겠네. 차라리 내가 자결(自決)하여 이런 꼴 안 보고저." 치마끈으로 목을 매니, 흥보(興甫)가 옆에 앉아 울다, "여보소 마누라 아기 어멈. 이것이 웬 일인가. 부인(夫人)의 백년신세(百年身勢) 가장(家長)에게 매였는데 박복(薄福)한 나를 얻어 이 고생(苦生)을 허게 허니 내가 먼저 죽으려네." 허리띠로 목을 매여 죽기로 작정허니 흥보 마누라 겁(怯)을 내어, "영감 다시는 아니 울라요." 흥보 마누라 가장의 손목 잡고 흥보는 마누라 목을 안고 둘이 서로 통곡(痛哭)을 헌다. (정광수 창본 〈흥보가〉)[35]

흥부는 매품을 팔려고도 해 보았고 형에게 양식 구걸도 해 보았다. 그러나 모두 실패한다. 특히 형과 형수로부터의 외면은 흥부로 하여금 크나큰 정신적 상처를 안겼을 것이다. 이에 대해 흥부는 몽둥이찜질을 당하고 집으로 돌아오며 차라리 죽어 염라국에 들어가 부모님께 원정을 아뢰겠다며 분노한다. 그러나 그 분노는 대상을 지속시킬 수 없는 분노이다. 자신의 가난을 형 탓으로만 돌릴 수도 없었으며 또한 자신과 다를 바 없는 상황에 처해 있었을, 매품을 가로챈 이를 원망할 수도 없었다. 결국 어떠한 노력에도 불구하고 극복 불가능하다고 여겨지는 가난 앞에

35 정충권, 『흥보전·흥보가·옹고집전』, 문학동네, 2010, 335~336쪽.

서, 그리고 그들의 최소한의 인간적 삶조차 용납하지 않는 냉혹한 세상 앞에서 흥부 내외는 평소 되뇌었던 것처럼 위와 같이 설움을 토로한다. 그들에게 있어 원수 같은 가난은 차라리 운명으로 느껴졌던 것이다.

그러나 설움이 지나쳐 과도한 자기 비하에 빠질 경우, 정신적 장애를 일으킬 수도 있고 절망감을 고조시켜 극단적인 선택을 하게 할 수도 있다. 이본에 따라 차이가 있지만, 가난타령에 이어지는 위 삽화는 흥부 내외가 얼마나 심각한 정신적 공황 상태에 놓여 있었는지 알 수 있게 한다. 그래도 흥부 내외가 다시 삶을 추스릴 수 있었던 것은 그들이 서러워할 줄 아는 사람들이었기 때문이다. 그리고 설움이란 자기적응을 통해 삶에 대한 애정을 잃지 않으려는 몸짓이기 때문이다.

설움이란 이처럼 보편적 삶의 조건에 비추어 본 결핍, 혹은 세계의 냉혹함과 자기 가치의 열등성 인식 하에서 유발되는 감정이다. 판소리 작품 속 이별대목의 인물들이 보여주는 설움 역시 이러한 류의 것에 해당한다. 당장은 결핍의 상황에 놓여 있지 않으나 결국에는 심각한 결핍의 상황에 놓이게 될 것이며 세계는 그들에게 그 어떠한 관용도 베풀지 않을 것임이 확실시되고 있기 때문이다. 그 중에서도 심청의 이별대목은 특히 그 설움의 강도가 높다.

날 볼 날 몃 밤인요 ᄂᆡ가 ᄒᆞᆫ 번 죽어지면 뉘를 밋고 살으실가 ᄋᆡ답도다 우리 부친 ᄂᆡ가 철을 안 언후의 밥빌기를 노으시더이 ᄂᆡ일붓텀이라도 동ᄂᆡ 걸인 되게ᄡᅳ니 눈친들 오직ᄒᆞ며 멸신들 오직ᄒᆞᆯ가 무삼 험ᄒᆞᆫ 팔자로셔 초칠일 안의 모친 죽고 부친조차 이별ᄒᆞ니 이런 일도 잇실가 힝양낙일수운기난 소통쳔의 모자이별 편삽수유소일인은 용산의 형제이별 셔출양관무고인은 위셩의 붕우이별 정ᄀᆡᆨ관산노기즁은 오히월녀 부부이별 이런 이별 만컨마는 사라 당ᄒᆞᆫ 이별이야 소식 들을 날이 잇고 상면할 날 잇건마는 우리 부녀 이별이야 언의 날의 소식 알며 언의 씌여 상면ᄒᆞᆯ가 도라가신 우리 모친 황천으로 가 겨시고 나는 이제 죽거드면 수궁으로 갈 거시니 슈궁의셔 황천가기 몃말 니 몃쳘 니나 되넌고 모녀상면ᄒᆞ랴 ᄒᆞᆫ들 모친이 나를 엇지 알며 ᄂᆡ가 엇지 모친을 알이 만일 뭇고 무러 차져가셔 모녀상면 ᄒᆞ는 날의 응당 부친 소식 무르실 거시니 무삼 말삼으로 ᄃᆡ답ᄒᆞ리 오날밤 오경시를 함지의다 머무르고 ᄂᆡ일 아침 돗난 ᄒᆡ를 부상지의다 ᄆᆡ량이면 에여쁜사 우리 부친 좀더 모셔 보련마는 일거월ᄂᆡ를 뉘라셔 막을소냐 ᄋᆡ고ᄋᆡ고 셔룬지거 쳔지가 사정이 업셔 이윽고 닭기 우니 심청이 ᄒᆞᆯ 길 업셔 닭가닭가 우지 말아 제발 덕분의 우지 말아 반야진관의 ᄆᆡᆼ상군이 안이로다 네가 울면 날리 ᄉᆡ고 날리 ᄉᆡ면 ᄂᆡ가 죽난다 죽기는 셥지 안이ᄒᆞ여도 의지업신 우리 부친 엇지 잇고 가잔 말고 (완판71장본 〈심청젼〉)[36]

헤어지기 전날 심청이 부친의 버선을 손 보려고 바늘에 실을 꿰려다 울컥 울음이 터져 흐느끼며 뇌인 독백이다. 심청의 설움은 부친을 위한 일이 또다시 불효가 되는 비정한 현실에 원인이 있다. 심청과 같은 환경에 놓인 이들에게는 효에도 댓가가 필요했던 것이다. 그래도 떠나기 전까지는 부친과 함께 있을 수 있었으나 애초에 인간이란 시간이라는 벽을 넘어설 수는 없는 존재임을 심청은 자각한다. 현실이 이토록 비정할진대, 자신이 떠난 후 부친은 어떻게 살아갈 것인가, 심청은 헤어날 길 없는 내적 모순에 빠지며 서러워한다. 그 누구의 이별도 지금 자신의 이별만큼 서럽지는 않으리라 한다.

돌이킬 수 없는 결핍으로 인한 극한의 절망 체험은 그 주체로 하여금 현실을 회피하게 하여 자포자기 상태에 빠지게 할 가능성이 높다. 그러나 심청은 이를 회피하지 않고 몸소 감당해 내려 한다. 심청의 설움은 이 비정한 현실을 자신의 일로 받아들이면서 최소한의 인간적 가치는

36 김진영 외, 『심청전 전집』 3, 박이정, 1998, 232~233쪽.

잃지 않고자 한 몸부림이었던 것이다.

3) 설움과 분노의 착종, 변주

감정 주체의 시각에서 볼 때 판소리 속 인물들의 설움에는 최소한의 자존감 확인 혹은 자기조절 기제라는 의미를 부여할 수 있음을 살펴 보았다. 그렇다 하더라도 어디까지나 설움이란 수동적인 감정에 해당한다. 그러나 만약 그 주체가 설움 유발자를 구체화하고 대상을 향해 설움을 외화할 경우, 설움은 분노나 증오 혹은 그 이상의 강한 위력을 지닌 어떤 감정과 뒤섞여 복합적인 감정 형태를 드러낼 수 있다. 판소리의 대목들 중 이러한 양상을 보이는 대표적인 대목은 〈적벽가〉의 군사점고 대목[37]일 것이다.

우선은, 처음 등장하는 군사인 허무적의 경우를 주목해야 한다.

> (중모리) 허무적이 들어온다 투구 벗어 손에 들고 갑옷 벗어 둘러메고 한 팔 다리를 절룩절룩 들어오고 통곡허며 우는 말이 고향을 바라보니 구름만 자욱허고 가친을 생각허니 슬픈 마음 측량없네 가고지고 가고지고 내 고향을 가고지고 애고애고 통곡하니 조조 보고 너는 천총의 도리로 들어오매 불배허니 괘씸허다 네 이놈 목 베여라 허무적이 엿짜오되 적벽강 급한 싸움 화전을 피하옵다 뜻밖에 살한 개 떠 수루루루 들어오더니 팔맞아 부러지고 다리조차 부러저서 전혀 군례할 수 있나이까 어서 목 베어주오 혼비고향 둥둥 떠서 그리든 부모와 애중한 처자권솔 얼굴이나 보려하니 어서 급히

37 군사점고대목에 대해서는 서종문, 「〈적벽가〉에 나타난 '군사점고대목'의 존재양상과 그 의미」, 『판소리연구』 8, 판소리학회, 1997 및 조희정, 「〈적벽가〉 군사점고대목의 인물 형상화 방식」, 『선청어문』 28, 서울대 국어교육과, 2000에서 집중적으로 다룬 바 있다.

죽여주오 애고애고 설레우니 (한승호 창본 〈적벽가〉)[38]

투구와 갑옷을 벗어버리고 들어오며 고향 생각에 서러워하는 위의 허무적은 싸움을 앞두고 설움을 하소연한 군사들의 연장선상에 놓여 있다. 이 허무적을 향해 조조가 군법을 내세우며 목을 베라고 하자, 허무적은 차라리 죽여달라며 혼이라도 되어 가족을 만나고 싶다고 한다. 이 상황은, 군사들의 사정을 전혀 헤아려 주지 않는, 더구나 이러한 명분 없는 전쟁에 자신들을 동원한 부정적인 지도자에게로 설움의 감정을 외화하고 있는 상황이다. 그 결과 설움의 감정과 분노의 감정이 착종된 모습을 보인다.

부당한 대우에 대한 불만은 허무적과 같은 하급 군사들이 이미 품고 있었던 것인지도 모른다. 그러나 그러한 감정은 아무리 사소한 것이라 하더라도 평소 엄격한 규율 하에 억압되어야 한다. 나아가 군대에서의 분노는 그 외부, 곧 적을 향하도록 이끌어져야 한다. 그런데 위 허무적은 그러한 감정을, 결코 그래서는 안 되는 내부의 상관을 향해 드러내고 있다. 그럼에도 불구하고 허무적이 전혀 두려워하지 않는 것은 설움이 부당한 대우를 계기로 분노와 결합되면서 특정 대상을 향했기 때문이다. 이때 그 분노는 극단으로까지 이어질 수 있다. 위 허무적이 목숨을 걸고 항거하고 있는 것은 그 나름대로의 극단적인 분노의 표출에 해당한다. 그런데 다음 박덜렝이의 경우를 보자.

(아니리) 조조 보고 질색허여, "아이고, 저거, 저저거 저저 장비 군사 아니냐?" 박덜렝이 하는 말이, "아니 늬 아들놈이 장비 군사란 말이요, 조조 군사지?", "네 이놈, '조조'라니?", "아, 이녁 군사도 몰라 본단 말씀이요?", "늬가

---

38 김진영 외, 『적벽가 전집』 1, 277쪽.

내 군사 같으면 왜 그리 성허냐?", "아, 성하거든 회쳐 잡수시요.", "이 애, 그게 웬 말이냐?". "아까 병든 놈은 국 끓여 먹는다 했으니 성한 놈은 회쳐 잡수셔야지요.", "너는 별로 성하기에 반가워 허는 말이로다.", "아, 군사놈들이 모도 미련해서 죽고 병신 되고 그러지요. 말이 났으니 말이제, 한참 싸울 때 살짝 빠져 산꼭대기에 올라가 내려다보면, 싸움굿인즉은 제일 좋습디다. 쟁 치면 앞장서서 들어와서 혹은 먹고.", "저놈 저 매우 실군사놈이로구나. 네 이놈, 창날은 어쩌고 창대만 지팽이 삼었느냐?", "아, 오다가 창날은 배 고파서 밥 사먹고, 술 사먹고, 남은 돈으로는 바늘 한쌈 샀지요.", "이 난통에 바늘은 어따 쓸라고 샀는고?" "어떤 염병 앓다 죽을 놈이 만날 이렇게 지는 전장통에만 있으리까? (정권진 창본 〈적벽가〉)[39]

설움, 분노의 감정은 웃음으로 변주되고 있음을 볼 수 있다. 이미 허무적의 경우를 통해 조조는 소망스러운 지도자가 아니며 더 이상 자신들의 운명을 맡길 만한 지도자도 아님이 판명된 상황이다. 자신들의 분노는 정당한 것인 반면, 그 분노의 대상이어야 할 조조는 그에 걸맞는 위상을 잃어버린 것이다. 따라서 그를 향한 자신들의 분노 역시 더 이상 큰 의미를 지니지는 못했다. 이 대목의 웃음은 바로 이 지점에서 발생한다.

요컨대 골내종이, 박덜렝이 등등이 자신의 몸을 대상화하면서까지 조조와 나눈 골계적인 대화는, 왜소해진 대상인 조조 앞에서 그 방향성을 잃어버린, 설움과 분노의 변주이다. 그러나 또한 그것은 명분 없는 전쟁에 동원되어 자신의 삶이 무의미해져 버렸으나 이제는 그 누구에게도 하소연할 수 없게 된 허탈감의 표현이기도 했다. 분노, 설움이 웃음을 동반할 때 어떤 경우에는 억압에 대한 강력한 도전으로 나아갈 수도 있음을 위 군사점고대목이 잘 보여 주고 있다.

---

39 위의 책, 322쪽.

4. 분노, 설움의 소통과 그 의의

이상으로 살핀 바와 같이 분노, 설움은 판소리 작품 속에서 주인공급의 인물들이 보여주는, 문제적 상황에 대한 의미 있는 감정 반응이라 할 수 있었다. 다만 그 감정 반응의 양상은 문제적 상황이 어떠하냐에 따라 다른 모습을 보였다. 정당한 분노가 상대에 의해 좌절되면서 설움으로 이어지기도 했고, 보이지 않는 세계의 힘에 위압당해 그 어떠한 대응도 할 수 없는 상황에서 마냥 서러워하는 경우도 있었으며, 설움과 분노가 뒤얽히면서 오히려 웃음을 유발하는 데까지 나아가는 경우도 있었다. 그에 따라 비장미가 부각되기도 하고 비애의 분위기가 지배하는가 하면 비애와 골계가 뒤섞이기도 함으로써 그 나름대로 작품 세계 구현에 중요한 요소로 작용하였다. 하지만 그 어느 경우이든 인간 답게 살아 보려는 인물들의 최소한의 소망이 좌절되는 아픔에 기인한다는 점에서는 동궤에 놓인다고 보아야 할 것이다. 영웅적 인물의 고뇌가 자신에게 주어진 운명에 대해 어찌할 수 없음에도 불구하고 이에 책임지려 하는 데서 오는 것인 반면, 그 어떠한 선택의 여지도 없었던 판소리 작품 속 인물들의 아픔은 인간다운 삶을 용납치 않는 세계로 인한 절망에서 온 것이다. 그들의 분노, 설움은 그러한 절망적 아픔의 분출이었던 것이다.

그렇다면 그들의 이러한 분노, 설움은 당대 수용자(청중, 독자)[40]에게 어떻게 받아들여졌겠는가. 일반적으로 수용자는 재현적 상상력을 통해 인물이 처한 상황을 이미지화하고 자신의 상식, 경험, 가치관 등을 동원하여 인물의 감정이나 행위를 해석한다. 판소리의 정서적 감염력을 고

40 여기서 당대 수용자란 현전하는 판소리 텍스트와 주변 자료를 통해 추론할 수 있는 범위 내의 수용자로서 대체로 19세기 중후반과 20세기 초 정도를 지칭한다.

려할 때 수용자들은 인물들의 감정에 깊이 견인되었으리라 예상된다. 이때는 신체적, 심리적 변화가 일어나며 자신도 모르게 흥분할 수도 있고 심리적 평정 상태가 흐트러지면서 인물과 함께 분노하거나 서러워했을 것이다. 수용자가 흘리는 눈물은 인물에 대한 공감의 표지이면서 그러한 정서를 주변인들과 함께 하자는 의사의 표현이다. 여기에는 이날치의 소리를 듣고 부지불각 중 눈물을 씻은 노재상의 경우에서 보듯 계층 간의 차이가 크게 나지 않았다.

이러한 과정을 겪으면서 수용자는 인물들의 아픔 앞에서 자신을 되돌아보고 자신 역시 그러한 아픔으로부터 자유로울 수 없음을 인지하게 된다. 그것은, 수용자들 역시 작품 속 인물이 그러했듯 때로는 가슴 아파하며 때로는 분노하며 삶을 일구어 가는 이들이었기 때문이다. 그들의 마음 속에도 분노와 설움은 있었던 것이다. 그것은 무의식적인 공감적 일체화 과정이라 할 수 있었다.

이때 수용자의 정서는 개별적인 차원의 것을 넘어선다. 제3의 벽을 사이에 두고 개별적인 심리 정화(카타르시스) 과정을 겪기보다는 떠들썩하게 드러내어 함께 하고자 한다. 눈물이 그 연결고리 역할을 하였다. 이러한 수용, 소통의 과정이 거듭 반복되면서 인물들의 분노, 설움은 수용자에게 더 이상 낯설지 않게 된다. 타자의 아픔에 낯설지 않음은 특정 사회가 정서적 공동체를 향해 나아가기 위한 한 전제 조건이다. 정서적 공감력이 높은 사회는 개체의 아픔을 그의 탓으로 미루고 방기하지 않는다. 오히려 개체의 아픔을 떠들썩하게 공유하고자 한다. 그렇게 함으로써 극복하고 치유한다. 타협점 없는 대결의 시대일수록 아픔은 공유되어야 했다.[41] 판소리 속 인물의 분노, 설움는 그 매개적 정서였다고

41 19세기 중엽 이후 "사회 전반이 1860년대 민란이나 1890년대 농민전쟁으로 표현되듯 타협점 없는 대결의 시대로 접어든 것"과 관련하여 높은 감염력을 지닌 정서가 비장일 것이라는 논의(김종철, 『판소리사 연구』, 47쪽)도 이와 관련하여 음미해 볼 만

할 수 있다.

이러한, 인물의 감정을 매개로 한 소통이 주관적 공감의 측면이라면 객관적 인식의 측면 역시 소통 속에 공존한다. 수용자가 인물에 대해 공감하는 순간은, 수용자가 인물이 추구하는 가치를 지지하면서 대상 세계의 문제성에 대해 인식하는 순간이기도 하기 때문이다. 수용자는 인물이 처한 상황에 공감하면서 그(그녀)로 하여금 분노하게 한 그 누군가 혹은 그 무엇의 부당성을, 그리고 그(그녀)를 서럽게 한 현실의 냉혹함을 느끼게 된다. 그와 동시에 그들을 그렇게 몰아간 세계의 문제성을 인식하게 된다. 그것은, 윤리적으로 문제가 없음에도 불구하고(오히려 기존 윤리를 지키려고 함에도 불구하고) 그들을 고통스럽게 하는 세계는 과연 참된 세계인가 하는 의문으로 이어지게 될 것이다. 필경 그 의문의 화살은 그들 주변의 현실을 향하기도 했을 것이다.

이 과정을 통해 수용자들은 문제적 상황 하에서 인물들이 지향한 가치와 마주하게 된다. 분노하는 춘향에게서 도덕적 정당성에 기초한 인간 평등을, 홍부 내외에게서 인간답게 살고자 하는 욕망을, 부친과 이별하는 심청과 홀로 전장에 나온 군사들을 통해 가족주의적 의식[42]을, 형상적으로 인식하게 되는 것이다. 이러한 가치는 이념적 관점이나 계층적 편견을 넘어선, 인간을 인간 그 자체로 보는 시선에 바탕을 둔다. 수용자는 이러한 가치를 인정하면서 그들의 분노, 설움이야말로 자신의 운명에 대해 그 어떤 것에도 전가하지 않고 몸소 감당해내려는 주체적

하다.

42 당대의 가족주의에 대해서는 "작품(영웅소설들)에 충만한 슬픔, 원망, 분노 등은 당대 독자가 현실 생활에서 실제로 경험한 억압된 감정들이 반영된 것"인데 이러한 감정들은 조선 후기 서민 대중들이 논리보다는 감정에 휩싸여 있었고 가족만이 삶의 마지막 보루라 생각하며 살아간 것과 관련되리라는 논의(신재홍, 「〈유충렬전〉의 감성과 가족주의」, 『고전문학과 교육』 20, 한국고전문학교육학회, 2010, 188~190쪽)를 참조할 수 있다.

선언이었음을 깨닫게 되었을 것이다.[43] 그러므로 이러한 소통은 그들이 지향한 가치를 수용자가 상호 주체적 관점에서 내면화하는 한 과정이라 볼 수 있을 것이다.

물론 인물들이 지향하는 가치가 전적으로 긍정적인 가치라고만 볼 수는 없다. 이본에 따라 작품 여기저기서 흥부의 욕망은 서술자의 비웃음을 사기도 했고, 〈적벽가〉의 군사들이 추구한 가족주의는 또다른 군사에 의해 극히 개인적 감상에 치우쳐 있는 것이라 비판당하기도 했기 때문이다. 당대 수용자 역시 주관적 공감과 병행하여 이러한 인식상 거리를 드러내었을 수도 있다. 그러나 이러한 수용자라 하더라도 인물에 대한 '동정'과 '연민'의 시선마저 숨길 수는 없었을 것이다. 수용자 자신 역시 그러하듯 그들은 냉혹한 세계 앞에서 좌절하기에 평범하고 왜소한 인간이지만, 그들이 그로 인한 아픔을 자신의 것으로 감당해 내는 과정을 통해 한 인간으로 서려 하는 몸짓까지 무시할 수는 없었기 때문이다. 더구나 평등, 인간 다운 삶, 가족주의 등은 근대에 접어들어서도 여전히 유효할뿐더러 더 중요시되는 가치들이다. 이러한 가치들이 당대에 신분이나 계층을 가로지르며 소통되었던 것이다.

요컨대 당대 판소리 담론 속 인물의 극한 감정의 소통 과정은 수용자로 하여금 정서적 감응과 인식 작용을 통해 인물들의 가치를 내면화하게 하고, 타자와의 관계 속에서 인간으로서의 자기 이해를 심화시키는 과정, 곧 미적 주체로서 그 소통 능력을 확장하는 과정이었다. 분노, 설움 등, 판소리 작품 속 인물들의 극한 감정들은 바로 이러한 과정의 매

43 판소리 작품 결말 대목의 낭만성이 지닌 보상적·위안적 성격으로 인해 수용자에게 있어 분노, 설움의 인식적 기능이 약화된다는 견해도 있을 수 있다. 그러나 그렇게 보기에는 작품 속 인물들의 분노와 설움이 너무나 절박한 상황에서 토로되며 그 강도도 높다. 결말의 낭만성 때문에 인물들의 아픔을 통한 인식적 가치가 희석되는 것이 아니라 아픔의 강도가 높고 혹독하며 또한 인간적 존엄성의 측면에서 정당하기에 그러한 결말도 의미가 있다 해야 할 것이다.

개체였던 것이다.

5. 맺음말

본고에서는 판소리 장르가 장면 단위의 정서적 전달에 소통의 초점이 놓인다는 점을 전제하고, 작품 속 등장 인물들의 감정에 주목하여 춘향, 심청, 흥부, 군사들의 분노와 설움 및 그 얽힘의 양상을 살펴 보았다. 그 결과, 정당한 분노가 상대에 의해 좌절되면서 설움으로 이어지기도 했고, 보이지 않는 세계의 힘에 위압당해 그 어떠한 대응도 할 수 없는 상황에서 마냥 서러워하는 경우도 있었으며, 설움과 분노가 뒤얽히면서 오히려 웃음을 유발하는 데까지 나아가는 경우도 있었음을 알았다. 하지만 그 어느 경우이든 인간 답게 살아 보려는 인물들의 최소한의 소망이 좌절되는 아픔에 기인한다는 점에서 동궤에 놓이는 것이라 보았다.

이에 이어, 인물 감정을 단서로 한 정서의 소통이 지닌 의의를 살폈다. 그 소통은 수용자로 하여금 극한 상황 하의 인물 감정에 공감하게 하는 한편 그들을 그렇게 몰고 간 세계의 문제성을 인식하게 했을 것이다. 이는 수용자가 재현적 상상력을 통해 주관적 공감과 객관적 인식을 병행하는 과정을 거친 것이라 보았다. 결국 수용자는 타자의 아픔에 낯설지 않은 정서적 공동체를 상상적으로 구축하여 인물을 포용하는 한편, 그 인물이 지향하는 가치, 곧 도덕적 정당성에 입각한 인간 평등, 인간다운 삶에 대한 욕망, 가족주의적 지향 등을 내면화해 나갔다. 이는 판소리 문학의 담론적 특성이 이념적 시각이나 계급적 시각에 근거하면서도 이를 넘어선, 인간을 인간 그 자체로 보는 시각에 바탕하고 있으며 그러한 인간관이 의미 있는 것으로 받아들여졌음을 뜻한다. 그러한 인간관의 당대적 소통은 미적 주체로서 타자와의 관계 속에서 인간 이해를 심화하는 과정이었다. 분노, 설움 등, 판소리 작품 속 인물들의 극한 감정들은 바로 이러한 과정의 매개체였던 것이다.

본 논의는 분노, 설움에만 주목함으로써 판소리에 나타난 다른 감정, 정서들을 고려하지는 않았다. 이는 또한 본고에서 수용자의 다양성을 심각하게는 고려하지 않았다는 점과 연행 현장의 질적 측면을 중요시하지 않았다는 문제점과도 이어질 것이다. 그리고 분노, 설움이 작동하는 기제를 더 면밀히 분석하기 위해 주변 학문의 성과를 더 참조할 필요가 있었다. 이러한 사항들에 대해서는 후고를 기약할 수밖에 없을 것 같다.

판소리의 그 무엇이 판소리로 하여금 당대의 주도적 예술물로 자리매김하게 했으며 향유의 전계층적 확장을 이루어내게 했는가 하는 문제는 아직 완전히 해명된 것은 아니다. 본 논의는 인물의 감정과 정서에 초점을 맞추어 이 문제에 답해보려 한 결과물이다.

인물의 내면*

- 옥중 춘향 -

1. 판소리와 인물의 내면

이번 글에서는 '분노와 설움'에 이어 특정 인물 춘향의 정서에, 그것도 옥중의 춘향에 집중하여 읽기를 시도해 보고자 한다. 〈춘향전〉에 대한 기존 논의는 그것들의 정리만으로도 아마 한두 권의 저서를 필요로 할 정도로 상당한 양에 달해 있다. 게다가 그 논의들은 한 작품을 대상으로 할 수 있는 연구 영역 거의 대부분을 아우르고 있으며 그 수준 역시 축적된 만큼의 높이를 지니고 있는 것으로 파악된다. 따라서 더 이상의 논의를 덧붙이는 것이 이제는 큰 의미가 없는 것처럼 느껴지기도 한다. 그럼에도 불구하고 여기 새삼스럽게 논의를 펴고자 하는 것은, 기존 작품론[1]이 거시적인 데 치우쳐 있어, 미시적 관점에서 섬세하고 치밀하게

---

* 이 글은 『판소리연구』 27(판소리학회, 2009)에 실린 「옥중 춘향의 내면」을 부분 수정한 것이다.

1 〈춘향전〉에 관한 기존 작품론으로는 특정 이본을 집중적으로 검토하는 작업에서 시작하여, 이본 비교를 통해 통시적 양상을 따져보는 작업, 인물의 신분, 성격 등에 초점을 맞추어 작품의 시대적 의미를 찾아보는 작업, 민중의 현실 인식을 염두에 두고 〈춘향전〉의 사회사적 의의를 밝혀보는 작업, 현대적으로 변용된 〈춘향전〉 텍스트의 가치를 평가하는 작업 등에 걸쳐 주목할 만한 연구들이 있었다(여기 구체적인

작품을 읽어내는 작업은 여전히 필요하다는 생각에서이다.[2]

물론 미시적 관점이라고만 하면 너무 포괄적인 방법론적 규정이 될 것이다. 화용론 같은 언어학적 방법론도 있을 수 있고 이본 대비와 같은 실증적 방법론도 있을 수 있기 때문이다. 이 글에서 의도하는 미시적 분석은 그러한 방법론들을 뜻하는 것은 아니다. 부분이 전체의 구조를 위해 봉사하는 것이 아니라 사건의 흐름이 부분을 위해 봉사[3]하는 판소리의 장르적 특성을 근거로 하여, 장면이나 대목 단위의 부분들을 도수 높은 돋보기를 통해 세밀하게 훑어 본다는 정도의 뜻일 따름이다. 물론 여기에도 여러 가지 방법이 있을 수 있으나, 이 글에서는 作中 實存으로서의 인물 춘향의 관점에 선 읽기라는 방법을 택하고자 한다. 그러한 관점에 입각할 때 작중 춘향의 진실에 최대한 가까이 다가갈 수 있다고 생각했기 때문이다.

이러한 미시적 읽기는 기존 논의를 검증하는 작업이 되리라는 점에서 일차적인 의의가 있을 것이나, 특히 고전 작품과 오늘날의 수용·이해 간의 거리를 좁히는 작업이 될 수도 있다는 점에서 더 큰 의의가 있으리라 본다. 작중 실존으로서의 인물의 입장에 선다는 것 자체가 이미 등장인물과 당대 독자, 나아가 오늘날의 독자와의 소통을 염두에 두는 것이

서지 사항은 생략함).

2 정하영(「춘향의 항거와 그 의미」, 『춘향전의 탐구』, 집문당, 2005, 27~28쪽)에 따르면 기존 성과에도 불구하고 〈춘향전〉 연구는 앞으로도 계속되어야 할 뿐 아니라 오히려 더욱 활발히 진행되어야 한다고 하면서, 그 이유로 지금까지의 연구에서 소홀히 다루었거나 도외시했던 문제들 가운데 중요하게 검토해야 할 문제들이 아직도 적지 않게 남아 있다는 점, 그 간 중요한 문제로 다루어 왔으면서도 거기에 대해 충분히 납득할 만한 결론에 이르지 못한 문제들이 상당수 그대로 남아 있다는 점, 그 간 충분히 논의되고 만족할 만한 결론을 얻은 문제라 하더라도 그것을 현재의 위치에서 재검토해 보고 새롭게 인식하는 작업이 필요하다는 점 등을 들고 있다.

3 김흥규, 「판소리의 서사적 구조」, 『판소리의 이해』(조동일·김흥규 편), 창작과비평사, 1978, 113쪽.

되기 때문이다. 이러한 관점에서의 읽기를 정밀히 수행하기만 한다면, 그 성과를 통해 기존 논의를 보완할 수 있음은 물론 고전 작품 속 인물들을 오늘날 우리 주변에 살아 있게 하는 매개적 역할을 할 수 있을 것이며,[4] 나아가 그것이 고전 재창조 작업을 위한 제재적 원천을 제공하는 데까지 이를 수 있으리라 본다.

이 글에서는 이러한 문제 의식 하에 〈춘향전〉의 여러 대목들 중 '獄中 춘향' 대목을 미시적으로 읽어보고자 한다. 이 대목은 봉사 해몽 삽화의 한 부분을 제외하고는 비장미로 일관하고 있어 독자(청중)의 흥미를 불러일으키는 대목이라 할 수는 없다. 옥중에 놓인 춘향의 장황한 독백과 정신적 유영만이 이어져 있어 어떻게 보면 지루해 할 수도 있는 대목이다. 하지만 그럼에도 불구하고 이 대목을 장황히 늘여놓은 것은 〈춘향전〉의 작자가, 이 대목이 그만큼 의미 있는 대목이라 보았으며 또한 이 대목의 구현에 있어 어떤 특별한 관심사를 갖고 있었음을 말한다. 그것은 바로 옥중에 갇혀 고뇌하는 춘향의 '內面'이라 생각한다. 명창들 중 옥중 대목을 자신의 더늠으로 삼고 있는 경우가 많음은 범연한 일이 아닌 것이다.[5]

여기서 '내면'이라는 용어가 문제가 될 수 있다. 그것은 근대인 혹은 근대 이후 문학에서나 적용할 수 있는 용어라는 견해도 있을 수 있기 때문이다. 하지만 실은 판소리에서는 이미 '裏面' 속에 내포된 용어로서 사실상 인지되고 있던 개념이라 보아야 한다. '이면'의 개념적 내포를

4 우리 모두가 알고 있듯 〈춘향전〉은 우리의 고전이다. 하지만 일반 대중이나 후속 세대들에게 있어 〈춘향전〉은 그저 옛 작품일 뿐이다. 이는 고전 텍스트를 잘 읽지 않는 현 세태에도 이유가 있겠으나, 그것과 오늘날의 수용·이해 간의 거리를 좁히려는, 연구자들의 의식적 작업이 적극적으로 이루어지지 않은 데 더 큰 이유가 있다고 생각한다.

5 정노식, 『조선창극사』, 조선일보사, 1940에 따르면 옥중 대목의 소리를 더늠(특장)으로 삼은 명창들로, 송흥록, 박만순, 송재현, 오끗준, 한경석, 허금파 등이 있다고 한다.

인물의 심리나 감정, 의지 등으로 국한할 때 그것은 바로 내면이 되는 것이기 때문이다. 예컨대 심청이 인당수에 뛰어 들려 할 때의 내면이 孝와 본능적 공포 사이의 갈등으로 이루어져 있음은 이미 명창들에 의해 의식된 바이다. 이에 비하면 옥중 춘향의 내면은 훨씬 복잡하다. 사랑과 그리움, 신분에 대한 자의식과 항거, 꿈과 욕망, 죽음에 대한 두려움과 恨 등이 착종된 상태로 여기저기 흩어져 있기 때문이다. 결국 그러한 내면이 중세 제도에 대한 저항이기도 하다는 점에서 춘향의 내면으로부터 근대성을 읽을 수도 있을 것이다. 하지만 이는 이 글의 목표가 아니다. 연구자의 잣대를 억지로 들이대어 애초에 읽고자 하는 바를 재확인하는 것은 춘향에 대한 또다른 억압적 읽기가 될 수 있기 때문이다. 인간의 내면이란 그렇게 쉽게 재단해버릴 성격의 것이 아니다. 춘향의 내면이 착종된 상태라면 그것은 그것대로 드러내면서 춘향의 진실에 귀 기울일 필요가 있다. 그녀의 싸움은 거대한 세계와의 싸움이기도 하면서 또한 자신과의 싸움이기도 한 것이다. 이러한 춘향의 진실에 더 가까이 다가가려 할 때 춘향과 〈춘향전〉을 더 깊이 있게 이해할 수 있을 것이며, 나아가 〈춘향전〉이 시대를 초월한 감동을 불러 일으키는 이유의 일단을 느낄 수 있을 것이다. 옥중 춘향의 내면에 초점을 맞춘 이 글에서 궁극적인 목표로 삼고 있는 것도 바로 이것이다.[6]

이 작업을 제대로 수행하기 위해 다음 사항을 고려해 두고자 한다. 우선 〈춘향전〉 텍스트로서 창본 및 완판본 계열 이본들을 주텍스트로 삼고자 한다.[7] 완판본 계열 이본들은 창본 〈춘향가〉의 전개와 긴밀한

---

6 이와 유사한 관심사를 보인 기존 연구로는 정양, 「〈쑥대머리〉와 절망의 미학」, 『판소리 더늠의 시학』, 문학동네, 2001이 있다. 본 논의를 전개하는 데 이 논의가 많은 참고가 되었다. 그 외에 〈춘향전〉 작품론으로 옥중 춘향 대목을 언급한 논의들도 두루 참조하였다.

7 그 텍스트는 김진영 외, 『춘향전 전집』 1-4, 박이정, 1997에 실린 것들을 주로 택한다.

관련을 지닌 것으로 평가되며, 내면의 울림은 창을 전제로 할 때 그 호소력 또한 높을 것이기 때문이다. 다만 이때 이본들 간의 변이에는 굳이 관심을 두지 않으려 한다. 이 글에서는 사설이 '어떻게' 표현되어 있는가 하는 것보다는, 그러한 사설을 통해 '무엇을' 그리려 하고 있는가 하는 점을 더 중요하다고 보려 한다. 또한 춘향의 내면을 새롭게 발견해낸 현대시 작품들도 아울러 참조할 필요가 있을 것이다.[8] 그 작품들 속에는 시인들 나름대로 발견한 춘향의 내면이 담겨 있을 수도 있기 때문이다. 춘향의 내면은 〈춘향전〉 속에 담겨 있는 것이기도 하지만 오늘날 우리가 새로이 발견해야 할 어떤 것이기도 한 것이다.

2. 〈춘향전〉 옥중 장면의 위상

옥중 춘향의 내면에 대해 살피기 전에 먼저 해 두어야 할 것은 옥중 장면의 범주를 설정하는 일과, 〈춘향전〉 전체 서사에서 이 장면이 지닌 위상을 정리해 두는 일일 것이다.

옥중 장면은 춘향이 모진 형을 받고 옥에 갇히면서 시작된다. 춘향은 칼을 쓴 채 옥에 갇혀 처참한 모습으로 장황한 독백을 뇌인다. 그것이 바로 '옥중망부사'이다. 물론 '옥중망부사'의 실제 사설은 이본에 따라 차

8 이러한 작품들로는 김영랑, 서정주, 박재삼, 전봉건 등 시인의 작품들이 있다. 〈춘향전〉의 현대적 변용으로서 이들 시인의 작품에 주목한 연구들도 함께 살펴 볼 필요가 있다. 김흥규, 「춘향 천의 얼굴」, 『현대시학』 현대시학사, 1971.4 ; 이경수, 「서정주와 박재삼의 '춘향' 모티프 시 비교 연구」, 『민족문화연구』 29, 고려대 민족문화연구소, 1996 ; 신익호, 「현대시에 수용된 「춘향전」의 패러디 양상」, 『한국언어문학』 50, 한국언어문학회, 2003 ; 윤성현, 「현대시에서의 춘향 변용과 세계인식 태도」, 『춘향전 연구의 과제와 방향』(향사설성경교수 화갑기념논문집 간행위원회 편), 국학자료원, 2004 등이 그 연구들이다.

이가 있다. 예컨대 완판본 〈춘향전〉에서는 '옥방형상',[9] 장자백, 이선유 창본 등에서는 '동풍가', 김여란, 김연수 창본 등에서는 '천지삼겨'가, 성우향 창본 등에서는 '쑥대머리'가 '옥중망부사'의 역할을 한다. 기존 연구에 따르면 '옥중망부사'는 '옥방형상' 같은 초기옥중망부사에서 '동풍가', '천지삼겨(한경석의 더늠)', '쑥대머리'로 나아가면서 신세 자탄은 약화되고 이도령에 대한 그리움이 강화되는 경향을 보인다고 한다.[10] 하지만 이러한 차이는 옥중 내면을 살필 때 섬세하게 변별하며 살필 필요가 있다. 각각의 '옥중망부사'는 그 나름대로의 인물 내면 연구의 소산이기도 하므로 합집합적 관점에서 종합적 고찰이 필요하다. 이에 대해서는 다음 장에서 상세히 논의될 것이다.

'옥중망부사' 뒤에는, 이본에 따라 출입이 있고 그 위치도 차이가 있지만, 대체로 '황릉묘행'과 '옥중해몽'사설이 나온다. 이 중 '황릉묘행'은 '옥중망부사'에 이어 나오는 경우가 많다.[11] 그 뒤에 시공이 전환되어 이도령이 과거에 장원 급제하고 어사를 제수받아 남원으로 내려오는 사건이 서술되는 것이다. 그런데 '옥중해몽'은 '황릉묘행' 다음에 바로 이어지는 경우도 있지만, 어사가 된 이도령이 춘향을 만나기 직전에 놓인 경우도 있다.[12] 전자의 경우는 그 꿈이 이도령이 과거에 장원급제할 것 자체의 豫徵이 된다면, 후자의 경우는 구원의 예징이 된다는 차이를 지닌다. 하

9 여기서 '옥방형상'이라는 제목은 앞 구절을 따는 관례에 따라 이 글에서 편의상 붙인 이름이다. 완판본들 중에서도 완판84장본의 '옥방형상'은 여타의 것과 조금 차이가 있다.

10 김석배, 「춘향전 이본의 생성과 변모 양상 연구」, 경북대 박사논문, 1992, 122쪽.

11 물론 반드시 그런 것은 아니다. 이선유 창본의 경우는 '옥중해몽'이 먼저 나오고 '황릉묘행'은 이도령이 옥중 춘향을 만나기 직전에 나온다.

12 예컨대 완판26장본, 완판29장본, 김연수 창본, 〈옥중화〉 등에는 옥중 춘향과 어사가 된 이도령이 상봉하기 직전에 '옥중해몽'이 나오며, 완판33장본, 완판84장본, 장자백 창본 등에는 아예 서울 간 이도령이 과거에 급제한 사건을 언급하기 전, '황릉묘행'에 이어서 나온다.

지만 결국 전자도 후자에 수렴된다고 볼 수 있다. 이런 예징은 통속적인 암시에 해당하기는 하나, 그 역시 옥중 춘향의 내면을 이루는 한 부분임은 분명하다.

옥중 장면은 이도령과 춘향의 옥중 상봉으로 끝난다. 이때 춘향은 유언 아닌 유언을 주변 사람들에게 남기는데 이 대목은 '옥중상봉'이라 부르기로 한다. 결국 옥중 장면은 춘향이 옥에 갇힌 직후부터 이도령과 재회할 때까지의 장면을 일컬으며, 사설상으로는 '옥중망부사', '황릉묘행', '옥중해몽', '옥중상봉'을 중심으로 하여 '춘향편지', '난향유혹'과 같은 주변적 사설들을 포함한다. 다만 당연할 터이지만, 그 사이에 들어 있는, 이도령이 어사가 되어 내려와 남원으로 오는 도중 여러 가지 일을 겪고 춘향모와 만나는 부분은 제외한다.

그렇다면 〈춘향전〉 전체 서사에서 이 장면이 차지하는 위상은 어떠한 것일까? 일단 이 장면이 변사또에 대한 춘향의 강력한 항변이 담긴 '십장가' 대목 이후에 놓인 장면임을 유념할 필요가 있다. 이미 춘향은 사랑과 신의를 지키는 쪽을 택한 상황이다. 따라서 그 이후의 장면은 춘향이 죽음의 위협 앞에서도 흔들리지 않고 어떻게 자신을 지켜 나가는가 하는 점이 서사의 초점이 될 것이다. 〈춘향전〉 전체 서사에서 옥중 장면이 지닌 위상이 이러한 데 있을 것임은 지극히 당연하다.

그런데, 문제는 그리 단순하지 않다. 〈춘향전〉 작자들이 '옥중망부사'를 다른 사설로 바꾸어 가거나 '황릉묘행' 등의 새로운 사설들을 덧붙여 가며 왜 그토록 이 장면을 갈고 다듬으려 애를 썼는가 하는 데 대해 이 정도의 설명만으로 해명할 수는 없기 때문이다. 그것은 〈춘향전〉의 결말 처리와 긴밀한 관련을 맺고 있다고 본다.

주지하다시피 〈춘향전〉은 이도령이 어사가 되어 부정적 인물인 변사또를 봉고파직함으로써 대단원을 맞이한다. 춘향의 항거도 이도령의 도움으로 결실을 맺는 것이다. 그러나 이는 신분 제도의 근간을 흔들어

놓을 수도 있는 춘향의 고투가 다시 기존 제도에 의해 해결되고 있다는 모순을 낳는다. 목숨을 걸고 싸운 춘향은 오히려 여기서 다시 他者가 되어 버리고 만다. 춘향의 항거의 대상은 그야말로 변사또 일인에 한정되어 버리게 되는 것이다. 결말 부분에서 춘향은 어사가 된 이도령에 의해 또 한번의 어이없는 시험대에 오르게 되는데 그것 역시 오히려 춘향의 고투의 본질적 성격을 약화시키는 결과를 가져 오고 있다.

따라서 "당대의 현실로 보아서 춘향의 의지는 비극적으로 결말을 맺어 '죽음'으로 끝을 맺을 수 밖에" 없고, "그렇게 되었을 때 〈춘향전〉이 환기하는 '문제 제기'와 극적 감동은 훨씬 강화될 것"[13]이라는 견해도 얼마든지 성립할 수 있다. 춘향의 항거가 지닌 문제적 성격을 의미 있게 드러내기 위해서는 작품의 비극성을 끝까지 밀고 나갔어야 한다는 것이다. 그러나 대중 공연 서사물로서의 판소리에서 이러한 결말은 용납되지 않는다.[14] 문학 장르의 관습 역시 무시할 수는 없다. 따라서 〈춘향전〉 작자 입장에서는 그 앞 장면인 옥중 춘향 대목에 비극적 결말에 상응하는 무게를 부여할 필요가 있었다. 춘향의 항거와 고투가 지닌 주체적 성격을 타자화하거나 무화해버리지 않을 수 있는 장치, 그런 것들이 필요했던 것이다.

옥중 장면은 그러므로 단순한 서사 전개상의 위기, 절정 혹은 갈등 고조에 해당하는 것은 아니라고 보아야 한다. 그 속에 그에 값하는 무게를 부여하려는 작자의 의도, 혹은 독자의 열망이 담겨 있는 장면이라

---

13 박일용, 『조선시대의 애정소설』, 집문당, 1993, 275쪽. 이러한 식의 문제는, 기존 열녀 설화와 비교해 볼 때 그것은 "결국 현실과 타협하고 마는 결과"에 이른 것이라 평가한 김동욱, 『증보 춘향전연구』, 연세대출판부, 1976, 42쪽에서 이미 제기된 바 있다.

14 〈춘향전〉은 희극적 구조의 여러 특징을 구비한 가장 관습화된 대중적 문학으로 평가받는다. 김병국, 「춘향전의 문학성에 관한 비평적 접근 시론」, 『춘향전 어떻게 읽을 것인가』(김병국 외 편), 춘향문화선양회, 1993 참조.

보아야 한다. 따라서 이 장면에는 춘향의 고투가 지닌 정당성과 의의를 담아내면서 한편으로는 결말의 낭만성을 넘어설 수 있는 위상이 부여되어야 했다. 또한 그러한 표현이 독자(청중)에게 호소력 있게 전달될 필요가 있었던 것이다.

3. 옥중 춘향의 내면 세계

〈춘향전〉에서 옥중 장면이 지닌 이러한 위상을 제대로 부각시키기 위해 작자들은 춘향의 내면 세계에 집중해야 했다. 그것은, 춘향이 옥에 갇혀 다른 사람과의 관계 맺음이 불가능한 상황 때문이었기도 하지만, '십장가' 대목에서의 춘향의 항거가 지닌 정신적 높이를 이도령을 향한 그리움과 융합시켜야 하는 서사적 필연성 때문이기도 했다. 이 장면의 형상화를 여하히 하는가 하는 것이 〈춘향전〉 주제의 호소력 있는 전달과 직결된다고도 생각했을 것이다.

그러나 옥중 춘향의 내면 형상화는 그리 쉬운 일이 아니었을 것이라 생각된다. 옥중 춘향의 내면 세계는 작중 정황상 여러 가지 심리, 감정, 의지 등이 복잡하게 얽혀 있기 때문이다. 현전 이본들의 이 대목 사설과 표현들은 그러한 고심의 소산일 것이다. 따라서 우리가 옥중 춘향의 내면적 진실과 마주하기 위해서는 〈춘향전〉의 작자가 마련해 둔 해당 장면의 사설을 매개로 할 수밖에 없을 것이다. 하지만 사설의 문면 자체에만 지나치게 얽매여서도 곤란할 것이다. 춘향의 내면이 어떻게 표현되어 있는가 하는 것보다, 춘향의 내면은 어떠했을까 하는 것이 우리의 관심사이기 때문이다.

춘향이 옥에 갇힌 직후의 내면을 엿볼 수 있게 하는 사설은 완판 초기 이본에 보이는 다음 '옥방형상'의 전반부이다.

츈향이 정신ᄎᆞ려 통곡ᄒᆞ야 일은 말리 송빅갓턴 구든 절기 츄호나 변ᄒᆞᆯ소야 옥방 형상 볼작시면 무너진 헌 벽이며 부셔진 쥭창문의 살소ᄂᆞᆫ 이 발암이요 헌 ᄌᆞ리 베록 빈ᄃᆡ 만신을 침노ᄒᆞ고 헛튼 머리 쥴인 이ᄂᆞᆫ 여긔져긔 흣터지니 슈절 정절 절ᄃᆡ가인 ᄎᆞᆷ혹히 되야고나 문치 죠흔 형산빅옥 씌글 속의 뭇쳣ᄂᆞᆫ 듯 향긔로은 삼산초가 잡풀 속의 셕겻ᄂᆞᆫ 듯 오동 속의 노ᄂᆞᆫ 봉황 형국 속의 길드린 듯 이려ᄐᆞ시 울을 젹의 자고로 셩현네도 무죄ᄒᆞ고 국겻스니 요슌우탕 인군네도 결쥬의 포악으로 하ᄃᆡ옥의 갓쳣던니 도로 뇌여 셩군 되고 멍덕치면 쥬문왕도 상쥬의 음학으로 유리옥의 갓쳣던니 도로 뇌여 셩군 되고 만고셩인 공부ᄌᆞ도 양호의 얼을 닙어 광야의 갓쳣던니 도로 뇌어 ᄃᆡ셩 되시고 정츙ᄃᆡ절 즁낭장도 흉노국 욕을 보고 도로 뇌야 고국의 살아오니 일현 일노 볼작시면 무죄ᄒᆞᆫ ᄂᆡ의 목슘 힝여나 살아나셔 세상 구경 다시 볼가 짝갑ᄒᆞ고 원통ᄒᆞ다 날 살이 리 뉘 잇스리 (…) (완판29장본 〈별춘향전〉)[15]

춘향은 원통하고 분한 마음에 길고도 길었을 옥방에서의 첫 밤을 이런 생각을 하며 지새웠을 것이다. 자신은 이곳에 있어서는 안 되었다. 자신을 향기로운 풀과 봉황에 비유한 데서 알 수 있듯 춘향은 당당했다. 지금은 잠시 옥중에 있지만 이름난 임금이나 공자, 소무 등도 그러했듯 언젠가는 이곳을 나가 자신의 명예를 되찾으리라는 최소한의 희망도 갖고 있었다. 이곳을 나간다는 것은 곧 변사또에 대한 雪恥를 뜻했다. 춘향은 이런저런 생각을 하며 이도령을 떠올렸을 것이다.

'옥중해몽'은 이때의 춘향의 내면을 담고 있는 것으로 보인다.[16] 춘향이 꾼, 꽃이 떨어지고 거울이 깨어지며 虛身이 보이는 꿈은, 실은 꽃이 떨어지니 열매를 맺을 것이고 거울이 깨어졌으니 소리가 없을 수 없으

---

15 김진영 외, 『춘향전 전집』 4, 박이정, 1997, 239~240쪽.

16 '옥중해몽'은 요즘 〈춘향가〉에서는 잘 불리지 않지만 완판본들의 모본 〈춘향가〉 시기에는 분명히 불리던 사설이다.

며 문 위의 허신은 만인이 모두 우러러 보는 귀한 인물이 나타나리라는 길몽으로 풀이된다. 현 상황은 변사또에 맞설 수 있는 권력을 지닌 그 누군가에 의해서만 해결될 수 있는 상황이며, 춘향은 그 자가 바로 이도령이기를 원하고 있는 것이다.

이는 물론 어디까지나 춘향이 그리는 환상일 뿐이다. 그리고 여기에는 이미 십장가 대목에서부터 춘향의 편에 선 독자(청중)의 연장선상에 놓인 당대 민중의 통속적 소망도 반영되어 있다. 하지만 그러한 소망의 실현 여부와는 별도로, 춘향의 무의식에까지 자리잡은 치욕스러움과 그 대상에 대한 분노는 읽어낼 수 있으리라 본다.

그러나 이도령은 오지 않았다. 소식조차 없었다. 하늘을 두고 맹세하던 일은 사대부가의 자제들이 으레 그러했듯 허사였던 것인가. 그래도 처음에는 그리워하는 일을 위안 삼아 그런대로 고통을 견뎌낼 수 있었다. 위 '옥방형상'에 이어 공식적 단위사설이라 할 수 있는 '— 못 오던가' 사설을 끌어들인 것은 이때의 춘향의 그리움은 사랑하는 임을 향한 보편적인 정서로 이해될 수 있었음을 말한다.[17]

그러나 누군가를 그리워하는 일도 세월이 흐르면 지쳐갈 수밖에 없다. 다음 '동풍가'에서는 그 세월의 무게만큼 그리움도 켜켜이 쌓여 차라리 처절하다고 해야 할 그리움이 토로되고 있다.

> (진양죠) 츈하츄동 ᄉᆞ시절의 허숑셰월 다 보닐 졔 동풍이 눈을 녹이여 가지가지 쏫시 픤이 작작한 뒤견화는 나부를 보고셔 웃난 거동 반갑고도 셜거

17 해당 구절을 예시하면 다음과 같다. "츈슈는 만ᄉᆞ틱ᄒᆞ니 물이 집펴 못 오던가 하운이 다긔봉ᄒᆞ니 뫼이 놉파 못 오던가 일모창산이 머럿스니 날리 져무러 못 오던가 독죠한강셜ᄒᆞ니 눈이 막켜 못 오던가 만경의 인죵멸ᄒᆞ니 길을 몰나 못 오던가 노즁디로 노무궁ᄒᆞ니 길이 막켜 못 오너가 금강산 상상봉이 평지 되거든 오랴신가 평풍의 그린 황계 두 날리를 둥둥 치며 ᄌᆞ룬 목 질게 빠여 ᄉᆞ경 일졈의 날 식러고 ᄯᅩ고요 울거든 오랴신가".

위라 눌과 함ᄭᅴ 듯고 보리 ᄭᅩᆺ시 지고 입피 핀이 녹음방쵸 시절이라 ᄭᅬᄭᅩ리 난 북이 되야 유상셰지 느러진듸 구십츈광 ᄶᆞ는 쇼리 아름답고 실푸도다 눌과 함그 듯고 보리 입피 지고 셜이 친이 구츄단풍 시졀리라 낙목한쳔 찬 바람의 홀노 피난 져 국화난 오상고졀 노난 ᄯᅳᆺ시 먹금무미 가득ᄒᆞ고 북풍이 달을 여러셔 ᄇᆡᆨ셜은 펄펄 흣날일 졔 셜즁의 푸룬 숄은 쳔고졀을 직켜 잇ᄭᅩ 아미여 찬 ᄆᆡ화난 미인티를 ᄯᅴ엿난듸 푸룬 숄은 임과 갓ᄭᅩ 한 ᄆᆡ화난 날과 갓치 보난 것과 듯난 거시 슈심싱각 ᄲᅮᆫ이로다 어와 어와 가련 가련 이 무삼 인연인가 인연이 극즁하면 이별 잇게 삼겨씨랴 단옥창츈은 연연이 푸루럿고 쵸포혼ᄇᆡᆨ은 셜언 마음 ᄌᆞ어넌이 부러넌이 한슘이요 셕어넌이 눈물리라 눈물 묘와 셰우되고 한슘 묘와 청풍된이 청풍은 모라다가 임의 쵸불을 부러 ᄭᅳ고 셰우는 ᄂᆡ가 담어다가 임의 금침 ᄲᅮ리고지거 불건니 ᄲᅮ리건이 집피든 잠 ᄭᆡ우고저 공산의 뒤견되야 이화월ᄇᆡᆨ 삼경 밤의 피를 ᄂᆡ여 슬피 울어 임의 귀여 들니고져 삼츈의 호졉되야 봄 당ᄒᆞ면 도라와셔 힝기 ᄭᅩᆺᄎᆞ 논일다가 향기 무든 두 날ᄀᆡ로 임의 옷세 ᄲᅮ리고져 오동츄야 발근 져 달은 임게신 곳 날과 함긔 보ᄌᆞ군나 달이 말이 업신이 담담이 홀노 안져 무졍셰월 양유 파난 날노 두고 일음이라 ᄋᆡ고 ᄋᆡ고 ᄂᆡ 신셰야 (장자백 창본 〈춘향가〉)[18]

옥에 갇혀 있다고 해서 계절의 변화에 무감각하지는 않았겠으나 또한 바로 그렇기 때문에 계절의 변화 자체는 춘향에게 무의미했다. 그럼에도 불구하고 계절의 변화를 노래한 것은 차라리 아름다웠던 기억을 노래한 것이라 보아야 한다. 그리고 그만큼의 세월이 흘렀음을 뜻한다. 그러한 세월이 몇 년인지를 따지는 것은 별 의미가 없다. 춘향에게 기다림과 그리움의 고통을 가중시킨 시간의 양감을 뜻하는 것이면 충분했다.

세월은 사람을 변하게 하는 법이다. 하지만 춘향에게는 그러한 상식

18 김진영 · 김현주 역주, 『명창 장자백 창본 춘향가』, 박이정, 1996, 160~162쪽.

이 적용되지 않았다. 계절에 빗댄다면 영원한 겨울이었고, 꽃에 비유한다면 국화요 매화였다. 그리움은 더욱 쌓여만 갔고 그에 따른 고통은 가중되어만 갔다. 춘향이 쓴 "칼 위에는 눈물방울이 어룽져 꽃이파리의 겹쳐진 그것으로 보였다."(〈華想譜〉)[19]는 표현은 이때의 춘향 내면에 대한 탁월한 발견의 소산이라 생각한다.

춘향은 인연 탓을 한다. 무슨 이런 인연이 있냐는 것이다. 그러나 그 인연은 너무나 소중한 것이었고 더구나 자신이 선택한 것이었다. 그 인연은 계속 이어져야 했다. 눈물이 비 되어 한숨이 바람 되어서라도 임에게 닿기를 원했고, 두견이 되어 호접이 되어 임의 귀에 옷에 설움과 향기를 전하고자 했다. 이 구들은, 임을 향한 그리움을 표현한 당대의 가장 강력하면서도 대중적인 공식구들을 끌어온 것이다. 서정주 시인이 "천길 땅밑을 검은 물로 흐르거나 / 도솔천의 하늘을 구름으로 날드래도 / 그건 결국 도련님 곁 아니예요?"(〈春香 遺文 — 춘향의 말 參〉)[20]라고 다시 노래한 데서 나타나듯, 이러한 표현은 현실 불가능성의 표현이자 그 정신적 극복의 표현이다. 하지만 춘향에게 이는 위안의 담론일 뿐이었다. 〈춘향전〉의 춘향은 서정주 시 속 화자인 춘향과 달리 영원한 사랑을 갈망하기는 하지만 그에 대한 확신을 갖고 있지는 않았다. 춘향은 오히려 자신이 놓인 현실을 직시한다. 사무치는 그리움이 절망에까지 이른 것은 바로 이 시점이다.

> (진양) 천지(天地) 삼겨 사람나고 사람삼겨 글 만들 제 뜻 정(情)자 이별 별(別)자를 어이하여 내었는고, 뜻 정자를 내었거든 이별 별자를 없애거나 이 두 글자를 내든 사람은 날로 두고 준비헌가. 도련님 떠나실 제 지어주고

19 박재삼, 『박재삼 시 전작선집』, 영하, 1995, 22쪽.

20 서정주, 『미당 시전집』 1, 민음사, 1994, 113쪽.

가신 가사 거문고에 올려타니 탈 제마다 한이 맺히어 눈물 먼저 떨어진다. 한창(恨漲)하니 가성열(歌聲咽)은 동창(東窓)의 슬픔이요, 수다(愁多)하니 몽불성(夢不成)은 정부사(征夫詞)의 서름이라. 완악(頑惡)한 게 목숨이요 굳은 것이 간장(肝腸)이로구나. 심화(心火) 다 타고 나머지 한 구비가 마저 끊어 없겠구나. 추월춘풍(秋月春風)을 옥중(獄中)에서 다 보내니 보이는 게 하날이요 들리나니 새소리로구나. 낮에는 꾀꼬리 밤이면 두견(杜鵑)이가 서로 불러 잠깨우니 꿈도 빌어볼 수 없네. 천음우습(天陰雨濕) 깊은 밤에 모진 광풍(狂風)이 불어닥치어 바람은 우루루루 쇠에 지동(地動)치듯 불고, 궂은 비는 퍼붓는데, 도채비는 휫휫, 밤새 소리는 북북, 귀신불은 번듯번듯, 옥이라 하는 데가 험지(險地)로구나.

형장(刑杖)맞아 죽은 귀신 난장(亂杖)맞아 죽은 귀신, 횡사직사(橫死卽死) 오사급사(誤死急死) 죽은 귀신, 사면에서 나오는데, 칼쓰고 수갑헌 놈 머리헙숙 키 큰 놈과 행주치마 산발(散髮)헌 여자 죽어 사귀혼신(邪鬼魂神) 아이 죽어 동자(童子)혼신. 둘씩 셋씩 짝을 지어 움실움실 웃음치며 훌쩍훌쩍 울음울며, <u>으으으으 으으으으</u> 히히 어으 울음을 우니, 춘향이 기가 막혀 네 이 몹쓸 귀신들아 나를 잡어 갈랴거든 조르지 말고 잡아 가거라, 내가 무슨 죄 있느냐. 나도 만일 이 옥문(獄門)을 못나가고 죽거드면 저것이 모도다 내 동무로구나. 거울을 들고보니 예전 얼굴이 간 곳 없고 치마를 둘러보니 예전 허리가 아니로구나. 도련님이 이제라도 나를 보면 뉘긴 줄을 모르겠구나. 이렇듯 울음을 울며 세월을 보내는구나. (김여란 창본 〈춘향가〉)[21]

한경석의 더늠으로 알려진 '천지삼겨'이다. '옥방형상'에서 "보고지거 보고지거 엇지 그리 못 보난가 아죠 잇고 몰로난가 츈슈는 만스턱ᄒᆞ니 물이 집펴 못 오던가", '동풍가'에서 "단옥창춘은 연연이 푸루렷고 쵸포

21 김진영 외, 『춘향전 전집』 2, 박이정, 1997, 263~264쪽.

혼빅은 셜언 마음 즈어닌이 부러닌이 한숩이요 셕어닌이 눈물리라"라 노래했던 것에 비하면, 밑줄친 "완악(頑惡)한 게 목숨이요 굳은 것이 간장(肝腸)이로구나. 심화(心火) 다 타고 나머지 한 구비가 마저 끊어 없겠구나"는 표현 강도가 매우 높다. 임을 향한 그리움이 거의 극한에 도달했음의 표지이다. 여기서 춘향은 恨을 말한다. 변사또에 대한 분노와 원통함이 임을 향한 처절한 그리움을 거쳐 한으로 맺힌 것이다. 한이란 怨의 내면적 '삭임' 과정이라 한다.[22] 삭임은 그 방향이 자신을 향해 있는 내면의 움직임이다.

여기서 춘향은 꿈의 역설에 부딪친다. 그동안은 그나마 꿈 속에서라도 사랑하는 임을 만날 수 있었으나 이제는 잠을 이루지 못해 그것조차 불가능해졌다는 것이다. 예전에는 스스로 두견이 되어 임의 귀에 설움을 하소연하고픈 소망을 토로하기도 했으나 위의 두견은 임과의 만남을 방해하는 매개체일 뿐이다. 추월춘풍 사계절의 감각도 이제는 없어졌고 보이는 것은 하늘이고 들리는 것은 새소리뿐이다. 이것이 춘향의 현실이다. 춘향은 이제 자신이 놓인 현실을 돌아보고 있는 것이다.

춘향은 더 이상 버틸 힘이 없을 정도로 기력이 소진되었다. 정신적으로도 피폐해 있었다. 자신의 외모도 이젠 예전 같지 않았다. 혹 이도령이 돌아온다 하더라도 예전처럼 대해 줄 지 자신이 없었다. 아름다움을 잃는다는 것은 여성에게 있어 그 모두를 잃는 것일 수 있었다. 따라서 그것 역시 또 하나의 절망이었다.

이때 들리는 鬼哭聲은 춘향이 어느덧 죽음의 문턱에 이르렀음을 말한다. 춘향은 의식의 저 밑바닥에서 절망을 체험하고 있는 것이다. 여기서

---

22 천이두, 『한의 구조 연구』, 문학과지성사, 1993, 178쪽. 천이두는 한의 긍정적 기능에 주목한다. 삭임 자체는 "소극적 · 수동적이라 할 수 있으나, 이 삭임의 과정을 통하여 그 주체자는 새로운 삶의 지평을 열어가며, 인간으로서의 성숙의 궤적을 이룩"한다고 보고 있다.

"저것이 모도다 내 동무로구나."라 토로한 것은 각별한 의미가 있다. 그것은 일차적으로는 죽음에 대한 직감, 두려움 같은 것에 말미암는다고 볼 수 있다. 그런데 그 귀곡성의 주인들도 다름 아닌 춘향처럼 관권의 횡포에 유린당하고 그 분함과 원통함을 풀지 못한 채 죽어간 혼들이라 본다면,[23] '내 동무'라는 말은 그러한 혼들의 울음소리에 대한 공감의 표현이라 볼 수도 있다. 그와 함께 자신의 원통함도 다시 상기되었을까. 그렇다면 더욱이 춘향은 이대로 恨을 가슴에 안은 채 그들과 같은 길을 갈 수는 없었다. 거울을 보는 행위는 삶에의 애착을 버리지 않으려는 무의식적 행위라 볼 수 있다. 춘향은 절망적 상황 하에서도 마지막 남은 안간힘을 다하려 했던 것이다.

'황릉묘행'은 바로 이 즈음의 춘향의 내면을 담고 있는 사설이다.[24] 이 사설은 기존 연구자들에 의해 신분 상승 모방 대상과의 만남,[25] 열녀로 형상화하기 위한 문학적 장치 등으로 해석된 바 있는 것처럼,[26] 신분 및 이념 문제와 긴밀한 관련을 지닌 사설임은 분명하다. 하지만 춘향을 주체로 놓고 그 내면 세계와 관련지어 해석하려 할 때에는 이러한 단선적인 관련지음만으로는 놓칠 수 있는 부분이 있다.

꿈 속 세계는 의식 세계의 갈등이나 욕망의 산물이라 한다. 그러므로 꿈을 통해 역으로 현실 속 갈등, 욕망을 논리적으로 추론해낼 수 있다고 한다. 하지만 그 모두를 표층적 논리에 의해 재단할 수 있는 것은 아니

---

23 설성경(『춘향전의 통시적 연구』, 서광학술자료사, 1994, 501쪽), 역시 귀신의 울음소리가 춘향처럼 억울하게 갇혀서 옥사하기까지에 이른 영혼들이 많이 있었음을 보여줌으로써 형벌 제도의 부패상을 보여주고 있고 변사또의 포악과 부정에 대한 비판적 시각을 간접화하여 전달하는 기능을 지닌다고 보았다.

24 김여란 창본에서는 위 사설에 이어 '황릉묘행'이 나온다. 박만순의 더늠으로 알려진 '황릉묘행'은 19세기 중엽쯤에 〈춘향가〉에 수용된 사설로서 대부분의 완판계 이본에는 들어 있는 사설이다.

25 정병헌, 『신재효 판소리사설의 연구』, 평민사, 1986, 68~69쪽.

26 김석배, 앞의 글, 123~125쪽.

다. 무의식의 세계란 깊고도 넓은 것이기 때문이다.

춘향이 꿈 속에서 그녀들을 만난 것은 춘향 내면의 갈등이나 욕망에 단초를 둔 것이 분명한 것 같다. 아니면 그렇게 설정한 작자의 의도가 개입되었을 것이다. 춘향이 황릉묘에서 만나는 二妃, 弄玉, 綠珠 등은 남편을 따라 혹은 남편과 함께 죽음을 택한 인물로서 烈女의 범주에 포함될 수 있는 인물이다. 삶과 죽음의 기로에 선 춘향이 죽음을 앞에 두고 이러한 인물들과 가상적인 만남을 갖는다는 설정은 춘향의 행동에 정당성을 확보해 주는 결과가 된다. 기녀이기를 부정하고 사랑을 택한 춘향은 자신이 택한 길이 정당한 길임을 깨닫고 적잖이 위안이 되었을 것이다. 춘향은 이로써 소진된 기력을 회복하고 자신의 의지를 관철해 갈 수 있는 용기도 얻었을 것이다.

그러나 문제는 그녀들 역시 '천추의 깊은 한'을 호소하고 있다는 점이다. 그렇다면 그녀들도 춘향이 옥중에서 들은 귀곡성의 주인들과 다르지 않다는 뜻이 된다. 결국 그녀들의 한도 그녀들을 그러한 상황으로 몰아간 관념이나 제도, 관습 따위에 기인했을 것이다. 춘향은 이미 변사또에게 항거함과 동시에 기녀이기를 요구하는 당대 신분 제도까지 부정한 바 있다. 여기서 춘향은 자신의 고투의 대상이 이도령과 변사또를 매개로 한, 당대의 비인간적인 제도였음을 깨닫고 있다고 본다면 지나친 해석일까? 그러한 해석을 더 이어갈 때 戚夫人의 다음과 같은 등장은 의미심장한 바 있다.

> (셰맛치) (…) 말이 맛지 못ᄒᆞ여 음풍이 이러나며 무엇시 쩨그르르르 궁구러와 쵸불 압프 젼도ᄒᆞ미 츈향이 쌈작 놀ᄂᆡ여 가만이 살펴본이 ᄉᆞ람도 안이요 불타진 나무 등치도 안이요 은형한 가온ᄃᆡ 귀곡셩이 낭ᄌᆞ한다 네 날를 모로리라 나는 뉜고 한이 한고죠 안히 쳑부인이로다 우리 황졔 용비 후의 여후의 독한 숌씨 죠왕 여의 심살ᄒᆞ고 ᄂᆡ의 슈족 ᄭᅳᆫ은 후의 두 귀여다 불지

르고 두 눈 쎄여 음약 먹여 인체라 일홈지여 칙간 쇽의 잡아 넌이 쳔츄의 나문 분이 언의 씌나 풀니리요 눈물지여 말삼할 졔 상군부인이 왈 이 고지라 ᄒᆞ는 듸난 유명이 노슈ᄒᆞ고 현화가 지별한이 오릐 짓체 못ᄒᆞ리라 여동불너 ᄒᆞ직할 식 동방의 실숄셩은 실의르르 일장호졉이 펄펄 츈향이 깜작 놀니여 탄식ᄒᆞ고 도라본이 (장자백 창본 〈춘향가〉)[27]

다른 이들에 비해 척부인은 등장부터가 엽기적이다. 몸뚱아리만 남아 '궁구러 와' '귀곡성'을 내며 등장하고 있는 것이다. 척부인은 한고조의 총애를 입었으나 그가 죽자 그 부인인 呂后가 그녀의 수족을 자르고 눈을 빼고 귀를 불지르고 약을 먹여 측간에 두었다는 비극적 사연이 전하는 인물이다. 그러므로 엄밀히 말해 이 대목과 직접적으로 관련되는 인물은 아니다. 그리고 척부인의 등장은 장면 극대화의 문법으로 해명될 수 있는 측면이 있음도 사실이다.

하지만 어떻게 보면 척부인이 그 앞에 등장한 부인들보다 상대적으로 춘향과 더 가깝다고도 볼 수 있다. 신분상 열등한 위치에 있어 사랑하는 임과의 관계가 불행으로 끝맺어졌으며, 그로 인해 혹독한 고통을 겪었음이 서로 통하는 바 있기 때문이다.[28] 물론 춘향은 처첩 갈등과는 현재로서는 무관하다. 그리고 사연의 맥락도 매우 다르다. 하지만 척부인을 통해 춘향의 신분 문제가 간접적으로나마 의식된 것임을 놓쳐서는 안 된다고 생각한다. 그것은 춘향이 애써 부정하고 오히려 항거의 발판으로 삼은 신분적 자의식에 대한 현실 논리적 환기 내지 자극에 다름 아닐 것이다. 〈춘향전〉의 작자가 이 점까지 의도한 것은 아닐 수 있지만 텍스트는 작자의 의도대로만 읽혀야 하는 것은 아니다.

---

27 김진영 · 김현주 역주, 앞의 책, 166~168쪽.

28 이러한 논의는 이미 정충권, 「판소리 혼령사설에 나타난 이념과 관습」, 『고전문학의 현황과 전망』, 농소 김경수 박사 화갑기념논문집 간행위원회, 2002에서 한 바 있다.

요컨대 '황릉묘행'은 이비 등과의 만남을 통해, 심신이 지쳐 있는 춘향으로 하여금 위안을 얻고 행위의 정당성을 확보하게 하려는 작자(독자, 청중)의 의도의 산물이라 할 수 있다. 하지만 작중 춘향의 시각에서 볼 때 그녀들과의 꿈 속 만남은 오히려 임을 향한 사랑을 방해하는 세계의 폭력성과 천민이자 기녀로서의 신분적 한계를 자각하는 사건이 되었을 수 있다. 김여란, 김연수 창본 등에서 '황릉묘행' 직후 난향이 옥중으로 와서 춘향이 기녀임을 주지시키며 회유하고 있는 것이 전혀 엉뚱한 문맥 속에서 나온 것은 아니리라 본다.

'쑥대머리'에서의 절망은 바로 그 다음 단계에 놓이는 춘향의 내면이다.

> (중머리) 춘향 형상 가련하다 쑥대머리 귀신형용 적막옥방의 찬 자리에 생각난 것이 임뿐이라 보고지고 보고지고 한양낭군을 보고지고 서방님과 정별 후에 일장서를 내가 못봤으니 부모봉양 글공부에 겨를이 없어서 이렇능가 여인신혼 금슬우지 나를 잊고 이렇능가 개공황화 추월같이 번듯이 솟아서 비치고저 마광막내 막혔으니 앵무서를 내가 어이보며 전전반칙 잠못 이루니 호접몽을 꿀 수 있나 손가락의 피를 내여 사정으로 편지허고 간장의 썩은 눈물로 임의 화상을 그려볼까 이화일지춘대우의 내 눈물을 뿌렸으니 야오물령단장성의 비만 와도 임의 생각 녹수부용 채련녀와 제룡망체여부 뽕따는 정부들도 낭군 생각 일반이나 날보덤은 좋은 팔자 옥문 밖을 못나가니 뽕을 따고 연 캐것나 내가 만일에 도령님을 못보고 옥중고혼이 되거드면 무덤 근처 섰는 나무는 상사목이 될 것이요 무덤 앞에 있는 돌은 망부석이 될 것이니 생존사후 이 원통을 알어주 리가 뉘 있드란 말이냐 방성통곡의 우름운다 (성우향 창본 〈춘향가〉)[29]

29 김진영 외, 『춘향전 전집』 2, 106쪽.

'쑥대머리 귀신형용'이라는 표현은 정말 인상적인 표현이다. 옥중 춘향의 고초를 이보다 더 잘 함축한 어구는 아마 없을 것이다. 이젠 춘향도 이도령에 대한 원망의 감정을 숨기지 않는다. 글공부에 겨를이 없었을까, 이미 혼인을 한 것일까, 춘향은 이도령이 떠난 뒤 편지 한 장 없는 이유를 나름대로 생각해 본다. 혹시 자신의 신분이 걸림돌이 되었을까. 이미 혼인을 했다 하더라도 너무하지 않은가. 춘향은 손가락의 피를 내어 편지를 써 볼 생각도 해 본다. 임의 얼굴을 떠올릴 때마다 흘린 눈물이 이제는 간장까지 썩어들어가게 할 정도였다.

아마 춘향은 이도령이 오지 않을 것임을 직감한 것으로 생각된다. 그로 인해 자신의 죽음으로 이어질 것이라는 점 역시 알고 있었을 것이다. 오죽했으면 採蓮女나 蠶婦가 부러웠을까. '쑥대머리'의 절망은 바로 이에 말미암는다.

이제 춘향은 죽음을 받아들이려 한다. 하지만 그것을 운명으로 받아들여 체념적 자세를 취하고 있는 것은 결코 아니다. 춘향은 옥중고혼이 되면 相思木이 되고 望夫石이 될 것이라 한다. 상사목과 망부석은 물론 그리움과 죽음의 상징이다. 그러나 몸은 멸하더라도 혼은 살아 남으리라는 강력한 의지의 발현이기도 하다. 혼이 살아 있다면 죽었다 할 수 없을 것이기 때문이다. 하지만 혼이 되어서까지도 자신의 원통함을 알아주는 이는 없으리라 한다. 아마 그 怨과 恨은 이도령조차도 풀어주지 못할 그런 것일 터이다. 홀로 고투하던 춘향의 내면은 여기서 절망의 끝자락까지 이르러 갈기갈기 찢겨져 가고 있다. 죽어서도 그 혼은 살아남아 세계를 향해 영원히 울부짖을 것이다.[30]

'옥중상봉'대목에서 그렇게 고대하던 이도령이 결국 거지 복색을 하고

---

30 여기서의 춘향은 그 내면이 가장 고조된 상황에 놓여 있다. 이때 춘향이 옥사한 것으로 설정한 김영랑의 〈춘향〉, 박재삼의 〈葡萄〉 등 시는 현실 논리를 끝까지 밀고 나간 경우이다.

옥중으로 찾아오기는 한다. 이때 춘향은 거지 복색을 한 이도령을 보고 유일한 희망마저 사라졌음을 느끼고 또다시 절망했을까. 아니면 원망이라도 했을까. 아마 그 어느 쪽의 심경 변화도 보이지 않았을 것이다. 춘향은 이미 옥중에서 홀로 치절한 내면적 고투를 벌인 후였으므로 곪을 만한 상처는 다 곪아 있었기 때문이다. 하지만 그래도 마지막 소망인 이도령과의 만남만은 이루어져서 조금은 위안이 되었을 것이다. 춘향은 이도령에게 마지막 당부를 한다. 그것은 바로 자신을 '기억'해 달라는 것이었다. 신체적 죽음은 어찌할 수 없는 일이지만 사람들의 '기억'에서조차 사라질 수는 없었다. 그것이야말로 춘향 내면의 마지막 진실일 것이다.

4. 옥중 춘향의 내면이 지닌 깊이와 그 의의

〈춘향전〉 결말의 낭만성에도 불구하고 여전히 춘향의 승리가 의미 있는 것은 춘향이 옥중에서 벌이는 외롭고도 처절한 苦鬪 때문임을 알았다. 춘향의 내면은 바로 그 처절한 고투의 현장에 다름 아니었다.

춘향의 고투는 신분 컴플렉스를 자극하는 일개 권력자의 부당한 횡포에 대한 분노로부터 시작되었다. 처음에는 그 분노와 원통함을, 사랑하는 임에 대한 그리움으로 극복할 수 있으리라 생각했다. 그러나 이도령은 오지 않았고, 세월의 무게만을 느끼며 또다른 절망을 낳자 춘향은 자신 앞에 다가온 죽음을 직감한다. 이도령은 오지 않을 것이었다. 설혹 온다 하더라도 그는 더 이상 춘향 내면 속의 이도령일 수는 없었다. 춘향이 영혼으로써 절규하며[31] 임을 향한 사랑과 그리움까지도 초극한 바

31 이때의 춘향의 절규를 전봉건은 "(…) 아아 당신은 없어 / 아아 당신이 없어 내 살과

로 이 지점에서 내면은 저 깊은 곳까지 가 닿는다.

만약 춘향이 끝까지 이도령이 돌아오리라 확신하고 있었다면 이토록 절망하지는 않았을 것이다. 그리고 그 분노는 철저히 변사또 일 개인을 향해 있었을 것이다. 그러나 죽음을 각오하고 사랑하는 임을 마음 속에서 떠나보낼 때 옥중 춘향의 내면은 바로 그 문제적 성격을 여실히 드러낸다.

춘향은 절망한다. 변사또에게만 절망하는 것이 아니라 이도령에게도 절망한다.[32] 문제의 근원은 애초에 이도령과의 관계에서부터 시작되었던 것이다. 이도령이 자신을 버리고 떠날 수밖에 없었던 것, 자신이 이토록 그리워함에도 불구하고 그 후 연락조차 없는 것 역시 그 이면에는 세계의 부당한 폭력이 자리잡고 있는 것이었다. 춘향은 그 모두를 거부했다. 그리고 스스로 서야 했다. 그 누군가의 타자의 위치에서 주체로 나아가야 했던 것이다.

춘향이 스스로 서고자 한 바로 그 지점에 '쑥대머리'의 한이 놓인다. '쑥대머리'를 통해 본 춘향의 한은 이도령을 향한 그리움을 감싸 안으면서도 그것을 넘어선 것이라는 점에서 純一하며, 세계의 부당한 폭력에 대한 저항을 내포하고 있으면서도 그것이 세상을 향한 울부짖음이라는

넋의 가장 속 깊은 중심에서 / 터지는 것이 없는데 넘치는 것이 없는데 / 지금 피에 젖어 뒤틀리는 이 아랫배 / 지금 피에 젖어 뒤틀리는 이 무릎 / 지금 피에 젖어 뒤틀리는 이 발가락 / 오오 나 혼자 흘리는 허망한 피여 / 오오 나 혼자 흘리는 허무한 피여 / 칼날 같은 달빛에 젖은 피여 / 큰 칼 쓰고 흘리는 / 피여"(남진우 엮음, 『전봉건 시선집』, 문학동네, 2008, 197쪽)라 노래하고 있다.

32 박희병은 "춘향의 사랑이 있음으로 해서 변학도에의 항거가 야기될 수 있었고, 또 변학도에의 항거가 있었기에 춘향의 사랑이 그 현실적 의미를 명확히 부여받을 수 있었다. 이처럼 이 양자는 상호규정적인 관계에 있다."(박희병, 「춘향전의 역사적 성격 분석」, 『춘향전 어떻게 읽을 것인가』(김병국 외 편), 춘향문화선양회, 1993, 93~94쪽)고 한 바 있다. 그러나 항거는 이미 이도령과의 사랑 자체에 내재해 있던 것이라 보아야 한다. 춘향은 변사또의 폭압으로 인해서만 절망하는 것이 아니라 이도령과 사랑으로 인해서도 절망한다. 그 절망까지 중요시해야 하리라 본다.

점에서 폭발성을 아울러 지닌 것이다. 죽은 후에까지 혼으로서 살아남아 한을 토로하려 한 춘향 내면의 깊이는 절망의 깊이이자 한의 깊이였던 것이다. 춘향이 더 깊이 절망할수록 그리고 춘향의 한이 더 깊을수록 세계도 그 문제적 성격을 더 적나라하게 드러낼 수밖에 없었다. 춘향이 스스로 선 지점은 바로 대세계적 주체가 되는 곳이었다.

춘향 내면의 깊이는 또한 정신의 높이이기도 하다. 뜻이 높기 때문에 한도 그만큼 깊었었다. 춘향의 정신은 새로운 사회로 나아가야 할 지점에서 반드시 지켜져야 할 준거점에 해당한다.[33] 그것은 결코 능욕당해서는 안 되는 그 무엇이었다. 춘향의 내면은 바로 그 무엇의 능욕으로 인한 비극적 하층 여성의 한을 담고 있다는 점에서 시대적 의의를 지닌다. 이와 관련하여 '옥중상봉' 대목은 중요한 의미를 지닌다. 춘향은 이도령과 모친 앞에서 유언을 남긴다. 그 유언의 뜻은 바로 '희생'이었다. 분노와 한이 희생과 결합될 때 그것은 강력한 역사적 에너지를 수반한다. 춘향 내면의 시대적 의의는 여기에서도 찾을 수 있다.

옥중 춘향의 내면은 판소리 창으로 전달되면서 당대 청중으로부터 높은 공감을 얻었을 것이다. 『조선창극사』에 전하는 명창들 중 옥중 춘향 대목을 자신의 더늠으로 삼고 있는 이가 많음은 이를 잘 말해 준다 하겠다. 춘향의 내면은 이행기 하층 여성의 비극적 내면이다. 이 내면을 호소력 짙은 창을 통해 간접 체험하면서 당대 하층은 큰 공감을 보였을 것이다. 그것은 또한 이행기 하층 여성이 주체적 시각을 내면화할 수 있는 소통적 행위였기도 했다. 이것이 결말 부분의 낭만성에도 불구하고 옥중 대목이 여전히 중요성을 갖는 이유이기도 하며, 〈춘향전〉이 시대를 초월한 감동을 불러 일으키는 이유의 일단이기도 할 것이다.

---

33 이 점을 "상층보다 도덕적 측면에서 더 엄격하며, 더 우월하다는 것의 과시"라 해석하고 그것은 근대적인 평등에의 지향이라 파악하는 김종철, 『판소리사 연구』, 역사비평사, 1996, 159쪽)의 견해도 이와 관련된다.

5. 맺음말

이 글에서는 판소리 문학과 오늘날의 수용·이해 간의 거리를 좁히기 위해서는 작품에 대한 더 치밀하고 섬세한 읽기가 필요하다는 것을 내세우고, 그 한 시도로서 춘향이라는 인물 내면 탐구에 집중해 보았다. 그 간 우리는 춘향이 이루어낸 성취에 대해서만 관심을 쏟았을 뿐, 춘향이 항거를 통해 사랑을 지키고 또한 사랑을 지킴으로써 항거하는, 그 고통스런 과정에 대해서는 그리 큰 주목을 한 바 없었다. 우리는 춘향의 진실에 더 가까이 다가갈 필요가 있었다. 변사또에 대한 항거가 어떻게 이도령에 대한 그리움으로 이어지고, 또한 이도령에 대한 그리움과 고통이 춘향의 내면을 어떻게 변모시켜 놓고 있는지, 나아가 恨을 통해 이 둘을 어떻게 초극하고 주체성을 지니게 되는지 작중 정황과 시대 배경을 단서로 하여 살펴 보았다. 그 결과 우리는 〈춘향전〉 결말의 낭만성에도 불구하고 춘향의 승리가 시대적 의미를 지니는 것은 바로 옥중 춘향의 고통스런 내면적 고투의 과정이 있었기 때문임을 알 수 있었다.

향후, 고전 작품, 특히 판소리 작품을 대상으로 하여 이러한 작업이 계속 축적될 필요가 있다. 이러한 작업이 축적된다면 고전 작품 및 인물들은 오늘날의 우리들에게 더 친숙하게, 진실된 모습으로 다가올 것이다.[34]

---

34 이 글은 국립극장측의 부탁으로 『국립극장 미르』 2014년 10월호에 축약하여 다시 실은 바 있다. 2014.11.20부터 공연되었던 창극 〈안드레이 서반의 춘향〉 작품 소개 및 홍보와 관련해서였을 것이다. 서구인 연출가의 눈에 춘향의 비극이 그 어느 것보다 의미 있게 다가왔던 이유는 무엇일까. 향후 연구의 화두 중 하나이다.

아이러니와 웃음*

-〈홍부전〉을 중심으로-

1. 문제의 제기

이 글에서는 '웃음'에 초점을 맞추어 그 한 가지 기제로서 '아이러니'에 대해 주목해 보고자 한다. 전통 시대 장르 중 하나였던 판소리 및 그 작품들이 오늘날에도 여전히 중요시되고 있는 이유는, 하층의 관점에서 당대 현실 문제를 역동적으로 담아내었다는 문학사적 평가 때문만은 아니다. 판소리를 판소리답게 하는 여러 요소들이 현대 문학 예술 창작에 있어서도 중요한 자양분이 될 수 있으리라는 인식 때문이기도 할 것이다. 인간을 인간 그 자체로 보는 시각을 통해 진정성을 확보하는 한편 재미의 측면도 놓치지 않음으로써 당대에 널리 애호받은 비법은, 오늘날 대중 사회에서도 여전히 의미가 있으리라는 것이다. 그 간 연구자들이 판소리 장르의 본질과 작품들의 의미를 해명하는 한편, 오늘날까지 이월 가치를 지닌다고 판단되는 미적 특성들을 판소리로부터 찾아내고자 했던 것도 이러한 문제 의식과 관련된다. 이 글은 이러한 기존

---

* 이 글은 『판소리연구』 29(판소리학회, 2010)에 실린 「〈홍부전〉의 아이러니와 웃음」을 부분 수정한 것이다.

성과들의 연장선상에서, 그리고 같은 문제 의식 하에서 판소리의 '아이러니(irony)'에 대해 주목하고자 한다.

아이러니는 판소리 문학론 혹은 서사론에 있어 주제적 이중성이나 장면 극대화 등에 비해 부수적으로 거론되어 온 편이다. 그러한 현상이 판소리 문학에서 잘 나타나기는 하나, 그것을 판소리 문학 고유의 특성이라고까지 볼 수는 없다고 생각했기 때문일 것이다. 하지만 판소리의 문학성 및 예술성은 그 고유의 특성과 함께 보편성의 측면에서도 분석하고 드러낼 필요가 있다고 본다. 고유성에만 주목할 경우 자칫하면 그 대상을 신화화하거나 박제화할 가능성이 없지 않다. 때로는 보편성을 따지는 가운데 대상의 특수성도 더 잘 드러낼 수 있을 것이다. 풍부한 자양분을 갖추고 있으면서도 오늘날 일반 대중 및 그들이 향유하는 장르로부터 멀어져 있는 판소리의 경우는 특히 이러한 작업이 요청된다. 아이러니에 주목하는 것은 앞서의 문제 의식을 예각화하기 위한 적절한 관점이 되리라 생각한다.

여기서는 이를 위해 판소리 작품들 중 〈흥부전〉[1]을 분석 대상으로 하고자 한다. 〈흥부전〉은 특정 대목만이 아닌, 작품 전반에 걸쳐 아이러니가 발견되는 대표적인 판소리 작품이기 때문이다. 이 글에서는 먼저 판소리 장르 자체가 아이러니와 상관성을 지닌다는 것을 논의하고 이를 근거로 하여 〈흥부전〉에 나타난 아이러니 분석을 통해 〈흥부전〉 작품론에 기여하는 한편, 그 결과를 토대로 하여 아이러니가 지닌 판소리 장르적, 시대적 의의를 드러내어 보고자 한다.[2]

---

1 이 글에서는 〈흥부전〉이라는 용어로써 판소리 창본과 소설본을 아울러 지칭하고자 한다. 그리고 그 텍스트는 김진영 외, 『흥부전 전집』 1-3, 박이정, 1997~2003에 실린 것으로 한다.

2 판소리 작품들의 아이러니 양상에 대해 기존 연구에서 대체로 언급들은 하고 있다. 하지만 본격적으로 접근한 논의는 드물다. 본격적인 논의로는 전신재, 「〈춘향가〉의 극적 아이러니」, 『고전희곡연구』 6, 한국고전희곡학회, 2003 ; 홍순일, 『판소리창본

2. 판소리와 아이러니의 상관성

판소리는 고수의 반주와 함께 1인의 창자가 청중을 앞에 두고 서술자로서 이야기 소통 전반을 주관하면서 때로는 작중 인물이 되어 발화함으로써 작품 세계를 그려내는 구비서사시이자 공연서사시에 해당한다.[3] 창자는 작중 인물의 심정을 대변하여 청중으로 하여금 공감을 느끼게 하기도 하고, 작중 상황과 거리를 유지하면서 청중으로 하여금 작중 인물을 비판적으로 바라보게 하기도 한다. 이때 청중은 창자로부터 이야기를 전해 듣기만 하는 것이 아니라 창자의 판짜기 전략에 따라, 음악적 요소가 결합되어 입체화된 이야기를 정서적으로 '체험'하게 된다. 당대 청중이 사건 전개에 대한 정보를 이미 알고 있음에도 불구하고 공연장을 계속 찾았던 이유도 그 체험이 가져다주는 정서적 감염력 때문이었다. 여기서 대부분의 청중이 사건 전개에 대한 정보를 이미 알고 있음은 아이러니 효과의 전제가 된다.[4]

아이러니는 '한 가지 일을 말하면서 그 반대의 뜻을 나타내는 것'이라는 정도의 기본 정의 외에 더 명확한 정의를 내리기는 어렵다고 한다.[5] 이미 그러한 현상에 대해서는 알고 있었겠으나[6] 그 용어가 일반적으로

의 희극정신과 극적 아이러니』, 박이정, 2003 등을 들 수 있을 것이다. 하지만 이들 논의는 주로 극적 아이러니쪽에 더 비중을 두고 있는 논의들이다. 판소리가 공연 장르이므로 극적 아이러니가 비중 있게 드러나기는 하나 이는 상황의 아이러니로 포괄하여 논의할 필요가 있다고 본다.

3 서대석, 「판소리 기원론의 재검토」, 『고전문학연구』 16, 한국고전문학회, 1999, 37쪽.

4 고대 드라마의 경우 그 대부분의 플롯이 신화에서 온 것이므로 관객은 이미 그 결과를 알고 있는 상태에서 지켜보았다. 그 결과 아이러니나 비탄의 감각은 예정된 플롯 속에 이미 전제되던 것이었다. Claire Colebrook, Irony, Routledge : London & New York, 2004, p.14.

5 D.C.Muecke(문상득 역), 『아이러니』, 서울대 출판부, 1980, 20~23쪽. 아이러니에 대한 논의는 이 책과 Colebrook의 앞의 책, 김경복, 「아이러니와 역설」, 『시론』(최승호 외), 황금알, 2008 등 참조.

쓰이게 된 것은 18세기 이후이며 그 후로도 아이러니라는 용어를 통해 담고자 한 현상의 범주가 확장되어 갔기 때문이다. 다만 말의 아이러니(verbal irony)와 상황의 아이러니(situational irony)는 널리 알려진 것인데, 이 중 상황의 아이러니는 어떤 일의 상태나 사건이 아이러니하다고 보여지는 것으로, 인물의 행동이나 사건이 안고 있는 모순, 인간 조건에 숙명적으로 깃들여 있는 부조리 등에서 인식되는 아이러니를 말한다. 상황의 아이러니 중 대표적인 것이, 사태를 잘 파악하지 못하는 극 속 등장인물을 지켜보는 관객이 느끼는 극적 아이러니이다. 이때의 관객은 마치 신과 같은 위치에서 아이러니의 희생자인 인물을 지켜보는 데서 즐거움을 느낀다.[7] 이와 같은 극적 아이러니의 기본 전제는 관객이 등장인물보다 더 많이 알고 있어야 한다는 점과 등장인물의 행위가 무엇인가와 상반되는 의미를 유발해야 한다는 점이다. 이미 사건 전개에 대한 기본 정보를 숙지하고 있는 판소리 청중은 바로 그러한 관찰자로서의 관객에 해당한다.

또한 판소리 공연 현장에서는 같은 상황이지만 "등장인물이 유발하는 정서가 서로 다르고 그것을 지켜보고 있는 청관중에게서 유발되는 정서가 서로 달라서" 같은 상황, 같은 시간에 다채로운 정서가 동시에 표출되기도 한다.[8] 이 역시 아이러니의 전제 조건 중 하나이다. 그리고 판소리 창자는 작중 상황으로부터 거리를 두고 그 나름대로의 주관적 판단에 입각하여 서술하기도 하는데, 대체로 서술자인 창자의 그러한 태도가 청중에게 그대로 전달되는 경우가 많다. 이때 청중은 작중 상황과

6 아이러니는 물론 서구 미학으로부터 들여온 용어이기는 하나 실은 동서를 막론하고 이미 인지되던 미적 현상이었다.

7 전신재, 앞의 글에서 이도령 급제 후 대목을 위주로 하여 〈춘향가〉의 극적 아이러니를 적절히 분석한 바 있다.

8 전신재, 앞의 글, 427쪽.

거리를 느끼게 되며 작중 인물을 비판적으로 바라보게 된다. 그 거리는 창자와 청중의 공모에 의해 생긴 거리이며 바로 이 거리에 의해 아이러니 효과가 지속되는 것이다. 판소리의 웃음도 이러한 아이러니적 거리로부터 기인하는 경우가 많다. 따라서 아이러니는 공연 장르로서의 판소리에 본질적으로 내재된 미적 장치 중 하나라 해도 무방할 것이다.

판소리 창자들이 사용하는 용어인 '이면'도 아이러니와 무관하지 않다. 이면이란 속내나 속사정을 뜻하는 말로서 표현, 다시 말해 대상의 형상화를 전제로 한 개념이다. '이면을 그린다', '이면이 당치않다', '이면이 맞다', '이면 찾다가 소리 못한다'는 등의 말에서 알 수 있듯 이면이라는 개념 속에는 이면과 표면, 곧 형상화하고자 하는 대상과 형상화 과정을 거친 표현 간의 양분적 인식이 깔려 있다. 이는 외양과 실체, 곧 표면과 이면의 대조가 기본 요건인 아이러니의 양분적 인식과 통하는 면이 있다.

다만 아이러니에서는 둘 간의 대조나 상반이 중요한 반면 판소리의 경우는 그보다는 둘 간의 적절한 상관 관계에 초점을 둔다는 차이가 있다. 따라서 아이러니와 이면은 서로 다른 개념 틀이라 볼 수도 있다. 하지만 그렇지만은 않다.

판소리에서 이면은 일단 리얼리티[9]를 염두에 둔 개념으로 파악할 수 있다. 신재효가 '이면이 당찮것다'라고 했을 때의 이면은 "행위와 상황과 사실에 꼭 들어맞는 표출(表出)"[10]이라 볼 수 있는 것이다. 이면은 일차적으로는 이러한 개념을 내포한다. 하지만 이 경우 이면은 말과 소리를 통해 수동적으로 담아내야 하는 대상의 범속한 사실성 정도로만 규정될 위험이 있다. 우리가 아는 판소리 텍스트의 역사는 대상의 진실에 입각

9 정병욱, 『한국의 판소리』, 집문당, 1984, 93~94쪽.

10 서종문, 「판소리 '이면'의 역사적 이해」, 『판소리의 역사적 이해』, 태학사, 2006, 121쪽.

하여 인간적 가치를 추구해온 끊임없는 논쟁의 역사였음을 유념할 필요가 있다. '이면을 그린다'는 말에 주목하지 않을 수 없는 이유도 여기에 있다. '이면을 그린다'고 할 때의 이면은, 비록 소리에 비중이 놓인 말이기는 하나, 그려냄으로써 성립하는 어떤 것, 그리고 작중 정황에 대한 창자 — 작자의 해석이 가해진 어떤 것, 그것의 적절성이 청중에 의해 다시 검증되어야 하는 어떤 것으로서의 이면을 뜻하고 있기 때문이다. 그 간 연구자들이, "이면이 잘 그려졌다고 하는 것은, 청중의 의식 속에 훌륭한 의미가 발생"[11]되었음을 뜻한다고 한 것, 판소리의 이면은 해석된 그 무엇으로, 그 이면을 통해 추구하는 바는 외적 사실 지향이 아니라 세부의 무한성을 통한 내포적 총체성, 인물의 심리와 정서를 중심으로 한 상황적 진실성이라 한 것,[12] "'이면을 그린다'는 말은 오랜 판소리 공연 전통 속에서 코드화되어 형성된 의미에 새롭게 창조해 내는 의미를 더 넣는 과정을 가리킨다."고 한 것[13] 등이 이와 관련된다. 판소리가 전문인의 예술물로 자리잡은 후, 창자 — 작자와, 취향이 분화된 청중이 판소리를 매개로 하여 의미의 소통을 하는 과정 속에서 역동적 함의를 지니게 된 것이 바로 이면인 것이다.

그렇다면 아이러니는 실제 공연시 창자의 해석에 따라 새롭게 특정 대목에 나타나기도 하던 현상이라 할 수 있다. 예컨대 정정렬은, 보통 자진모리로 부르던 〈춘향가〉 어사 남원행 대목을 중모리로 부르기도 했다고 하는데,[14] 이 경우 느린 장단이, 빨리 내려 와 춘향을 보고 싶어 하는 이도령의 심리와 어긋나고 있어 아이러니 효과를 유발했을 것이

11 이국자, 『판소리연구』, 정음사, 1987, 15쪽.
12 김종철, 「판소리 리얼리즘과 그 특질」, 『국어교육』 104, 한국국어교육연구회, 2001, 202~212쪽.
13 최동현, 「판소리 이면에 관하여」, 『판소리연구』 14, 판소리학회, 2002, 336쪽.
14 최동현, 앞의 글, 335쪽.

다. 사설의 측면에서도 청중을 염두에 둔 창자의 이면 해석 여하에 따라 아이러니가 새로이 부여되기도 하고 강화되기도 했었을 것이다. 예컨대 심청, 심봉사 이별시 심봉사 몽조가 있을 경우 아이러니 효과는 그만큼 더 커진다고 보아 이를 첨가해 간 경우를 들 수 있다. 이때는 표리가 어긋난 정황 그 자체가 판소리의 이면이 된다. 창자는 이 대목에서 심봉사의 꿈이 실은 심봉사의 기대와 어긋난 결과를 낳게 되는 데서 오는 아이러니를 그려내어야 하기 때문이다. 이처럼 아이러니는 판소리에서 적절히 그려내어야 할 중요한 이면이었기도 하다. 다음 장에서는 〈흥부전〉을 통해 그러한 아이러니의 구체적인 양상을 알아 보기로 한다.

3. 〈흥부전〉의 아이러니 양상과 웃음

이상으로 살핀 바와 같이 아이러니는 판소리의 공연물적 속성과 상관성을 지니고 있는 미적 장치이다. 판소리의 웃음은 이러한 아이러니 효과에 말미암는다고도 볼 수 있을 정도이다. 그런데 판소리 작품들 중 아이러니가 작품 전반에 걸쳐 나타나며 여타 작품들에 비해 그 강도가 가장 높은 작품은 〈흥부전〉이 아닌가 한다. 그것은 이 작품이, 흥부와 놀부 두 인물 모두에게 서술상 비판적 거리를 보여주고 있기 때문이다.

〈흥부전〉에서는 "놀보는 (…)우애하는 사람이라", "욕심없는 놀보놈" 등과 같이 말의 아이러니도 발견된다. 하지만 이는 아이러니적 시각을 청중과 공유하기 위한 창자의 전략이 담긴 수사적 차원의 것이다. 〈흥부전〉 작품 전반에 걸쳐 주조를 이루는 것은 상황의 아이러니이다. 상황의 아이러니는 인물과 세계의 관계나, 인물의 대세계적 인식을 통해 제시되는 경우가 많은데, 〈흥부전〉은 이러한 아이러니의 기제가 매우 정밀하게 구현되어 있는 편에 속한다. 다음과 같은 흥부선행사설만 보더라도 그 점을 파악할 수 있다.

> (중머리) 부모님(父母任) 효도(孝道)허고 형제간에 우애허고 일가친척 화목허기 노인이 등짐지면 자청허여 져다주고 길가에 빠진 물건 임자를 찾아 전해주고 고단헌 놈 봉변보면 한사모피(限死謀避) 말려주고 타향에서 병든 사람 본가에다 소식 전코 집을 잃고 우는 아이 저희 부모 찾아주기 계칩불살(鷄蟄不殺) 방장부절(方長不折) 지어미물(至於微物) 즘승까지 구원허기 힘을 쓰니 부귀를 어찌 바랄손가 (김연수 창본 〈흥보가〉)[15]

홍부선행사설은 놀부심술사설에 이어 나오는 데서 알 수 있듯 놀부와 대조되는 홍부의 성격에 관한 정보를 담은 사설이다. 이 사설의 표면적 의미는 홍부가 착한 사람이라는 것이다. 이토록 착한 사람이므로 제비다리도 고쳐주었으리라는 것이다. 그러나 이면적 의미[16]는 그것이 아닐 수 있다. 그러한 선행은 정작 홍부와 그의 가족에게 있어서는 가난의 한 원인으로 작용할 수 있을 것이기 때문이다. 그 이면적 실체를 파악하고 홍부에 대해 비판적 시선을 보이는 순간 청중은 아이러니를 맛보게 된다.[17]

그와 함께 놀부심술사설도 아이러니의 자장 속에 놓이게 된다. 착한 홍부는 가난한 반면, 악행과 심술스런 행위를 일삼는 놀부는 부유하다는 것, 그것은 아이러니한 현상이라 할 수 있다. 작품 앞 부분에 제시된 이러한 아이러니한 상황 인식은 〈홍부전〉 全般을 이끌어가는 바탕이 된다.

---

15 김진영 외, 『홍부전 전집』 1, 박이정, 1997, 354쪽.

16 이때의 이면적 이미는 표면적 의미와 상반되는 말로서, 아이러니 현상을 설명하기 위해 사용하려는 용어이다.

17 홍부선행사설이 오늘날 잘 불리지 않는 이유는 그 앞의 놀부심술사설에 비해 상대적으로 큰 호응을 받지 못했기 때문일 것이다.

그런데 실은 위 사설에 드러난 홍부의 선행에 대해 청중은 비판적 거리만을 보일 수는 없다. 선행은 그것대로 긍정적으로 평가해야 할 행위이기 때문이다. 여기서 외양과 실체는 새로운 긴장 관계를 형성한다. 그에 따라 홍부를 동정히는 시선도 있을 수 있으며, 이때의 동정적 시선은 비판적·조소적 시선과 길항 관계를 형성하게 된다. 아이러니는 이처럼 상반된 시선이 공존하면서 입체적인 정서를 자아내는 미적 장치인 것이다. 〈흥부전〉은 이러한, 상황의 아이러니가 작품 전체에 두루 나타나는 작품이다.

거시적으로 보아 〈흥부전〉의 서사 단락들은 홍부가 형으로부터 쫓겨나 모진 고생을 하는 단락, 홍부가 제비의 도움을 받아 부자가 되는 단락, 놀부가 홍부를 흉내내다 패망하는 단락 등 크게 셋으로 나뉘어진다. 그 중 첫 단락은 형으로부터 쫓겨난 홍부의 가난상 제시에 서술 초점이 놓인 단락이다. 그런데 이 단락에서 창자—작가는 단순히 그 가난상을 객관적으로 제시하려고만 한 것이 아니라 그 원인까지 추적해 보고자 하였다. 이 단락의 아이러니가, 서로 약간은 다른 두 양상을 띠고 있는 것도 그 때문이다.

먼저 다음 사설을 보자.

홍부는 집도 업시 집을 지으려고 집ᄌᆡ목을 ᄂᆡ려가량이면 만첩청산 드러가셔 소부동 ᄃᆡ부동을 와드렁 퉁탕 버혀다가 안방 ᄃᆡ청 힝낭 몸치 ᄂᆡ의분합 물님퇴의 살미살창 가로다지 입 구ᄌᆞ로 지은 거시 아니라 이놈은 집ᄌᆡ목을 ᄂᆡ려ᄒᆞ고 슈슈밧 틈으로 드러가셔 슈슈ᄃᆡ ᄒᆞᆫ 뭇슬 뷔여다가 안방 ᄃᆡ청 힝낭 몸치 두루지펴 말집을 쏵 짓고 도라보니 슈슈ᄃᆡ 반 뭇시 그저 남앗고나 방안이 널던지 마던지 양쥐 드러누어 기지게 켜면 발은 마당으로 가고 ᄃᆡ골이는 뒷겻트로 ᄆᆡᆼᄌᆞ ᄋᆞ리 ᄃᆡ문ᄒᆞ고 엉덩이는 울ᄐᆞ리 밧그로 나가니 동니 ᄉᆞ롬이 출입ᄒᆞ다가 이 엉덩이 불너드리소 ᄒᆞ는 소ᄅᆡ 홍뷔 듯고 쌈작 놀ᄂᆞ ᄃᆡ셩

통곡 우는 소리 (경판 25장본 〈흥부전〉)[18]

흥부가 형으로부터 쫓겨난 뒤 변변찮은 재료로 집을 짓고 보니 집 구실도 못하는 기괴한 형상의 것이 되었다는 내용이다. 여기서의 흥부는 그 나름대로 진지한 태도를 지니고 있으나 결과를 예상하지 못하는 어리석은 인물이다. 이에 대해 창자— 작자는 '이놈'이라는 말에서 알 수 있듯 조소적 · 비판적 시선을 드러낸다. 청중— 독자가 그것에 공감한다면 흥부는 아이러니의 희생자가 된다. 이때 청중— 독자는 흥부의 대세계적 인식과 삶의 방식에 문제점이 있다고 인식하게 된다.

그러나 사람답게 살아 보려는 흥부의 욕망을 비판할 수만은 없다. 어리석다고 여겨진다 하더라도 그 욕망이 진실성에 입각해 있는 것이라면 그것은 인정되어야 한다. 여기서 청중— 독자는 동정적 시선을 보일 수 있다. 하지만 이러한 기괴함은 그 동정적 시선을 웃음을 통해 차단하거나 축소시키고 흥부에 대한 비판적 거리를 계속 유지하게 하는 역할을 한다. 물론 청중— 독자는 거꾸로, 이 기괴함을 자신이 파악한 것이 진실이 아닐 수 있다는 반성적 자극으로 받아들일 수도 있다.

아무튼 이에 대한 최종 판단은 청중— 독자가 해야 하겠으나, 대체로 이러한 류의 아이러니는 작중 인물의 행위가, 어디까지나 상대적인 것이겠지만, 비판적으로 읽히도록 유도되는 아이러니라 할 수 있을 것이다. 흥부가 멍석에다 자식을 키우는 대목이나, 놀부에게 갈 때 혹은 환자섬을 빌러 갈 때 흥부가 복색을 차리는 대목[19] 역시 이러한 류의 아이러니가 발견되는 대목들이다.

그런데 이와는 달리 비판적 시선보다는 동정적 시선이 상대적으로 더

---

18 김진영 외, 『흥부전 전집』 2, 박이정, 2003, 11~12쪽.

19 흥부에게는 점차 몰락 양반의 형상도 덧붙여져 갔는데, 그 결과 아이러니 효과도 증대되어 갔다. 이는 〈흥부전〉의 창자 - 작자가 아이러니 효과를 의식했음을 뜻한다.

강한 아이러니가 발견되는 대목도 있다. 매품팔이 대목이 그것인데, 아마 이 대목은 〈홍부전〉에서 아이러니 효과가 가장 잘 드러나는 대목에 해당할 것이다. 다음은 애초에 환자섬을 빌러 갔던 홍부가 뜻하지 않게 매품을 팔기로 약속하고 교통비조로 닷냥을 받아 집으로 돌아와 아내에게 큰소리치는 부분이다.

> (중몰이) 저 아전 거동을 보아라. 궤문을 덜컥 열고 돈 닷 냥을 내여주니 홍보가 받아들고, "나, 다녀오리다.", "예, 평안히 다녀오시오, 잉." 박홍보 좋아라고 질청 밖으를 썩 나서며, "얼씨고나, 얼씨고나, 돈 봐라, 도돈돈돈 돈, 돈 봐라 돈. 이 돈을 눈에 대고 보면 삼강오륜이 다 보여도, 조끔 있다가 떼고 보면 보이난 게 돈 밖으는 또 있느냐? 얼씨구나 돈 봐라!" 저으 집으로 올라오며, 떡국집으로 들어가서 떡국 돈반어치를 사서 먹고, 막걸리 집으로 들어가서 막걸리 두 돈어치를 사서 먹고, 비지집으로 드러간다. "여보, 비지 장수. 비지를 돈반어치만 주시오. 구지러헌 음식을 사서 먹고, 대장부 한번 걸음에 엽전 서른닷 냥이 떠들어를 간다." 저으 집으로 들어오며, "여보소, 마누라. 집안 가군이 어디 갔다가 집안이라고서 들어오면, 우루루루루 쫓아 나와서 영접허는 게 도리 옳제, 계집이 이 사람아, 당돌히 앉어서 좌이부동이 어디 웬 일인가? 에라, 이 사람, 몹쓸 사람." (박봉술 창본 〈흥보가〉)[20]

갖은 품팔이에도 불구하고 생계조차 유지할 수 없었던 홍부는 모처럼 가장 역할을 할 수 있게 되었다. 돈을 벌게 되었기에 홍부는 이처럼 당당할 수 있었던 것이다. 하지만 홍부가 당당해 하면 할수록 아이러니는 더욱 심화됨을 주목해야 한다. 인물의 순진함은 때로는 위선이나 모순을 폭로하는 요소가 되기도 하기 때문이다.

---

20 김진영 외, 『홍부전 전집』 1, 590쪽.

우선 위 의기양양함의 뒤에는 평소 흥부의 삶이 담겨 있음을 알 수 있다. 평소 흥부는 축 늘어진 어깨를 하고 힘없이 집으로 돌아오곤 했을 터이다. 그러던 차에 우연히 매품을 팔 수 있게 되었던 것이다. 하지만 매품팔이는, 그 자체가 아이러니한 행위이다. 삶을 도모하기 위한 행위가 오히려 그 삶을 보장할 수 없는 방법으로 이루어지기 때문이다. 그러므로 흥부처와 청중은 흥부가 의기양양해 하면 할수록 어이없어할 수밖에 없다. 거기에다 청중은 흥부가 매품을 팔지 못할 것을 이미 알고 있다.

이 대목의 아이러니는 계속 이어진다. 매품 팔러 떠나는 흥부에게 흥부처는 가지 말라고 하고 아이들은 흥부에게 기대어 자신의 욕망을 표출한다. 철없는 아이들의 욕망이 크고 허황된 것일수록 아이러니 효과는 더욱 강해진다. 그것은 부친으로 하여금 매를 꼭 맞으라는 말이 되기 때문이다.

하지만 흥부는 매품을 팔지 못한다. 가난 정도 비교에서 밀렸기 때문이기도 하고, 이웃집 누군가가 발등걸이를 했기 때문이기도 하며, 나라에서 방송령이 내렸기 때문이기도 하다. 방송령이 내려 매품을 못 파는 것으로 설정된 경우 특히 아이러니하다. 국가적인 경사가 흥부에게는 불행을 야기하기 때문이다. 흥부가 돌아올 때 "성군 덕택"(심정순 〈흥보가〉) 운운하며 부르는 노래는 다름 아닌 신세자탄가이다. 집에 돌아와 흥부는 화를 내지만 흥부 아내는 오히려 좋아한다. 그러나 흥부 가족은 또다시 굶주릴 수밖에 없었을 것이다.

이러한 류의 아이러니는 극적 아이러니이면서 사건의 아이러니로서의 성격도 지닌다. 사건의 아이러니의 희생자는 미래에 희망을 갖지만, 사건의 어떤 예견치 못한 變轉이 그의 계획, 기대, 희망 등등을 뒤집고 좌절시킨다.[21] 그리고 그가 취한 수단은 또한 그것을 못하게 하는 수단

21 D.C.Muecke, 앞의 책, 106쪽 참조.

이기도 함이 판명된다. 흥부가 돈을 벌기 위해 취한 마지막 수단인 매품 역시 그러한 해석이 가능하다. 매품조차 팔지 못하게 되었다는 것은 생계를 유지하기 위한 그 어떠한 수단도 더 이상 있을 수 없음의 아이러니적 표현이다.

여기서 순진한 인물 흥부는 이해할 수 없는 부조리함에 빠지게 된다. 흥부의 순진함에 대해 어이없어하던 청중도 이에 이르면 고통을 함께 하며 동정적 시선을 보이지 않을 수 없다. 그리고 그와 동시에 흥부의 가난상을 초래한 원인은 개인적 차원의 문제 이상의 것임을 인지하게 된다. 〈흥부전〉 첫 단락의 아이러니는 이처럼 비판적 시선과 동정적 시선의 길항 관계가 어떻게 설정되는가에 따라 이상의 둘을 양 극단으로 한 동적 양상을 보이는 것으로 파악된다.

둘째 단락과 셋째 단락의 핵심 대목인 흥부 박타는 대목과 놀부 박타는 대목은 아예 아이러니한 상황으로부터 출발한다. 흥부는 부자가 될 줄은 꿈에도 짐작하지 못한 채 박을 타려 하고 있고, 놀부는 박을 타는 일이 자신을 패망으로 몰아가는 일이 됨을 모른 채 박을 타려 하기 때문이다. 결말을 아는 청중은 마치 신이 된듯한 위치에서 인물들의 운명을 지켜 보며 아이러니를 즐기게 된다. 다만 세부적인 양상은 두 대목이 차이가 난다.

우선 흥부 박타는 대목을 먼저 살펴 보자. 형으로부터 냉대당하고 매품팔이에도 실패함으로써 그 어떠한 희망도 갖지 못하게 되었지만 흥부 부부는 그래도 貧賤을 한치 말고 마음만 옳게 먹고 살다 보면 좋은 날이 올 것이라며 서로 위로한다. 하지만 이는 헛된 자기 합리화일 뿐이다. 그러한 날은 현실적으로는 오지 않을 것이기 때문이다. 제비 박으로 부자가 되었다는 설정은 그러한 일의 불가능성의 표현일 것이다. 이미 청중은 아이러니적 인식을 통해 흥부를 둘러싼 현실의 부조리함을 느낀 바 있다.

그런데 흥부 박타는 대목의 문제적 성격은 바로 그 작중 현실 속에서 흥부가 부자가 된다는 데 있다. 이는 흥부의 가난상을 묘사하던 대목에서 정밀하게 구사되던 아이러니를 약화시키는 결과를 가져 올 수 있었다. 이러한 관점에서 볼 때 우리는 부자가 되어 가는 흥부에 대해 조소적 시선을 보여주는 다음과 같은 사설을 눈여겨 볼 필요가 있다.

> 홍보 그동보쇼 우션 급한 마음으로 여보쇼 ᄋᆡ기 엄멈 어셔 밥좀 ᄒᆞ쇼 빅미 닷 셤으로 ᄒᆞ야 비곱픈ᄃᆡ 먹어보식 홍보 안ᄋᆡ 얼는 나셔 일변 밥을 깁피지여 집치갓치 멍셕으다 수복 담숙 쓰어녹코 가장 ᄌᆞ식 불너들어 어셔 오쇼 먹어보식 ᄉᆞ방의셔 와 ᄒᆞ더니 만슈산의 구름뫼듯 걸비쳥의 낭치 뫼듯 밥싼 멍셕 가ᄉᆞᆼ으로 휘휘 둘너쓰고 안져 후닥닥 후닥닥 양팔 숀질 쥬먹밥을 셋죽방울 던진 다시 엇지 먹어노왓썬지 숀이 ᄎᆞᄎᆞ 늘어지고 빅꼭지가 발딱 되지바지게 산목이 단복차게 먹어노은 거시 세상도 귀창ᄒᆞ게 되얏구ᄂᆞ 빈에 못이기여 이만ᄒᆞ고 안져씰 제 고ᄀᆡ로 오는 팔이 휘휘 날여 ᄋᆡ고 ᄂᆞ 죽것다나 죽거던 팔이 놈으로 원고ᄌᆞ을 숨으리라 이러할 제음의 홍보 안ᄋᆡ도 밧턴 쇽의 밥을 엇지 먹어던지 밥셜ᄉᆞ가 나것구ᄂᆞ 쌀여 업데여 ᄋᆡ고 ᄯᅩᆼ이야 지지ᄀᆡ을 불근 씨니 물ᄯᅩᆼ이 왈락 쏘다져셔 ᄉᆞ방으로 둘너ᄃᆡ여 물기게로 불쓰덧ᄒᆞ야 노니 열어 ᄌᆞ식덜이 두셔을 못칠이고 오뉴월 쏘니기 맛듯 눈코을 못쓰고셔 후푸 후푸 ᄒᆞ얏다더라 (임형택본 〈박흥보전〉)[22]

흥부는 배가 고파 박속이라도 끓여 먹을 생각으로 박을 타기 시작한다. 첫째 박에서 예상치 못한 쌀궤와 돈궤가 나오자 흥부 가족은 당황해 하면서도 즐거워한다. 위는 그 쌀로 밥을 해 먹고 난 후의 흥부 가족들을 묘사한 것이다. 흥부는 어찌나 밥을 먹었던지 도무지 움직일 수가

---

22 김진영 외, 『흥부전 전집』 2, 박이정, 2003, 224~225쪽.

없고 흥부 아내는 물똥을 싸는 바람에 아이들이 정신없어 한다는 내용이다. 위에 이어 흥부 부부는 둘째 박에서 나온 비단들 중 흑공단 혹은 홍공단, 송화색을 몸에 둘러 보고 서로를, 이본에 따라 까마귀, 꾀꼬리, 고추잠자리, 강아지 등에 비유하며 법석을 피우기도 한다. 이러한 상황 설정은 어떻게 보면 흥부 가족의 엄살이며 환희의 다른 표현일 수 있다. 아니면, 부자가 된 흥부이니 창자—작자가 마음껏 조롱하더라도 괜찮으리라 보았던 데 말미암았을 수 있다.

하지만 이 상황은, 박봉술 〈흥보가〉에서 흥부 아내가 "(예전에는) 밥 없어서 배고파 죽겠더니 인제는 밥을 많이 먹어도 돌아가시네"라 하며 절묘하게 포착한 것처럼 아이러니한 상황이다. 거기에다 위의 창자—작자는 부자가 되어 가는 흥부를 굳이 또다시 조소하며 이죽거리고 있다. 따라서 위 사설은, 앞서 가난에 시달리던 흥부의 삶의 태도를 조롱하며 비판적 거리를 유지하던 류의 아이러니의 연장선상에 놓여 있다고 보아야 한다. 가난의 원인이 흥부 자신에게도 있었던 만큼 흥부가 그것을 고치지 않을 경우 부자가 된 뒤에도 여전히 납득하기 어려운 새로운 성격의 고난이 있을 수 있다는 인식이 그 이면에 묻어 있기 때문이다. 어울리지 않는 인물에게 있어 富는 오히려 고난으로 작용할 수 있는 것이다. 박 속에서 나온 수많은 재화 역시 필요 이상의 것일 수 있다. 그러할 수도 있기에 창자—작자는 또다시 흥부를 조롱하고 있고, 청중—독자는 이 대목을 접하며 한편으로는 쾌재를 부르면서도 다른 한편으로는 비판적으로 보기도 하게 된다.

흥부 박타는 대목은 일반적으로 알려진 것처럼 흥부로 대표되는 하층의 소망이 가충족되는 낭만적인 대목이라고만 보아서는 곤란하다. 그렇게 보면 아이러니를 통해 나타나는 이 대목의 복합적 정서와 인식을 놓치는 것이 되고 만다.

그렇다면 놀부 박타는 대목은 어떠한가.

ᄯᅩ ᄒᆞᆫ 통 타랴 ᄒᆞ니 놀보안 울며 ᄒᆞᄂᆞᆫ 말니 그 박통 ᄐᆞ지 ᄆᆞ오 박을 질너 타면 큰 망신 할 거신니 ᄐᆞ지 마오 놀보 훼을 너여 역군을 ᄌᆡ촉ᄒᆞ야 슬근 슬근 툭 타 논이 ᄯᅩᆼ이 박통 안의 가득ᄒᆞ야 슈천동의 ᄯᅩᆼ니 왈칵 ᄂᆞ다라 온니 왼 집안니 ᄯᅩᆼ덤이ᄀᆡ 되야고ᄂᆞ 놀보 ᄆᆞ음 잡지 못ᄒᆞ여 ᄒᆞᄂᆞᆫ 말이 우리ᄀᆡ 너연의 보리 농ᄉᆞ은 잘 ᄒᆞ게다 허허 우순 일 만코 말지 통 타랴 ᄒᆞ이 놀보 게집 우ᄂᆞᆫ 말이 이 박 제발 ᄐᆞ지 ᄆᆞ쇼 ᄌᆡ물만 허비ᄒᆞ고 픠ᄀᆡ되야 비러 먹게 되야신이 뉘로 ᄒᆞ여 그러ᄒᆞᆫᄀᆡ 제발 덕분 타지 ᄆᆞ쇼 놀보 ᄒᆞ는 말이 여계 ᄋᆞ기 어멈 이 통만 ᄐᆞ고 다시 ᄋᆞᆫ이 탈 터이 그리 ᄆᆞ쇼 어여라 톱질이야 슬근 슬근 타다ᄀᆡ 놀보ᄀᆡ ᄀᆡ만이 들여다본이 그 쇽의셔 당기랑 당기랑 쇼리ᄂᆞᆫ이 놀보 ᄒᆞᄂᆞᆫ 말이 얼시고ᄂᆞ 절시고 안셩유긔 ᄇᆞ리통이 ᄂᆞ오ᄂᆞᆫ구ᄂᆞ 셜ᄆᆞ 그러치 (오영순본 〈장흥보전〉)[23]

위 인용 부분은 놀부가 다섯째 박을 탈 때의 일인데, 아내가 만류함에도 불구하고 기어코 계속 박을 타고 있는 놀부를 그린 부분이다. 앞서 놀부가 박을 타는 일이 자신을 패망으로 몰아가는 원인이 됨을 모른 채 타려 한다는 것은 아이러니한 일이라 한 바 있다. 그런데 더 아이러니한 것은 박을 타는 일이 자신을 몰락으로 향하게 한다는 것을 알면서도 그 일을 멈추지 못한다는 점이다. '안성유기' 운운하는 데서 알 수 있듯 놀부와 같은 이들은 몰락의 조짐조차 긍정적으로 인식하려는 특징을 지닌다. 아이러니의 희생자가 맹목적이기까지 할 때 아이러니의 효과는 더욱 커진다.

청중은 놀부의 몰락을 지켜보면서 아이러니를 맛볼 것이다. 하지만 이 경우의 아이러니는 상반이나 모순을 인지하는 데까지 나아가지는 않는다. 그것은 아이러니의 희생자인 놀부 자체가 결코 소망스러운 인물

---

23 김진영 외, 『홍부전 전집』 2, 박이정, 2003, 165~166쪽.

이 아니며 동정을 유발할 만한 류의 인물도 아님이 드러났기 때문이다. 그러므로 이러한 아이러니는 청중에게 있어 즐겁고 부담 없는 아이러니가 된다.

결국 놀부는 약섬을 폭로 당하고 마지막 치부까지 드러내이지며 조롱당하게 되는데, 이 과정에서 또 하나의 아이러니가 마련된다. 놀부조차도 자신의 몰락 과정을 즐기고 있음이 그것이다. 이는 아이러니의 희생자가 오히려 관찰자의 정서에 동조하는 것이 된다. 그로 인해 놀부는 즐겁게 몰락하고 청중은 더 부담 없이 몰락 과정을 즐기게 되는 것이다. 그러므로 이 대목의 아이러니는 당사자의 희생을 대상화하면서 또 다른 재미와 웃음을 추구하는 아이러니라 할 수 있다. 그리고 자신의 몰락을 보는 관찰자의 대열에 당사자인 놀부도 동참하고 있기 때문에 놀부를 전적으로 부정하지는 않는 결과가 된다.

두 개의 박타는 대목은 애초에 아이러니한 상황으로부터 출발한 데다, 그 과정 역시 아이러니적 거리를 느끼게 하며 전개된다. 결말을 아는 청중은 마치 신이 된듯한 위치에서 인물들의 운명을 지켜보게 된다. 그 사이, 작품 서두에 문제적으로 던져 둔 모순된 상황, 곧 착한 사람은 못살고 악한 사람은 오히려 잘살고 있는 상황은 당위로 되돌려진다. 앞서 놀부가 흥부를 냉대하며 한 말인, "잘 살기 내 복이요 못 살기도 네 팔자"(이선유 〈홍보가〉)라는 말도 또다른 의미에서의 아이러니임이 판명되는 것이다.

〈흥부전〉의 웃음은 바로 이러한 미적 장치에 의해 유발되는 웃음이다. 앞서 살핀 바와 같이, 〈흥부전〉의 아이러니는 관찰자의 관점에서 인지되는 상황의 아이러니로 이루어져 있다. 특히 창자—작자와 청중—독자의 공모 하에 함께 약점을 지닌 희생자를 바라보는 극적 아이러니와 사건의 예견치 못한 변전이 희생자의 기대나 희망을 좌절시키는 사건의 아이러니가 뒤섞여 있다. 이러한 장치를 통해 청중—독자는 상황으로부터 거리를 유지하게 되는데 이때 그는 외양과 실체의 상거, 희생자의 의도와 결과가 상반되는 데서 오는 부조화 등에서 유발되는 희극적 효과에 웃음으로 반응하게 되는 것이다.

그런데 흥부를 향한 웃음과 놀부를 향한 웃음은 질적인 차이가 있다. 비극적 상황에 놓여 있거나 몰락을 향해 나아가고 있으면서도 희생자들이 그것을 제대로 깨닫지 못하고 있다는 점, 그리고 그 희생자들 자체가 약점을 지니고 있거나 소망스러운 인물이 아니기 때문에 비극적 아이러니가 아닌 희극적 아이러니를 유발한다는 점 등은 유사하다.[24] 하지만 자신의 욕망으로 인해 몰락하는 부정적 인물인 놀부에 대해서는 대체로 부담없는 즐거운 웃음을 야기하는 반면, 개인적 약점을 지니고 있기는 하나 결코 비난할 수만은 없는 인물 흥부에 대해서는 그 웃음이 이중적 혹은 다면적 특성을 지니게 된다. 청중—독자는 그 아이러니적 거리로 인해 흥부를 비판적이고 조소적인, 심할 경우는 경멸적인 태도를 지니고 바라보기도 하지만, 그 외양 속의 실체에 공감하며 동정적 태도를 보이기도 하게 된다. 따라서 흥부에 대한 웃음은 그 이면의 의미를 되새기게 하는 웃음이 된다. 웃음 자체는 그 아이러니적 장치로부터 기계적으로 유발된다 하더라도 그 웃음의 귀결점은 이 중 특정한 쪽으로 완전히 기울어버리지는 않기 때문이다. 다만 주어진 상황에 따라 청중이 흥부 개인으로부터 문제성을 인식할 때는 조소적 웃음으로, 흥부로서는 어찌할 수 없는 문제적 정황을 인식할 때는 동정적 웃음으로 각각 조금씩은 기울 수 있다. 하지만 그 어느 쪽의 웃음이든 이 양자를 내포한 웃음이 될 것이다.

---

24 흥부와 놀부가 함께 감옥에 갇혀 전라감영 옥중에서 죽는 최인훈의 〈놀부뎐〉은 기존 〈흥부전〉을 비극적 아이러니로 변모시킨 작품이다. 우애를 회복하지만 결국 죽음을 맞이하게 되기 때문이다. 이 작품도 함께 비교할 만하다.

4. 〈흥부전〉에 나타난 아이러니의 의의

이상으로 살핀 바를 통해 〈흥부전〉의 아이러니는 특정 상황에 대한 이질적 정서와 그로 인한 다면적 인식을 포괄하는 미적 장치임을 알 수 있었다. 근대로 나아가던 전환기 장르의 하나였던 판소리에서 아이러니가 이처럼 비중있게 구현되어 있음은 무엇 때문인가.

판소리는 특정 상황, 곧 장면 단위로 향유되는 장르이다. 장면장면의 상황적 정서를 추구[25]하는, 그리고 그러한 정서의 직접적 체험을 지향하는 공연 장르인 것이다. 판소리 공연 현장은 창자가 그려내는 인물들의 정서 및 그것들을 체험적으로 향유하는 청중의 정서가 공존하는 공간이다. 그러한 공간은 일방적 전달의 공간이 아닌 상호 소통의 공간이다. 때로는 그 정서적 소통이 공감과 조화의 상태에 놓이기도 했겠지만, 때로는 창자—작자와 인물 간의 거리로 인해, 한편으로는 청중이 창자—작자의 시각에 동조하기도 하고 다른 한편으로는 인물의 편에 서게 되기도 함으로써 복합적 양상을 보였을 수도 있다.[26] 더구나 판소리 문화가 계층적 확산 과정을 겪었음을 감안한다면 청중은 저마다의 관점에 따라 서로 이질적인 정서와 인식을 드러내었을 것이고 창자는 그것들을 고려하지 않을 수 없었을 것이다. 앞서 논의한 바와 같이, 판소리에서 이면이란 문학적, 예술적 해석의 개념인 바, 창자 간, 창자와 청중 간에, 표출된 것의 적합성을 놓고 벌인 해석상 논란은 다시 사설에 반영되었을 것이다. 판소리에 있어 아이러니는 이러한 이질적인 정서들을 복합적으로 담아내어 정서의 질을 높이는 데 적합한 미적 장치였다. 그렇다

---

25 김흥규, 「판소리의 서사적 구조」, 『판소리의 이해』(조동일 · 김흥규 편), 창작과비평사, 1978.

26 판소리 공연에 있어 이러한 거리 문제에 대해서는 김현주, 「판소리 창자의 거리조정 방식과 그 기능적 의미」, 『판소리연구』 5, 판소리학회, 1994 참조.

면 판소리의 아이러니는 서로의 다름을 인정하고 있다는 점에서 개아적인 사유에 토대를 둔 현실 인식의 틀이기도 하다고 볼 수 있다.

앞서 살핀 〈흥부전〉의 경우 판소리에 있어 아이러니가 현실 인식의 틀 중 하나임을 잘 보여 주는 사례라 할 수 있다. 이미 언급한 것처럼 판소리는 부분들, 곧 삽화, 장면, 상황의 형상화를 통해 청중의 정서에 호소하는 것을 지향하는 장르이다. 이러한 방법은 일반적인 의미에서의 리얼리즘과는 거리가 있다. 그런데도 판소리가 뛰어난 현실 인식력을 담고 있는 것은 기존 연구자들이 상황적 진실 추구라는 용어로 포괄하여 설명하고자 했던 바로 그것 때문이라 볼 수 있다. 판소리에 있어 아이러니란 바로 그 상황적 진실 구현의 한 방식이었던 것이다.

〈흥부전〉은 애초에 아이러니한 상황 설정으로부터 이야기가 시작한다. 착한 사람이 가난하게 살 수밖에 없고 악하고 심술스러운 사람이 오히려 부자로 살고 있다는 설정이 그것이다. 그리고 그것은 엄연한 현실이었다. 이러한 설정은 〈흥부전〉 속 사건 전체에 걸쳐 논란이 지속되게 한다. 착한데도 불구하고 이처럼 가난하게 살아야만 하는 것인지, 착하기만 하기 때문에 가난하게 살 수밖에 없는 것인지, 貧富와 도덕성은 반드시 상관성을 지니지는 않는 것인지, 인간다운 삶이란 어떤 것인지 등이 그러한 논란들이다. 이에 대해 〈흥부전〉 안팎에서 여러 가지 관점들이 있을 수 있다. 흥부를 대상으로 할 경우, 흥부 자신의 자의식, 형 놀부의 관점, 고을 호방의 관점, 창자—작자의 관점 등이 있을 수 있고, 이에 대한 청중—독자의 관점이 있을 수 있다. 그들은 각각 자신이 처한 입장에 따라 대상을 파악하는 관점이 달랐을 것이다. 하지만 그렇다고 하여 특정 관점만을 옳다고 볼 수는 없었다. 앞서 살핀 〈흥부전〉의 아이러니는 이러한 이질적인 정서/인식의 맞부딪침의 소산이다. 〈흥부전〉의 여러 장면들은 이러한 맞부딪침의 현장들이라 할 수 있다. 놀부는 자신이 망하는 것을 알면서도 박을 타다 아예 그러한 '잔치'에 스스로 참여하고 있고, 홍부는 박을 타면서 자신이 부자가 되어 감을 즐거워하나 또다른 고난에 빠진 바 있다. 또한 홍부는 남을 위한 선행은 잘하면서 자신의 집은 수숫대로 허술하게 지어 가족들을 곤경에 빠뜨리는가 하면, 최후의 선택이라 할 수 있을 매품도 나라의 경사로 인해 팔지 못한다. 이질적인 정서와 인식들끼리의 맞부딪침은 이처럼 상황의 반전을 야기하고 반전은 또다른 해석상의 반전을 야기하면서 의미의 엇갈림을 이루고 있는 것이다.

이처럼 〈홍부전〉의 아이러니는 현상을 보는 입체적인 시각을 제공함으로써 현실 인식의 성숙한 눈을 갖게 해 준다. 그렇게 함으로써 등장인물과 그들로 전형화된 당대인들 및 당대 사회에 대해 깊은 이해를 갖게 한다. 그러므로 전환기 장르라 할 수 있는 판소리에서 발견되는 아이러니는 현실 모순에 대한 판소리 나름대로의 대응 방식의 산물로서 인간 삶의 총체적 인식 방법이기도 하다고 볼 수 있다.

5. 맺음말

이 글에서는 판소리가 공연 장르임을 염두에 두고 〈홍부전〉의 아이러니 양상을 살펴 본 후 그러한 아이러니의 의의를 살펴 보았다. 이는 〈홍부전〉 작품의 미학적 고찰이기도 하면서 판소리의 아이러니가 지닌 긍정적 효용성을 당대적 관점에서 되새겨보는 일이기도 하였다.

〈홍부전〉은 주로 상황의 아이러니로 이루어져 있었다. 우선, 홍부가 남을 위한 선행은 잘하면서 자신의 집은 수숫대로 허술하게 지어 낭패에 빠지는 대목과 매품을 팔아 가족들을 살려 보려 했으나 오히려 나라의 경사로 인해 실패하는 대목에 나타난 아이러니를 통해, 홍부에 대한 인물 평가가 일률적이지 않으며 청중 역시 조소와 동정이라는 양가적 감정 사이를 오갈 수 있음을 살폈다. 그리고 박을 타면서 흥부는 자신이 부자가 되어 감을 즐거워하지만 또다른 고난에 맞닥뜨리게 되고, 놀부는 자신의 욕망으로 인해 스스로 몰락하는 줄 알면서도 박을 타다 아예 그것을 즐기기까지 하는 데 나타난 아이러니에서도 앞의 양가적 정서가 어느 정도는 이어지고 있음을 살폈다. 이러한 결과를 토대로 〈흥부전〉은 아이러니가 작품 의미 형성에 중요한 역할을 한다는 점을 알 수 있었다. 그리고 판소리에 있어서 아이러니는 공연물로서의 특성과 긴밀한 관련이 있으며 또한 이면을 그리는 것을 중요시하는 판소리 문화와도 상관성이 있었다. 나아가 판소리의 아이러니는 현상을 보는 입체적인 시각을 토대로 하고 있으므로 현실 모순에 대한 판소리 나름대로의 대응 방식의 산물로서, 인간 삶의 총체적 인식 방법이기도 하다고 보았다.

〈흥부전〉에 설정된 아이러니는 실은 오늘날에도 이어지고 있다. 자본주의 제도 하에 살고 있는 우리는 놀부처럼 살아야 하면서 실은 흥부인 것처럼 보여야 한다는 것, 그것 자체가 현실의 아이러니라 할 수 있을 것이기 때문이다. 〈흥부전〉을 고전이라 할 수 있는 이유의 일단도 여기에 있을 것이다.

결말의 변주*

-〈토끼전〉을 대상으로-

1. 문제의 제기

이 글은 〈토끼전〉 결말 읽기의 결과물이다. 특히 그 다양성에 주목함으로써 판소리계 작품의 수용과 생산이 긴밀한 관련을 지녔었음을 드러내어 보고자 한다.

우리 고소설, 특히 판소리계 소설은 단일 작품이라 하더라도 여러 이본들을 거느린다는 특징을 지닌다. 그 중에는 편차가 크지 않은 경우도 있지만 인물 형상에서부터 문체나 의미면에 이르기까지 큰 편차를 보이는 경우도 적지 않다. 이러한 이본의 실상을 고려하지 않는다면 작품 연구 자체가 불가능할 정도이다. 우리 고소설의 이러한 특징은 당대 소설 문화가 오늘날과는 달랐음을 뜻하는데, 본고에서 관심을 갖고 있는 것도 바로 이 부분이다.

본 관심사를 집약적으로 드러내기 위해 〈토끼전〉을 택하여 이 문제를 알아 보고자 한다. 〈토끼전〉은 그 어느 작품보다도 변이가 심하다. 작품의 서두와 중간 부분도 그러하지만 특히 결말[1] 부분은 이본들이 저

---

* 이 글은 『새국어교육』 71(한국국어교육학회, 2005)에 실린 「〈토끼전〉 결말의 변이양

마다의 것들을 지니고 있다고 할 수 있을 정도이다. 일반적으로 결말 부분은 작품 의미와 긴밀한 관련을 지니는 부분이다. 그러므로 그 부분이 많은 편차를 보인다는 것은 당대인들이 작품의 의미 혹은 지향점에 대해 완전한 합의를 보지 않았음을 뜻한다. 오히려 결말의 변주를 통해 작품 생산에 직접적으로 참여하면서 그것에 대해 논쟁을 벌이고자 했다고 할 수도 있다. 따라서 〈토끼전〉 결말에 나타난 변이에 주목한다면 우리 고소설, 나아가 서사 향유의 중요한 한 국면에 대한 접근이 가능하다고 본다.[2]

그 간의 〈토끼전〉 결말 변이에 대한 연구는 대체로 이본 계열을 구분하는 데 목적을 두어 왔다. 혹 당대 사회상과 관련하여 작품 의미를 드러냈다 하더라도 몇몇 주요 변이에만 주목했을 뿐이다.[3] 하지만 〈토끼전〉 결말의 실상은 그것만으로 포괄할 수 없다. 훨씬 다양한 결말들이 존재하며 이들 간에는 서로 심각한 논쟁이 성립되기도 한다. 본고에서는 이러한 〈토끼전〉 결말 양상의 변이에 주목함으로써 〈토끼전〉 독자들이 이러한 변이를 통해 무엇을 추구했는가 하는 점을 알아 보고, 이를 단서로 하여 결말 서사 전략의 문제를 검토해 보기로 한다.

상과 고소설의 존재 방식」을 부분 수정한 것이다.

1 여기서 결말은 토끼가 용궁으로 끌려가 용왕을 속이고 자라와 함께 육지로 나온 이후의 부분으로서 후일담까지 포함한 개념이다. 이후 결말이라는 용어는 이 부분에 대한 지칭이면서 또한 이 부분의 서사적 내용에 대한 지칭으로 사용하기로 한다.

2 본고에서는 〈토끼전〉을 판소리 창본과 기록 정착본을 아우르는 명칭으로 사용하기로 한다. 〈토끼전〉 텍스트로는 김진영 외, 『토끼전 전집』 1-6, 박이정, 1998~2003의 것을 택했다.

3 인권환, 『토끼전 · 수궁가 연구』, 고려대 민족문화연구원, 2001 ; 김동건, 『토끼전 연구』, 민속원, 2003 ; 최광석, 「〈토끼전〉 이본 계열의 구조와 근대지향 의식」, 경북대 박사학위논문, 2001 등이 전자의 경우라면 정출헌, 「봉건국가의 해체와 『토끼전』의 결말 구조」, 『고전소설사의 구도와 시각』, 소명출판, 1999은 후자의 경우이다. 본고에서 〈토끼전〉의 결말에 주목하고자 하는 것은 계열 구분을 위해서가 아니다. 다양함 그 자체를 중시하고자 하는 것이다.

2. 〈구토지설〉의 결말

〈토끼전〉의 근원설화는 멀리는 인도의 불전설화에서 찾을 수 있으며 우리 나라에서 가장 오랜 것으로는 『삼국사기』 열전 김유신조의 〈구토지설〉임은 이미 밝혀져 있다. 〈구토지설〉이 〈토끼전〉 형성에 영향을 미친 선행 텍스트와 관련이 있음이 분명하다면,[4] 原 〈토끼전〉의 결말은 〈구토지설〉의 그것과 유사했으리라 볼 수 있다. 토끼가, 죽을 뻔한 위기로부터 벗어나 육지에 도착하는 데서 끝나는 결말이 바로 그것이다. 주지하다시피 이러한 결말은 용왕이나 거북쪽보다는 위급한 상황으로부터 벗어난 토끼의 지혜를 집중적으로 부각한다는 의미를 지닌다.

그 후, 〈토끼전〉이 생성되면서 애초의 설화 혹은 우화 속 등장 동물들에게는 점차 조선 후기를 배경으로 하여 살아간 인간들의 형상이 부여되어 갔다. 그 형상들이란 대체로, 토끼는 아무 이유 없이 지배층으로부터 희생을 당해야 하는 위험 속에 놓인 하층민, 자라는 중세 봉건 국가 말단 관리로서 맹목적인 忠의 화신, 용왕은 몰락해 가는 중세 국가의 군주 등에 대응된다. 따라서 토끼에게는 긍정적인 시선을, 자라와 용왕에게는 부정적인 시선을 보일 법하다. 하지만 작품의 실상은 그렇지 않다. 토끼가 마땅히 희생되어야 한다는 시각을 보이는 작품이 있는가 하면 자라나 용왕에게도 그 나름대로의 긍정적인 형상을 부여하는 작품도 있다. 이러한 변이의 존재는 〈토끼전〉 서사에 대한 다양한 시각을 전제로 한다. 〈토끼전〉을 포함한 판소리가 점차 하층만이 아닌 전계층이 함께 향유하는 예술물로 변화해 갔고, 중세에서 근대로의 이행기도 특정 담론만이 우위를 점하던 시대는 아니었기 때문이다.

---

4 인권환, 『토끼전·수궁가 연구』, 고려대 민족문화연구원, 2001의 근원설화 관련 논의 참조.

게다가 이러한 변이는 이미 〈구토지설〉에서 예고된 것이었기도 하다. 〈구토지설〉은 불전설화에서의 것과는 달리, 이미 〈토끼전〉 결말의 다양한 변이를 내포하고 있다. 〈구토지설〉의 결말은 다음과 같다.

> (…) 거북이 그 말을 믿고 도로 나가 언덕에 오르자마자 토끼는 풀 속으로 도망치며 거북에게 말하기를, "너는 어리석기도 하다. 어찌 간 없이 사는 자가 있을 것이랴" 하니, 거북은 고민하며 아무 말 없이 물러갔다고 한다.[5]

토끼가 거북으로부터 놓여나 그를 조롱하면서 산 속으로 사라지는 것으로 되어 있다. 목숨을 잃을 위기에 처한 토끼의 거짓말은 충분히 지지를 받을 수 있는 일이다. 하지만 그렇다고 해서, 자신이 모시는 군주의 딸을 구하기 위해 희생하는 거북을, 아무 잘못 없는 토끼를 죽이려 한다는 이유로 비난할 수만은 없다. 거북은 남을 위해 희생하는 자로 설정되어 있기 때문이다. 또한 작품의 맥락을 유의하며 읽을 때, 김춘추는 한편으로는 거북이면서 다른 한편으로는 토끼이기도 하다.[6] 그렇다면 〈토끼전〉 결말의 다양한 변이는 애초 그 근원설화라 할 수 있을 〈구토지설〉 자체의 서사에 내포된 것이면서 조선 후기라는 시대적 배경을 바탕으로 하여 가속화된 것이라 할 수 있다.

이미 〈구토지설〉만으로도 거북의 입장에 서면 우리는 다음과 같은 서사적 의문을 품을 수밖에 없다. 토끼가 저렇게 떠나가 버리면 용왕은 어떻게 될 것인가, 사명을 다하지 못한 거북은 또한 어떻게 될 것인가 하는 의문이 바로 그것이다. 〈토끼전〉에서는 이러한 의문들에 대해 이본들마다 그 나름대로의 의견을 제시하고 있다. 그 의견들이 얼마나 다

---

5 (…) 龜信之而還 纔上岸 免脫入草中 謂龜曰 愚哉汝也 豈有無肝而生者乎 龜憫默而退(『三國史記』 卷41 列傳).

6 김진영, 「〈토끼전·수궁가〉의 인물형상」, 『판소리연구』 17, 판소리학회, 2004, 67~68쪽.

양한가, 그리고 독자들의 가치 지향이 어느 정도까지 편차가 나는가 하는 것을 구체적으로 알아보기로 한다.

3. 〈토끼전〉 결말의 변이양상

〈토끼전〉의 결말에 대해서는 그 간 이본 계열 구분이나 등장 동물의 평가 및 당대 사회상과 관련하여 몇몇 이본의 변이에만 주목해 온 것으로 판단된다. 특히 많이 거론된 결말은 판소리 〈수궁가〉계 이본들, 경판본 〈토싱젼〉, 가람본 〈별토가〉 등의 결말들이다.[7] 이 세 유형의 결말을 〈토끼전〉을 대표하는 결말로 내세운 것은 그 나름대로의 근거를 지닌다. 각각, 계속된 위기를 뛰어난 언변으로 벗어나는 토끼, 의연한 죽음을 맞이하는 용왕, 맹목적인 忠으로 파멸에 이르는 자라를 특징적으로 보여 주고 있으며,[8] 그것을 단서로 하여 〈토끼전〉 이본들을 각각 판소리 창본 계열, 소설본 계열, 판소리 창본과 독서물의 양면성을 지닌 계열 등으로 나눌 수 있기까지 하기 때문이다.

이 세 유형의 결말에서 각각 의미 있는 시대적 조응 관계를 발견할 수 있는 것도 사실이다. 용궁으로부터 살아 나온 토끼가 용왕의 미련함을 비웃으며 이리 저리 신나게 뛰어다니다 그물 위기와 독수리 위기를 겪고 겨우 살아나는 〈수궁가〉계 이본들의 결말에서는, 끊임없이 위기에 접하게 되는 하층의 불안정한 삶과 어떠한 역경이든 이겨 나가리라는 낙관적 염원이 담겨 있다. 반면, 자라는 왕을 볼 면목이 없다며 바위에

7 인권환, 「〈토끼전〉군 결말부의 변화양상과 의미」, 『토끼전·수궁가 연구』, 고려대 민족문화연구원, 2001에서 이러한 방식으로 구분하였다. 그리고 이러한 구분은 정출헌, 앞의 글에까지 이어진다.

8 인권환, 앞의 글, 250~253쪽.

머리를 부딪쳐 자살하고 왕은 자라 시체를 거두어 안장한 후 다시 토끼를 잡아 오자는 신하들의 제의를 거절하며 의연히 죽음을 맞이하는 경판본 〈토싱전〉계 이본들의 결말에는, 용왕과 자라로 표상되는 지배층 역시 공동 운명체이며 이러한 운명체, 곧 중세 국가가 몰락해 가는 데 대한 당대인의 착잡한 시선이 담겨 있다고 볼 수 있다.[9] 그리고 토끼를 그리워하며 죽은 암자라에게 나라에서 정렬의 표를 내리고, 소상강으로 망명한 자라는 이비에게 원정을 올린 후 자결하며 용왕이 죽은 이후 세자가 즉위하여 자라의 충절을 기리는 가람본 〈별토가〉의 결말에서는, 용왕의 무능함에 반비례하여 자라의 맹목적이기까지 한 忠이 부각된다. 몰락해 가는 왕조에 대한 충성이란 그처럼 허망한 것이며 그만큼 자라에 대한 연민의 정이 묻어나는 결말이라 할 수 있다. 이상 세 유형의 결말이 빈도수도 높고 그 시대적 대응성도 높은 편이어서 충분히 주목받을 만했다.

그러나 〈토끼전〉의 결말은 이들 이상으로 훨씬 다양한 변이를 보인다. 위 결말들에만 주목하기에는 너무나 다양하다는 것이다. 따라서 〈토끼전〉 결말을 몇 유형으로 나누어 버리고 마는 것은, 〈토끼전〉의 의미를 집중적으로 드러내는 데에는 유리한 지 모르겠으나, 대신, 〈토끼전〉 의미의 폭을 좁히는 결과를 낳는다고 생각된다. 이 외의 결말 역시 세 유형의 결말 못지 않은 의미와 가치를 지닌다. 때로는 서로 간에 토론을 벌이기도 하고 때로는 흥미 요소를 추가하기도 하는 등 그 모두가 〈토끼전〉 결말로서 존재하고 있는 것이다. 그것이 바로 〈토끼전〉 작품의 존재방식이다. 본고에서 주목하고자 하는 것은 바로 그 결말의 '다양함'이다. 그것은 바로 청중·독자의 상상력, 의식, 정서의 '다양함'이기

9 민찬, 「조선후기 우화소설의 다층적 의미구현양상」, 서울대 박사학위논문, 1994, 220~224쪽.

도 한데, 이제부터 그 다양함의 양상을 추적해 보기로 한다.

1) 〈구토지설〉의 결말을 수용한 경우

개작이란 이론상으로는 先 텍스트를 전제한다. 그 先 텍스트는 또 그 앞의 무언가를 계속 전제할 수밖에 없다. 그렇게 소급할 경우 결국에는 〈구토지설〉에 이르게 된다. 原 〈토끼전〉의 결말은 용왕을 속이고 육지로 나온 토끼가 산 속으로 돌아가는 〈구토지설〉의 그것과 유사했을 가능성이 높다. 〈토끼전〉 이본들 중에는 이렇게 결구되는 것들이 적지 않다. 하지만 그러한 결말로만 간략히 끝맺는 경우는 없다. 토끼, 자라, 용왕의 그 후 행적이 간략하게나마 덧붙는 것이 일반적이다. 이러한 덧붙임은 일상적 삶을 토대로 한 '빈 칸 메우기'에 해당한다. 예컨대 다음과 같은 결말들이 그러하다.

김동욱본 〈슈궁녹A〉나 김동욱본 〈토끼전〉, 박순호 22장본 〈퇴기젼〉에서는 용왕이 자라가 토끼를 놓쳤다는 소식을 듣고 토끼 상사병에 걸리거나 앙천 탄식하는 것으로 끝맺는다. 용왕의 반응을 간략히 덧붙인 경우이다. 토끼나 그의 가족들 역시 서로에게 할 얘기가 많았을 것이다. 국립도서관본 〈토싱젼〉에서는 암토끼가 등장하여 오봉산토끼로부터 수난을 당한 일을 토끼에게 들려 주며, 윤해옥본 〈토기젼〉과 박순호 17장본 〈퇴끼젼〉에서는 토끼가 가출한 날에 제사를 지내고 있었거나 三虞祭를 지내고 있었던 것으로 설정된다. 국민대본 〈별토문답〉에서는 토끼가 살아나 달첨지를 만나 그 간의 사연을 이야기해 주기도 한다. 이러한 덧붙임은 적극적 개작이라기보다는 일종의 '빈 칸 메우기'라 할 수 있을 것이다.

반면 자라의 경우는 이본들 사이에 의식의 개입에 따른 논쟁이 형성된다. 김동욱본 〈퇴공전〉에서는 용왕이 죽고 아들이 즉위한 후 자라가 육지를 두 번이나 왕래했으나 공이 없다며 금고형에 처했다가 귀양을 보낸다. 그러나 단국대 나손문고 53장본 〈톡기전〉과 박순호 56장본 〈玉兎傳〉에서는 자라가 수궁에 들어가 빈정대기도 하고 왜 그리 미련하냐며 용왕에게 따지기도 한다. 여기서의 자라는 거의 방자형 인물에 가깝다. 용왕이 다시 토끼를 잡아 오겠냐고 묻자 다시 세상에 나가면 잡놈이라며 나가버리는 하서기념회본 〈별쥬부젼〉의 자라 역시 유사하다. 자라는 이러한 인물 유형으로 변모할 소지도 다분히 있었던 것이다. 귀양을 보내는 경우는 자라를 철저히 관료이자 신하로 고정시키는 반면, 방자형 인물로서의 모습을 덧붙인 경우는 자라를 생동감 있는 인물로 형상화하려는 의도에 말미암는다.

이상의 이본들은 이러한 덧붙임에도 불구하고 기본적으로는 〈구토지설〉의 결말을 따르고 있는 것들이다. 하지만 〈토끼전〉 이본들에는 이러한 기본 결말을 파괴하거나 새로운 결말을 첨가한 이본들도 많다.

2) 〈구토지설〉의 결말을 파괴한 경우

우선, 결말 부분을 탈락시키고 중간에서 끝맺는 듯한 느낌을 주는 이본들이 여기에 속한다. 예컨대, 김동욱본 〈슈공녹B〉는 토끼가 자라 등에 업혀 육지로 돌아 오는 도중 굴원과 오자서 등을 만나는 대목에서 끝을 맺는다. 또한 정문연 61장본 〈슈궁젼〉은 토끼가 자라집을 방문하여 향응을 받는 대목에서 끝나는데 이 경우는 이에 이어지는 암자라 동침 삽화에 대한 부정적 인식이 반영된 경우라 할 수 있다. 하지만 이러한 결말은 불완전한 결말에 해당한다.

그런데 〈구토지설〉의 결말을 부정하고 충격적인 내용으로 개작한 이본도 있다. 고려대본 〈별쥬부젼〉이 그것이다. 이 이본은 자라가 토끼를 유혹하는 대목에서 사실상 작품이 끝나고 있다. 자신은 산중을 순행하며 짐승의 전신을 살펴 보아 병을 고쳐 주고 있는 의원이라고 소개하고 토끼가 배를 내밀자 아예 토끼 배꼽을 힘껏 물어 죽여 배를 가르고 간을 내어 입에 물고 용궁으로 돌아가는 것으로 끝맺고 있는 것이다. 이러한 결말은 〈토끼전〉의 기본 서사 구조 자체를 파괴한 결말이다. 애초에 자라가 토끼 간을 가져 갔다면 전혀 분란이 일어나지 않았으리라는 개작자의 의식이 반영된 셈이다. 아무 이유 없이 죽음을 당한 토끼측의 문제의식은 외면한 개작이라 할 수 있다.

3) 토끼쪽의 후일담을 첨가한 경우

앞서의 이본들과 달리 후일담을 첨가한 경우들도 있다. 그 중 토끼쪽의 후일담을 첨가한 이본들이 일단은 먼저 출현한 것으로 보인다. 가장 많이 등장하는 후일담은 자라와 헤어져 산 속으로 돌아간 토끼가 그물 위기, 독수리 위기 등을 겪지만 언변을 통해 극복하는 내용들이다. 목숨을 담보로 하여 생존해야 했던 하층의 불안정한 삶을 고리식 연쇄와 같은 반복 구성 방식[10]으로 형상화한 개작으로서 그 나름대로의 흥미 요소도 부가한 경우이다. 이러한 결말은 〈토끼전〉 결말 중 가장 널리 수용된 것으로 자라와 용왕의 후일담을 중요시한 이본들에서도 받아들여진다. 여기서는 먼저 토끼쪽의 후일담에 중점을 둔 이본들을 위주로 하여 살피기로 한다.

박순호 28장본 〈퇵기젼〉과 하버드대본 〈별쥬부젼〉, 세창서관본 〈불로초〉 등은 그물 위기와 독수리 위기[11]를 넘기는 것으로 작품이 끝나나, 이러한 류의 위기를 더 확장한 이본들도 있다. 박순호 35장본 〈별주부

---

10 이원수, 「〈토끼전〉의 형성과 후대적 변모」, 『고전소설 작품세계의 실상』, 경남대 출판부, 1996, 218~223쪽 참조.

11 세창서관본 〈불로초〉는 독수리 위기만 있다.

전〉, 박순호 29장본 〈톡기젼〉, 사재동 35장본 〈玉兎傳〉 등은 토끼가 포수에게 총을 맞아 두 귀를 잃는 내용이 덧붙어 있다. 박순호 15장본 〈별주부전〉은 독수리, 그물 위기 외에 보라매에게 잡힐 뻔했던 것과 노구할미에게 잡혔다가 놓여나는 것이 더 첨가되어 있는 이본이다. 세부 삽화의 변이도 발견된다. 독수리 위기를 벗어날 때 대체로 의사 줌치가 있다고 속여서 탈출하는 것이 일반적이나, 박순호본 〈수궁별주부 산중토처사전〉에서는 독수리가 솔개와의 먹이 다툼으로 토끼를 떨어뜨려서 탈출하는 것으로 바뀌어 있고, 박순호본 〈토별산수록〉에서는 토끼가 時調와 짝타령을 하자 독수리는 재주가 아까워 토끼를 살려 주는 것으로 바뀌어 있기도 하다. 이러한 변이는 하층의 불안정한 삶이라는 서사적 의미를 벗어나 개작자의 관심사에 따라 부분 부분을 확충한 경우이다.

그런데 이렇게 끝날 경우에도 여러 위기를 넘긴 토끼가 그 후 어떻게 되었을까 하는 의문은 여전히 남는다. 만약 위기를 넘기는 것 자체로서 끝맺을 경우 토끼는 계속 그러한 삶을 살았을지, 아니면 다른 방도를 모색했을지 궁금하기 때문이다. 이에 대해 토끼는 長生不死하므로 사람들도 못 잡았다고 하거나(박순호 15장본 〈별주부전〉), 乘雲上天했다고 하거나(박순호 35장본 〈별주부전〉), 월궁에 솟아 올라 月中兎가 되었다고 함(박순호 29장본 〈톡기젼〉, 사재동 35장본 〈玉兎傳〉)으로써 논란을 종식시킨다. 이러한 결말에는 억울한 죽음을 당할 위기에서 벗어났을 뿐 아니라 험한 세상 속에서도 생명을 지켜 나간 토끼는 그럴 만한 자격이 있다는 인식이 내포되어 있다. 특히 박순호 15장본 〈별주부전〉은, 장생불사하는 토끼와는 달리, 똥덩이나 가져다 먹이라는 토끼의 말을 용왕이 자라로부터 전해 듣고 분노하여 병세가 더 위중해져서 죽는 것으로 설정되어 있어 문제에 대한 인식이 첨예해져 있는 이본이다. 용왕이 살아나기도 하지만 그 토분을 먹고 나은 것으로 설정된 결말[12]도 초점이 토끼 쪽에 맞추어져 있는 경우이다.

이러한 결말들은 토끼가 그물 위기와 독수리 위기를 벗어난 이야기를 부정하면서 수궁에 들어간 토끼는 살아 나올 수 없었으리라는 말을 덧붙여 용왕은 토끼의 간을 먹고 쾌차했다고 하는 정문연 28장본 〈톡기젼〉의 결말과 논쟁적인 관계에 놓인다.

4) 자라쪽의 후일담을 첨가한 경우

〈토끼전〉에서 자라는 이중적인 성격을 띤다. 봉건 국가의 충성스런 신하로서 자신의 일에 최선을 다하는 자로 설정되는 한편, 토끼의 관점에서 볼 때에는 하층을 괴롭히는 말단 관리이기도 한 것이다. 그러나 자라는 개인의 안녕을 위해 육지행을 택한 것이 아니다. 공을 세워 가문의 명성을 드높이고자 한 의도가 없지는 않았겠지만, 국가를 위해 개인을 희생하고자 한 자세는 긍정적인 측면을 분명히 지닌다. 신구서림본 〈별쥬부젼〉에서처럼, 자라가 자결하려 할 즈음 홀연히 도인(화타)이 나타나 자라의 정성이 지극하기로 선단을 준다는 것으로 이루어진 결말은 이러한 자라에 대한 새로운 평가를 적극적으로 반영한 것이다. 그런데 〈토끼전〉 이본들 중에는 자라가 자결하는 것을 결말의 주요 사건으로 설정해 둔 것들이 있다. 이러한 결말에 주목할 필요가 있다.

자라가 자결하는 것으로 설정된 결말에는 크게 두 부류가 있다. 하나는 경판본 〈토싱젼〉, 국립도서관본 〈토싱젼〉과 같이 토끼를 놓친 자라가 글을 지어 바위에 붙이고 머리를 부딪쳐 자결하는 것이 있고, 다른 하나는 가람본 〈별토가〉처럼 소상강으로 망명하여 살다가 그곳으로 정배 온 적훈공이 전한 소식을 듣고 이비에게 원정을 올린 후 자결하는

---

12 신재효본 〈퇴별가〉, 김연수 창본 〈수궁가〉, 정광수 창본 〈수궁가〉, 박동진 창본 〈수궁가〉 등 이본에서 이러한 결말을 보인다.

것[13]이 있다. 전자는 용왕의 군주 다운 모습과 병행하여 중세 국가의 충실한 신하로서 최선을 다하는 자라의 형상이 담겨 있는 경우이다. 이때 자라의 죽음은 국가적 차원의 이념적 죽음이다. 그러나 후자에서의 자라의 죽음은 이와는 그 성격 자체가 다르다.

자라는 토끼를 놓친 후 차마 돌아갈 수 없어 소상강에 눌러 앉는다. 비록 신하로서의 책무는 다하지 못했으나 그것이 죽음을 택할 만큼의 결정적인 이유는 되지 않았던 것이다. 자라는 그곳에서 새로운 가정도 꾸리면서 그런 대로 지내고 있었을 것이다. 그러던 중 수궁의 암자라가 죽었다는 소식과 용왕이 병세가 악화되어 세자에게 전위했다는 소식을 듣고 자결을 결심하는 것이다. 왜 자라는 이 대목에서 좌절하고 죽음을 택하는가? 암자라가 죽었다는 소식에 새삼 고국에 두고 온 가족들이 생각났기 때문일까, 멀리 떠나 있어 제대로 남편 구실을 못한 자신에 대한 회한 때문일까, 아니면, 용왕의 병세가 악화되었다는 말에 신하로서의 책무를 다하지 못한 죄책감이 새삼스럽게 가슴을 짓눌렀기 때문일까, 혹은 암자라가 죽은 실질적인 이유를 알고 있었으므로 자신과 자신의 가족을 파멸시킨 용왕의 국가에 대해 회의가 들었기 때문일까? 문면상으로는 어느 것도 분명치 않다. 다만 한 가지 분명한 것은 이들 이본의 결말 부분에서는 자라가 핵심 인물이라는 점이다. 이들 이본의 개작자들은 자라에 초점을 맞추어 그 개인적 고뇌를 더욱 부각시킨 것이다. 이러한 결말은 자라의 忠을 기리는 데 의도가 있다고만 할 수도 없으며, 자라에 대해 동정이나 연민의 정만을 느끼게 한다고도 볼 수 없다. 오히려 결말 부분의 핵심 인물은 자라여야 한다는 인식과 〈토끼전〉의 서사

---

13 이 외에, 국립도서관본 〈별쥬부젼〉, 권영철본 〈톡기젼〉, 하버드대본 〈즁산망월젼〉, 단국대 나손문고 35장본 〈토끼전〉, 조동일 33장본 〈별쥬젼〉, 조동일 61장본 〈퇵별젼〉, 일사본 〈鱉主簿傳〉, 정문연 35장본 〈별쥬부젼〉, 임형택 52장본 〈免處士傳〉, 김광순 38장본 〈슈육문답〉 등이 이러한 결말을 담고 있는 이본들이다.

가 억울한 죽음을 맞이한 자라의 사연일 수도 있다는 인식이 배어 있다고 보아야 한다.[14] 일종의 '특정 인물 편들기'에 따른 개작인 셈이다.

이러한 자라가 자결하지 않고 살아 갈 수 있는 길은 박순호본 〈수궁별주부 산중토처사전〉의 결말 부분처럼, 자라의 부인을 소상강으로 정배시켜 부부를 상봉하게 해 주는 것일 지도 모른다. 이 이본의 개작자는 앞서 자라의 자결 이유를 가족 곁에 있지 못하게 된 처지를 비관한 데 따른 것으로 해석한 것이다.

5) 용왕이나 용궁의 후일담을 첨가한 경우

〈토끼전〉의 용왕은 무능한 존재로 설정된다. 일개 토끼에게 농락당하고, 말단 관리인 자라에게는 무거운 짐만 덧씌우는 그런 왕인 것이다. 하지만 그런 존재라 하더라도 한 나라의 국왕임은 엄연한 사실이다. 중세적 사고에 의거한다면 왕이 병 듦은 곧 국가적 위기에 해당한다. 더구나 잡았던 토끼를 놓쳤다는 것은 국가적 치욕이라 할 수도 있다. 이러한 문제를 일련의 〈토끼전〉 이본에서는 초월적 존재나 영능한 존재에게 호소함으로써 문제를 해결하고 있다.

우선 심정순・곽창기 창본 〈수궁가〉 혹은 〈토의간〉에서는 홀연히 나타난 선관도사로부터 신약을 받아 용왕의 병이 쾌차하는 결말을 보인다. 그러나 이러한 해결은 당위의 논리만이 강조된 이념적 결말이다. 토끼의 간이 약이 된다는 작품 내적 논리를 벗어나고 있기 때문이다. 이와 달리 토끼를 다시 잡아 들여야 한다는 논의가 벌어지는 결말이 주목된다.

가람본 〈토긔전〉과 임형택 72장본 〈토공전〉의 경우, 용왕이 토끼를

---

14 자라의 신원에 대해 그 사연을 비파에 올려 타서 이러한 얘기가 전한다는 후일담이 이 계열 이본에 공통되게 나타난다.

다시 포획하고자 하나 실패하고 산신령에게 부탁하여 토끼를 잡는 데 성공하지만 토끼는 다시 탈출하고 용왕은 죽음을 맞이하는 것으로 끝맺는다. 한문본인 고대본 〈兎公傳〉에서는 토끼를 놓친 용왕이 토끼를 잡아달라고 옥황상제에게 표문을 올리자 옥황상제가 신선들과 의논한 끝에 용왕과 토끼를 불러 각각 所懷를 쓰라 하여 읽어 본 후, 용왕의 주장이 부당하다고 하여 토끼에게 승리의 판결을 내리고 있다. 이러한 결말에서는 용왕의 병이 국가적 중대사이기는 하나 여전히 토끼의 행위는 정당한 행위라는 인식이 배어 있다.

그러나 일국의 왕이 토끼 간을 구하지 못하여 죽는다는 설정을 마땅찮게 보는 시각도 있을 수 있다. 정권진 창본 〈수궁가〉의 결말이 그러하다. 이 이본에서는 용왕이 산신전에 부탁하고 그 글을 본 산신이 토끼를 결박하여 수궁으로 보내는 것까지는 가람본 〈토긔젼〉의 경우와 같으나, 그 토끼는 천년노토이고 그 토끼의 배를 갈라 간을 먹고 용왕의 병이 쾌차하는 것으로 개작되어 있다. 개인에 앞서 국가를 우선시하는 이념에 기반한 개작인 것이다. 그것은 앞서의 결말과는 논쟁적 관계에 놓인다.

반면, 경판본 〈토싱젼〉과 국립도서관본 〈토싱젼〉의 용왕은 어진 군주로 그려진다. 이 이본들의 용왕은 자라의 시체를 수습하고 길일을 택하여 안장해 준다. 그리고 신하들이 큰 비를 붓듯이 하여 산을 함몰하자는 간언에 대해 그렇게 하면 만민에게 해가 되고 곡식도 잘 자라지 못하게 된다며 스스로 죽음을 맞이한다. 왕위는 태자에게 이양된다. 국립도서관본에서는 조문 행렬도 장황히 묘사된다. 병은 어찌할 수 없지만 마지막 순간만은 어진 군주의 모습[15]으로 그려지고 있는 것이다.[16]

---

15 박순호본 〈토별산수록〉에서 선관의 도움으로 쾌차한 용왕의, '병이 낫고 명을 사려 ᄒᆞ기난 피차 업스니 톡기를 엇지 원망ᄒᆞ'겠느냐는 말도 이러한 개작본들과 맥을 같이한다.

이상으로 살핀 것처럼 〈토끼전〉의 결말은 다기한 면모를 보인다.[17] 이러한 다기함을 펼친 이들은 다름 아닌 讀者 — 作者들이다. 그렇다면 그들은 개작을 통해 무엇을 하고자 했으며, 그러한 개작은 어떠한 의미를 지니는가. 이것이 이어서 살피고자 하는 문제이다.

4. 결말 서사의 전략과 의미

서사 문학에 있어 결말이란 갈등이 해소되고 더 이상의 사건 전개를 필요로 하지 않는 상황을 말한다고 할 때, 〈토끼전〉 개작자들이 저마다의 결말을 지어 넣을 수 있었던 것은 그들이 결말의 문법을 이미 깨우치고 있었던 데 말미암았다고 할 수 있다. 앞서 살핀 〈토끼전〉의 다양한 결말들도 아무런 원칙 없이 끼워 넣거나 고친 것이 아니라 일반 서사 문법에 입각한 것이라 보아야 한다. 그렇다면 이와 관련하여 생각해 볼 점은, 그들이 이러한 서사 문법을 어떻게 깨우쳤으며 왜 기존 결말에 만족하지 않고 새로운 결말을 스스로 마련하고자 했을까 하는 점이다. 이러한 물음들은 서사 문학의 존재 방식에 대한 물음들이기도 하다.

우선, 그들이 새로운 결말을 스스로 만들고자 한 것은 '서사적 의문의 해소'에 대한 충동 내지는 욕구 때문이라 볼 수 있다. 물론 〈구토지설〉의 경우처럼 토끼가 용궁으로부터 탈출하는 것만으로도 훌륭한 결말일

16 이선유 창본 〈수궁가〉, 박초월 창본 〈수궁가〉, 박봉술 창본 〈수궁가〉, 박순호 35장본 〈별주부전〉, 박순호 29장본 〈톡기젼〉, 홍윤표본 〈별주부곡〉 등 이본에서는 용왕이 만병회춘했다거나 저절로 병이 나았다는 결말을 보이지만 끝부분에 간략하게 언급되어 있을 뿐이어서 그리 큰 의미 부여는 할 수 없다.

17 이들 이본들의 결말에는 홍미를 지향한 사설들이 첨가되어 있으나 이것까지는 다루지 못했다. 또한 한문본들도 모두 다루지는 못했다. 하지만 본고에서 다룬 이본들만으로도 결말의 다기함은 드러낼 수 있었다고 생각한다.

수 있음은 사실이다. 힘 없는 자가 강자의 강압에 의해 목숨을 잃을 뻔한 위기를 지혜로써 벗어나는 것, 그것 자체로도 의미의 완결성은 성립하는 것이다. 하지만 토끼가 아닌 다른 동물에 초점을 맞출 경우 이러한 결말은 충분한 결말일 수 없다는 인식 역시 얼마든지 있을 수 있다. 용왕은 그 후 어떻게 되었는지, 자신의 책무를 다하지 못한 자라는 어떠한 길을 택했는지 의문이 남을 수 있기 때문이다. 토끼에 초점을 맞춘 경우라 하더라도, 살아난 토끼의 이후 행방에 대해 궁금증을 지닐 수 있다. 바로 이러한 서사적 의문이 새로운 결말을 첨가하는 동기가 되었을 수 있다.

그런데 서사적 의문이란 해소하려 하면 할수록 또다시 생겨나는 법이다. 용왕이 죽었다 하더라도 여전히 용궁에서는 자존심 회복의 문제가 남게 되고, 자라가 도저히 용궁으로 돌아 갈 수 없어 망명을 한 경우에도 가족과의 재회 문제는 여전히 남는다. 토끼를 다시 용궁에서 잡아들였다 하더라도 그 토끼가 예전에 탈출한 바로 그 토끼인가 아닌가 하는 문제가 남는다. 게다가 토끼, 자라, 용왕의 운명은 서로 긴밀히 얽혀 있으므로 한 동물의 운명만을 뒤바꾼다는 것은 불가능하다. 모든 독자로부터 공감을 얻을 만한 결말이 마련되지 않는 이상 〈토끼전〉 결말은 다양한 변이를 보일 수밖에 없었던 것이다.

대체로 '서사적 의문의 해소'는 '특정 인(동)물 편들기'와 맞물려 나타나는 경우가 많다. 토끼는 결코 잡을 수 없는 동물로서 乘雲上天하여 月中兎가 되었다는 결말이 토끼의 편을 지속적으로 드는 경우라면, 〈토끼전〉 자체가 자신의 책무를 다하지 못하여 용궁으로 돌아가지도 못한 채 생을 마감한 자라의 사연임을 언급한 결말은 자라의 편을 드는 경우이다. 반면 의젓한 죽음을 맞이하는 용왕의 모습을 그린 것은, 반드시는 아니더라도 용왕에 대한 긍정적 시선이 개입된 경우이다. 결말이 작품의 의미를 가름하는 중요한 부분임을 염두에 둔다면 인물을 보는 시선의 이질성이 결말의 개작·변이를 초래했을 것임은 당연하다.

새로운 결말을 마련하려는 또다른 동기로는 '논쟁적 이의 제기'을 들 수 있다. 만약 어떤 독자가 텍스트를 접하고 그 내용에 대해 공감한다면 이본적 가치를 지닌 '새로운' 텍스트가 생성될 가능성은 거의 없다고 보아 무방하다.[18] 하지만 어떤 독자가 그 내용에 대해 공감하지 않거나 나아가 비판적인 태도를 지닌다면 그는 새로운 이본 생성자가 될 가능성이 높다고 볼 수 있다. 그 가능성을 현실화시켜 이본을 생성했을 경우 필연적으로 그 이본과 先 텍스트는 서로 논쟁적 관계에 놓이게 마련이다. 앞서 살핀 여러 결말들 중 토끼가 용궁으로부터 탈출하는 사건을 부정하고 토끼가 살아 나올 수 없었을 것이라고 하거나 아예 자라가 토끼의 간을 꺼내어 용궁으로 가져 가는 것으로 바꾼 경우, 맹목적이고 우둔한 자라에게 방자형 인물의 형상을 부여하며 끝맺는 경우, 용왕과 암자라가 죽었다는 소식을 듣고 자라도 자결하는 사건을 부정하고 암자라를 소상강으로 정배시켜 부부가 재회하게 하는 것으로 바꾼 경우, 토끼를 다시 잡아들이는 데 성공하나 또다시 탈출하는 사건을 부정하고 그 토끼의 간을 먹고 용왕이 쾌차하는 것으로 바꾼 경우들이 이에 속한다. 실은 '특정 인물 편들기'도 어느 정도는 '논쟁적 이의 제기'와 관련을 지니는 셈이다.

이상으로 살핀 '서사적 의문 해소', '특정 인물 편들기', '논쟁적 이의 제기' 등은, 변이의 가장 일반적인 양상인 '빈 틈 메우기'와 함께 〈토끼전〉 결말의 주요 개작 전략이자 변이 원리들이라 할 수 있을 것이다.

---

18 여기서 유의할 점은 공감한다고 해서 이본들이 생산되지 않는 것은 아니라는 점이다. 오히려 공감할 경우는 유사한 내용으로 이루어진 많은 이본들이 얼마든지 생산될 수 있다. 고소설의 이본은 완전한 전사에 가까운 경우도 얼마든지 발견되며 소폭의 차이만을 보이는 것들도 있기 때문이다. '새로운'을 강조하고 있음을 주목하기 바란다.

개작자들은 기존 결말에 만족하지 않고 이러한 동기·원리에 의거하여 자신의 결말을 창조했던 것이다. 만약 그 결말이 또다른 독자의 공감을 얻는다면 널리 받아들여질 수 있었을 것이고 그렇지 않다면 1회성에 그칠 수밖에 없었을 것이다. 다수의 이본들에서 발견되는 결말이 있고 한두 이본에서만 발견되는 결말이 있는 것도 이 때문이다. 유사한 결말을 보유한 이본들의 양은 그 결말에 대한 공감의 척도라 보아도 될 것이다.

따라서 당시인들에게 있어 소설 읽기란 일방적인 수용이 아닌 쌍방의 향유였다고 할 수 있다. 작자 의식을 깊이 있게 되새기는 읽기가 아니라 얼마든지 작자로 참여할 수 있음을 염두에 둔 즐기기였다는 것이다. 토끼의 위기 극복은 용궁행 한번만으로도 충분하다. 하지만 개작자들은 그것에다 그물 위기, 독수리 위기를 덧붙이고 여기에 더하여 노구 할미 위기, 소리개 위기 등까지도 첨가한다. 그러한 삽화들이 흥미롭다고 보았기 때문이다. 서사란 이야기에 바탕을 두며 이야기란 재미 있어야 한다는 점을 고려한다면 이러한 향유는 어찌 보면 당연한 일이다.

그러나, 그렇다고 해서 개작자들이 단순히 즐기기만 한 것은 아니다. 그들은 "무턱대고 이야기를 덧붙인 것이 아니라 많은 사람들이 긍정할 만한 방향과 수준에서 이본들을 창안"[19]한 것이기 때문이다. 개작이란 先텍스트를 긍정 혹은 부정하면서 그 속에 그 나름의 가치를 투영해 내는 일인 것이다. 때로는 그러한 행위가 심각한 가치 논쟁에까지 이를 수도 있다. 예컨대, 우둔하고 맹목적인 자라에 대한 평가가 엇갈리는 이본들이 많은 것은 그것이 독자들 사이에 그만큼의 논란이 있었던 데 말미암는다고 할 수 있다. 자라의 忠은 중세에서 근대로의 이행기에 있어 문제적 사안이었던 것이다. 결국, '가치 겨루기'는 당시 독자의 주요 향

---

19 김종철, 「소설의 이본 파생과 창작 교육의 한 방향」, 『고소설연구』 7, 한국고소설학회, 1999, 359쪽.

유 방식이었다 할 수 있을 것이다. 독자이자 개작자들이 서사 문법 내지 전략을 깨우친 방식 역시 바로 작품 자체를 통해서인 것이다.

이에 대해 〈토끼전〉만 유독 그러한 현상이 나타나는 것이 아니냐는 의문이 제기될 수 있다. 물론 〈토끼전〉이 결말의 편차가 심한 축에 속하는 것은 사실이다. 하지만 가치 논쟁은 〈토끼전〉만이 아닌 대부분의 단편 국문소설[20]에서도 발견되는 현상이다. 안성판 19장본 〈홍길동전〉에서 율도국 부분이 탈락되어 있는 것, 권영철본 〈구운몽〉에서 각몽 부분이 미약해져 있는 것, 〈장끼전〉의 이본들 중 까투리 개가 부분이 있는 이본도 있고 없는 이본도 있는 것 등이 유사한 사례들이라 할 수 있다. 고소설은 이러한 다양성까지 포괄한 작품으로 존재했었던 것이다. 당대에 있어 고소설 읽기 혹은 쓰기란 고독한 작업이 아닌, 글을 아는 모든 이의 참여를 토대로 한 문학 문화이기도 했던 것이다.

5. 맺음말

〈토끼전〉 이본군은 결말 부분에서 특히 다양한 모습을 보인다. 애초에 原〈토끼전〉에서는 〈구토지설〉의 경우처럼 토끼가 달아나는 데서 결말지어졌을 것으로 추정된다. 하지만 그러한 결말은 현전 〈토끼전〉 이본들 중 몇몇 이본에서만 발견될 뿐이다. 현전 〈토끼전〉 이본들은, 그러한 결말에까지 도달하지 않고 아예 토끼의 간을 꺼내는 것으로 작품을 끝내는 것에서부터, 토끼가 용궁으로부터 탈출한 이후에 벌어지는 여러 사건들을 토끼 또는 자라, 용왕의 편에서 각각 첨가함으로써 새로운 의

20 유일본이 많은 장편 가문소설의 경우는 양상이 다르다. 이는 워낙 장편인 데다가 작품 자체가 보수적 경향을 띠고 있으며 상층이 주된 향유층이어서 독자의 폭이 좁다는 점과 관련이 될 듯하다.

미를 덧붙이는 것에 이르기까지 다양한 변이를 보이고 있다. 이러한 변이는 先텍스트로서의 〈토끼전〉의 결말이 뭔가 부족하다고 본 독자・작자의 개작에 말미암는다. 이들은 기존 결말의 빈 틈을 메우기도 하고, 기존 결말만으로는 충족되지 않는 서사적 의문을 해소하려 하기도 했으며, 특정 인물의 편에서 기존 결말에 대해 논쟁적 이의 제기를 하기도 했다. 이러한 서사 전략을 통해 볼 때, 소설은 그들에게 있어 일종의 문화 텍스트였음을 알 수 있다. 예전의 소설 읽기 혹은 쓰기는 글을 아는 모든 이의 참여를 토대로 한 문학 문화였던 것이다.

오늘날 이러한 고소설, 특히 판소리계 소설의 존재 방식에 대해 눈길이 쏠리는 것은 인터넷과 함께 등장한 새로운 소설들 때문이다. 이른바 하이퍼텍스트라 불리는 이들 서사 작품들은 인터넷에 올려지자마자 비평이 가해지거나 또다른 누군가에 의해 패러디된다. 그렇게 해서 생산된 이본에 개작자가 처한 처지나 상황이 반영되거나 그 나름대로의 가치가 투영되는 것은 당연하다.[21] 고소설적, 판소리적 소통이 되살아나고 있는 듯했다.

21 최병우, 「매체의 발달과 서사 문학의 변화」, 『다매체 문화와 사이버 소설』(최병우 외), 푸른사상사, 2002, 145~154쪽 참조. 근래의 SNS는 이러한 상호 소통적 특성이 더욱 강화된 매체라 할 수 있다.

찾아보기

ㅈ

ㅊ

ㅌ

ㅍ

ㅎ

판소리 문학의 비평과 감상

초판 1쇄 발행 2016년 5월 2일
초판 2쇄 발행 2017년 8월 7일

지은이 정충권
펴낸이 박성복
펴낸곳 도서출판 월인
주소 01047 서울특별시 강북구 노해로25길 61
등록 1998년 5월 4일 제6-0364호
전화 (02) 912-5000
팩스 (02) 900-5036
홈페이지 www.worin.net
전자우편 worinnet@hanmail.net

ISBN 978-89-8477-617-3 93810

값은 뒤표지에 있습니다.